CW01371514

COLECCIÓN NOEMA

La España

SERGIO DEL MOLINO

vacía

Viaje por un país
que nunca fue

T
TURNER

Título:
   La España vacía. Viaje por un país que nunca fue
   © Sergio del Molino, 2016
   Autor representado por The Ella Sher Literary Agency

De esta edición:
   © Turner Publicaciones S.L., 2016
   Diego de León, 30
   28006 Madrid
   www.turnerlibros.com
   Primera edición: abril de 2016
   Primera reimpresión: abril de 2016
   Segunda reimpresión: julio de 2016
   Segunda edición / Tercera reimpresión: agosto de 2016
   Cuarta reimpresión: septiembre de 2016
   Quinta reimpresión: octubre de 2016
   Sexta reimpresión: diciembre de 2016
   Séptima reimpresión: diciembre de 2016
   Tercera edición / Octava reimpresión: enero de 2017
   Novena reimpresión: marzo de 2017
   Décima reimpresión: agosto de 2017
   Undécima reimpresión: octubre de 2017
   Duodécima reimpresión: junio de 2018
   Decimotercera reimpresión: noviembre de 2018

Reservados todos los derechos en lengua castellana. No está permitida la reproducción total ni parcial de esta obra, ni su tratamiento o transmisión por ningún medio o método sin la autorización por escrito de la editorial.

ISBN: 978-84-16354-14-6

Diseño de la colección:
   Enric Satué
Ilustración de cubierta:
   Gredos, fotografía de Guillermo Trapiello

Del mapa de la p. 38: © Javier Belloso, 2016
Del mapa de la p. 40: © NASA, realizado por Robert Simmon a partir de los datos del Defense Meteorological Satellite Program, procesados por el NOAA National Geophysical Data Center, 2003

Depósito Legal: M-6725-2016
Impreso en España

La editorial agradece todos los comentarios y observaciones:
   turner@turnerlibros.com

ÍNDICE

El misterio de las casas quemadas 13

Primera parte. El Gran Trauma
I   La historia del tenedor 21
II   El Gran Trauma 55

Segunda parte. Los mitos de la España vacía
III La ciencia del aburrimiento 85
IV Tribus no contactadas 101
V   Marineros del entusiasmo 133
VI La belleza de Maritornes 153
VII Manos blancas no ofenden 191

Tercera parte. El orgullo
VIII Los hijos de la tierra 221
IX Una patria imaginaria 229

Coda: explicaciones no pedidas 253

Agradecimientos 259
Notas 261
Índice onomástico 283

A Daniel. A Cristina.
Únicos habitantes de mi país.

Los bohemios madrileños tenían fobia por todos los países que se extienden más allá del Teatro Real y de la iglesia de San José.

RICARDO BAROJA

Creían muchos españoles, las clases directivas españolas, que España estaba solamente en las capitales y en las ciudades, y desconocían la realidad viva de los pueblos y de las aldeas, de los lugares más pequeños, las necesidades, la vida, muchas veces infrahumana, de grandes sectores de la Nación, y todo ello es lo que el Movimiento ha venido a redimir.

FRANCISCO FRANCO

Los españoles han hecho inmensos descubrimientos en el nuevo mundo pero no conocen aún su propio continente: hay en sus ríos algunas zonas que todavía no han descubierto, y en sus montañas, naciones que les son desconocidas.

CHARLES DE MONTESQUIEU

EL MISTERIO DE LAS CASAS QUEMADAS

Cuando la policía le contó que podía ser un ataque terrorista, el canónigo respiró. Quizá no pronunciaron la palabra terrorista. Motivación política, más bien. Creían que el ataque era parte de una campaña, aunque no habían detenido a nadie y no había sospechosos. Si no se atrevían a usar el término terrorista era porque había un terrorismo de verdad en Irlanda. Aquello parecía otra cosa. Al canónigo le pareció también otra cosa. Creyó que tenía que ver con gente del pueblo y temió que fuese el principio de una espiral de violencia, pero la policía le tranquilizó. No le habían atacado a él, ni siquiera su casa. Habían atacado lo que representaba. El canónigo era inglés y la casa que le habían quemado era su residencia de verano, un *cottage* aislado en la península de Llŷn.

Entre 1979 y 1991, un grupo llamado Meibion Glyndŵr (Hijos de Glyndŵr) prendió fuego a 228 casas de campo en Gales. La policía sólo detuvo a una persona en 1993, acusada de enviar bombas por correo a ciudadanos ingleses. No averiguaron nada más. El caso de las casas quemadas sigue siendo un misterio. Nunca encontraron pruebas. Nadie fue procesado.[1] Los investigadores creían que detrás de Meibion Glyndŵr sólo había un grupo muy pequeño que perpetraba los ataques en secreto.[2]

En las décadas de 1970 y 1980, el terrorismo, tanto el nacionalista como el ideológico-revolucionario, era uno de los asuntos más graves en Europa. Alemania, Italia, Francia, el Reino Unido y, por supuesto, España, lo sufrían. En el contexto británico, donde una parte del país (Irlanda del Norte) vivía en estado de excepción, unos cuantos ataques nocturnos a unas casas de vacaciones no eran un problema terrorista, por más que surgieran grupos que reivindicasen los incendios. Al lado de la violencia de ETA, del IRA o de las Brigadas Rojas, lo de Meibion Glyndŵr casi parecía una gamberrada.

El norte de Pembrokeshire es una de las zonas más apartadas de Gales, muy rural, sin ciudades industriales como las del sur y poca influencia inglesa hasta tiempos recientes. Es uno de los pocos rincones del país donde se puede oír el galés más que el inglés. En la década de 1970 se puso de moda entre la clase media y vivió una pequeña eclosión inmobiliaria. En pocos años, miles de ingleses adquirieron casas de campo. Su llegada alteró mucho la vida de los pueblos. Hubo roces, desconfianza hacia los nuevos inquilinos y hostilidad manifiesta.

De ahí el alivio que expresaba el canónigo al reportero de la BBC que lo entrevistó: no era una *vendetta*. Porque aquellos ataques parecían la reacción descontrolada de unos aldeanos celosos de sus costumbres que se sienten amenazados por el forastero. Pero, si había un contenido político, el canónigo podía seguir viviendo tranquilo en el pueblo. De otra forma, cada vez que entrase en el pub, comprase en la carnicería o saliera a dar un paseo, vería en las caras de sus vecinos a un montón de sospechosos. Personas que no le querían cerca. Que estaban dispuestas a quemarle la casa para echarlo de allí. ¿Cómo podría vivir entre gente así? Si el incendio había sido un ataque nacionalista, sus vecinos quedaban exculpados.

Sin embargo, los incendios sí que parecían la reacción propia de unos aldeanos cerrados que no querían forasteros en su pueblo. Si los culpables hubieran actuado a las órdenes de un movimiento, la policía los habría encontrado. Pero, si iban por libre, es probable que los rencores locales y el odio concreto a aquellos veraneantes pesaran más que cualquier vindicación nacionalista. El misterio de las casas de ingleses quemadas dice más acerca de las relaciones entre el campo y la ciudad que de las relaciones entre Londres y su periferia o del terrorismo o del nacionalismo.

Pienso en el misterio de las casas quemadas mientras recorro Gales en verano con mi familia y conduzco por carreteras de un solo carril que me obligan a buscar refugio cuando aparece otro coche en sentido contrario o a dar las gracias al otro conductor cuando es él quien me cede el paso. Todos tan amables, tan sonrientes, tan plácidos.

Acompasados con el paisaje verde y sus ovejas lanudas y lentas. ¿Qué odios pueden surgir aquí, donde sólo hay granjas y casitas y otra granja y otra casita? Pienso en *Perros de paja*, una de las mejores películas de uno de mis directores preferidos, Sam Peckinpah. Dustin Hoffman es un profesor de matemáticas norteamericano que se casa con una chica inglesa (Susan George, *sex symbol* de los años 70). La película empieza cuando se mudan a un pueblo apartado de Inglaterra. Ella es de allí. Él, no, y los jóvenes del pueblo sienten que el americano les ha robado a la chica más guapa. El filme es una historia de acoso y violencia brutal contra la pareja que, en su origen (una novela de Gordon Williams titulada *The Siege of Trencher's Farm*), era un *thriller* más o menos convencional.[3] Peckinpah acentuó el aislamiento de los protagonistas, que tenían un hijo en la novela. También cambió el título, pero sin explicarlo en la trama. Los perros de paja son objetos rituales taoístas basados en una cita del *Tao Te Ching* de Lao Tsé: "El cielo y la tierra no son humanos, y contemplan a las personas como si fueran perros de paja".[4]

Cada casa que encuentro en el camino me recuerda a la de la película. Pienso en las historias de violencia que todas las comunidades pequeñas contienen. Los odios de siglos, las rencillas que el roce y la moral de vía estrecha acentúan, el aburrimiento. Pero sobre todo pienso en este libro, que me ha consumido unos meses de lecturas, indagaciones y muchas reflexiones. El misterio de las casas quemadas y esa película de 1971 me dicen que estoy contando en él algo universal, la historia de una desconfianza. Yo quería escribir sobre mi país y sobre cuestiones que lo hacen singular, pero ha sido en Gales, al volante de un coche de alquiler por los pueblos de Pembrokeshire, cuando he empezado a entender que todo se reduce a una cuestión de heterofobia.

Heterofobia significa miedo al otro. El término califica actitudes que tienen que ver con nuestra organización tribal, con el *nosotros* y el *ellos* y la identificación del *ellos* como amenaza. Los humanos no sabemos vivir fuera de nuestro grupo. Es una ventaja evolutiva por la que hemos pagado un precio muy alto en guerras y matanzas. En las sociedades urbanas y complejas la tribu es cada vez menos reconocible, nos cuesta encontrar a los nuestros. ¿Quiénes son? ¿Los compatriotas? Demasiado diversos. Tengo mucho más en común con un escritor treintañero de Melbourne que con mi vecino. ¿Nuestros compañeros de trabajo? Difícil, aunque la clase obrera ha sido una de las tribus más exitosas de los últimos cien años. ¿Los de mi sexo, los que hablan mi lengua, los de mi religión, la gente de mi edad, los que están en mi tramo de renta, los de mi tendencia sexual, los que tienen hijos, los que no los tienen? Antes de escribir que la patria es la infancia o los amigos o cualquier otra tontería, prefiero dejar claro que vivimos en sociedades tan complejas que han sustituido las lealtades tribales por afinidades cambiantes y sutiles que vienen a ser sucedáneos de tribu.

Esos sucedáneos tienen dos ventajas: no nos obligan a ir a la guerra contra la tribu vecina y son, en buena medida, electivos. Muchas de estas afinidades tienen que ver con gustos adquiridos, como el equipo de fútbol o la música. Esa riqueza y mutación sólo es posible en las ciudades. Hay otros factores, pero es fundamentalmente una cuestión de grandes números o de masa crítica. Cuanto más grande es la ciudad en que se vive, más posibilidades hay de tejer afinidades en muchas más direcciones y niveles. Esto es algo nuevo en la historia de la humanidad. Hasta hace menos de doscientos años, la gente crecía y moría en una tribu que no había elegido y a la que pertenecía porque había nacido en ella. En las comunidades pequeñas aún funcionan las lealtades tribales que justifican que, una noche cualquiera, unos guerreros incendien las casas de la tribu invasora.

Hay dos Españas, pero no son las de Machado. Hay una España urbana y europea, indistinguible en todos sus rasgos de cualquier sociedad urbana europea, y una España interior y despoblada, que he llamado España vacía. La comunicación entre ambas ha sido y es difícil. A menudo, parecen países extranjeros el uno del otro. Y, sin embargo, la España urbana no se entiende sin la vacía. Los fantasmas de la segunda están en las casas de la primera.

Como habitante de la España urbana, asumo sin remedio el punto de vista del inglés que se compra una casa en Gales. No pertenezco al lugar y tiendo a idealizarlo, a caricaturizarlo o a explotar su pintoresquismo. Pero, como autor de este libro, estoy obligado a entender también a los galeses que me queman la casa. Por qué me odian, por qué no me quieren allí. Tendré que revisar la historia, hacer kilómetros con el coche, volver a leer con mucha atención toda la literatura que leí distraído cuando no sabía que iba a escribir este ensayo. Mi propósito no es tanto evitar que me quemen la casa de vacaciones, sino contemplar sus ruinas sin asombro, con las manos en los bolsillos y no en la cabeza.

# PRIMERA PARTE
EL GRAN TRAUMA

I
LA HISTORIA DEL TENEDOR
(ALGO ASÍ COMO UNA INTRODUCCIÓN)

> Todas sus aldeas fueron destruidas y quemadas; todas sus tierras fueron transformadas en praderas. Soldados británicos, a los que se dio orden de apoyar esta empresa, se enfrentaron con los naturales. Una anciana murió quemada en una choza que se negó a abandonar.
>
> KARL MARX, *El capital* (1867)

*E*stoy en el extranjero, a punto de comer, y me doy cuenta de que no me han puesto tenedor. Levanto la mano para pedirle uno al camarero, pero entonces me quedo en blanco. ¿Cómo se dice tenedor en francés? ¿O en inglés? ¿O en italiano? Dudo unos instantes. Cuando la palabra *fork* viene a mi lengua, el camarero me ha entendido por gestos y viene con uno en la mano. Es absurdo no saber cómo se dice tenedor en cualquier lengua europea porque es la misma palabra en casi todas: *fork* en inglés, *fourchette* en francés, *forchetta* en italiano, *vork* en holandés, *forquilla* en catalán, *furketta* en maltés o *furculiţă* en rumano. Todos esos idiomas derivan la palabra del latín *furca*. Incluso las lenguas germánicas comparten palabra. Aunque no usan el vocablo latino, se refieren al tenedor con la misma palabra que emplean para llamar a lo que en castellano llamamos horca o forca: ese tridente de madera que los campesinos usaban para levantar la paja o remover la parva. En alemán, *Gabel* significa tanto horca como tenedor, y lo mismo sucede con el escandinavo *gaffel* o el islandés *gaffal.*

La mayoría de las lenguas usa la misma palabra para referirse a la herramienta agrícola y al cubierto porque son la misma cosa. El tenedor es una versión miniaturizada. ¿Por qué en castellano usamos una palabra distinta y tan rara? Tenedor. Del verbo tener, el que tiene. Tradicionalmente, un tenedor ha sido en España una persona. ¿Cómo pasó a significar lo que en el resto del mundo se llama forca? A diferencia de la cuchara o el cuchillo, el tenedor es un utensilio muy reciente. En el *Quijote* nadie come con tenedor. En la España del Siglo de Oro era aún una rareza al alcance de los muy ricos, y lo siguió siendo hasta la guerra napoleónica. Carlos I usaba unos traídos de algún lugar de Europa, pero se consideraba una excentricidad imperial. No fue común en las mesas hasta bien entrado el siglo XIX. Los pastores y la gente del campo no comieron con tenedor hasta casi el siglo XX, y fue un exotismo en muchas aldeas perdidas donde se mantuvieron fieles a la cuchara para las migas y al cuchillo para el queso. La primera fábrica que produjo masivamente tenedores en España no se abrió hasta mediados del siglo XIX.[5]

En lo que entonces se llamaba mundo civilizado, el tenedor era una marca de distinción y elitismo. "Entre las clases altas británicas de mediados del siglo XX, el 'almuerzo de tenedor' y la 'cena de tenedor' eran comidas de bufé en las que el cuchillo y todos los demás utensilios se dejaban de lado. El tenedor era educado por ser menos violento a primera vista que el cuchillo, y menos infantil y sucio que la cuchara. Se aconsejaba usar tenedores para cualquier plato, desde el pescado al puré de patatas, desde las judías verdes a la tarta. También se diseñaban tenedores especiales para helados y ensaladas, para sardinas y tortugas acuáticas. La regla de oro para los buenos modales en las mesas occidentales durante los siglos XIX y XX era: 'ante la duda, usa el tenedor'".[6] Queda claro que la breve historia del cubierto tiene que ver con el esnobismo y la distinción del vulgo que no es hábil con los pinchos.

El misterio del tenedor dice algo significativo de los españoles y de cómo han vivido y viven. Dice algo de una historia de elitismo y desprecio. Dice algo acerca de la crueldad, del dominio y del miedo al otro cuando el otro es pobre. Dice algo acerca de la necesidad de distinguirse de los monstruos que viven fuera del palacio. Monstruos que comen con las manos y rebañan con la misma cuchara que usan en la sobremesa para hacer percusiones de folclore bárbaro.

Quizá esta rareza sea, paradójicamente, el síntoma de una romanización perfecta. La España moderna tiene sus raíces históricas en dos imperios que sublimaron la ciudad, los romanos y los árabes. Civilización viene del latín *civitas*, ciudad. Para nosotros, ciudad y urbe son sinónimos. Hemos perdido el matiz con el que los romanos diferenciaban ambos términos: la *civitas* eran las personas que vivían en una *urbs*, palabra que designaba el conjunto de edificios, calles, fuentes y cloacas. Castilla primero, y España después, fueron un mundo de ciudades. Ni romanos ni árabes creyeron que el campo fuera otra cosa que el lugar que abastecía a la ciudad y la distancia en blanco entre una urbe y otra. El campo no era parte de la civilización. Castilla se extiende en sus ciudades. La corte era itinerante, pero necesitaba una ciudad como sede. Las había magníficas. De piedra, amuralladas, fuertes y seguras. Cuando Castilla llegó al nuevo mundo, en realidad llegaron sus ciudades. Los españoles fundaron urbes de plano ortogonal en todas las costas del continente y en el interior, a la vera de algunas rutas comerciales, como la que llevaba la plata del Perú hasta Buenos Aires por los Andes y la red fluvial del corazón de Sudamérica.

A comienzos del siglo XIX se comprobó que España no dominaba en realidad lo que hoy llamamos Latinoamérica. Su poder se concentraba en un puñado de ciudades, pero desaparecía unas pocas leguas tierra adentro. En la mayor parte del continente, los españoles no existían y nadie hablaba castellano. Si Alexander von Humboldt pudo explorar Venezuela fue porque los españoles no tenían interés en aquella selva, a la que no sabían sacarle partido. Si un alemán descubrió la ciudad perdida de Palenque en el centro de Chiapas fue porque los españoles no salían de San Cristóbal de las Casas o de cualquiera de los enclaves que habían construido a imagen de Valladolid o de Salamanca.

A otra escala, sucedía lo mismo en España. El país no ha existido fuera de las ciudades. Ya en 1539 se publicó uno de los mayores *bestsellers* de la literatura española, *Menosprecio de corte y alabanza de aldea*.[7] Escrito por un noble asturiano incrustado en la corte de Carlos I, fue un opúsculo muy leído y traducido en la Europa de su época. Algunos especialistas comparan su sentido del humor con Rabelais, pero muchos filólogos tienden a la exageración al ponderar las glorias nacionales. *Menosprecio* se puede leer hoy porque es breve, pero aun así se hace larguísimo y engolado. Su autor, fray Antonio de Guevara, era un caradura que llenaba sus obras de citas latinas falsas y erudiciones inventadas. En este, su libro más famoso, contrapone unos tópicos muy de moda en su época sobre las ventajas de la vida sencilla del campo frente al tráfago de la ciudad. Triunfó mucho porque apuntaba a una preocupación de la gente lectora del siglo XVI, especialmente de los nobles como él: la corte estaba llena de ventajas políticas y económicas, pero la aldea... ay, la aldea. En ella se encuentra la paz y a uno mismo. La vida auténtica está en la aldea. Fray Antonio de Guevara fue el primer español, junto a otro fraile, Luis de León, que pontificó un regreso al campo primigenio y lamentó que sus compatriotas lo abandonaran por una vida que no era vida en una ciudad de embustes. Al menos, en teoría, porque Guevara no se aplicó a sí mismo la receta. El rey le hizo obispo. Primero en Guadix y luego en Mondoñedo, donde murió, pero cuentan que apenas se dejaba ver por las sedes episcopales que administraba. Prefería pasar sus días en la corte o acompañando al emperador Carlos en sus muchos viajes por Europa. Cuando no le quedaba más remedio, se retiraba a aquella aldea que tanto alababa en sus opúsculos pero que a él le daba tantísima alergia. El éxito de este librito indica, sin embargo, que la confrontación entre una España rural y una España urbana es anterior a la revolución industrial y a cualquier éxodo campesino.

Los gobernantes españoles han tenido desde muy antiguo la costumbre de desterrar a sus enemigos políticos a comarcas aisladas. Quevedo, por ejemplo, lo sufrió en la Torre de San Juan Abad, hoy en Ciudad Real. Cuando se quería castigar o perder de vista a alguien, se lo mandaba al campo. Mucho antes de que hubiese zares en Rusia, mucho antes de que se popularizasen los destierros a Siberia y de que se inventara la palabra gulag, inquisidores, reyes, validos y dictadorzuelos usaban la meseta inmensa que rodeaba Madrid para borrar del panorama a los que se pasaban de listos. Bien es cierto que, como castigo, era muy suave en un país que tenía la quema de herejes en las plazas públicas por entretenimiento popular, pero delata una actitud imperial curiosa. Mientras los otros imperios usaban las colonias para desterrar a los adversarios políticos o, simplemente, a los presos más indeseables, los gobernantes españoles se servían del propio territorio peninsular (y, de vez en cuando, de las islas), pese a ser dueños nominales de un continente entero al otro lado del océano. Esta costumbre llegó hasta el siglo XX.

Toda civilización es, por necesidad, urbana, pero cada una tiene formas distintas de integrar o de ignorar ese espacio en blanco que hay entre ciudades, y la forma que elige depende mucho de cuánta gente y de qué tipo vive en ese espacio en blanco. En la España peninsular siempre han sido muy pocos y muy pobres, desperdigados por una meseta de clima hostil, y esta circunstancia tan básica ha marcado una historia de crueldad y desprecio que influye fuertemente en el país tal y como es hoy, pero que casi nunca se tiene en cuenta. Como no se tiene en cuenta que el castellano es el único idioma que llama tenedor al tenedor, porque sus hablantes cultos y urbanos, los que marcan la norma del idioma, no soportaban la idea de usar un nombre agrícola para algo tan refinado.

Los portugueses tienen un dicho cruel: *"Portugal é Lisboa e o resto é paisagem"*. En España se podría decir que España es Madrid, y el resto, ni siquiera es paisaje.

El mundo actual es urbano, no sólo en términos demográficos y de geografía política, sino en su concepto. Sin necesidad de ir a Mesopotamia y sus *skylines* de zigurats, se fecha la cuna de la cultura en Atenas, la ciudad modelo, pero es Roma el ideal más poderoso. Los romanos llenaron Europa, el norte de África y Oriente Medio de pequeñas romas, creando una red de ciudades. La destrucción del imperio fue la destrucción de sus ciudades. Los romanos se echaron al campo y, ya olvidados del latín, se inventaron el feudalismo, cosa bárbara de la que los historiadores llevan un par de siglos diciendo que no fue para tanto. Pero no hay caso. Se sigue contando la historia medieval con la voz de un florentino culto del siglo XV, como una sucesión de bestialidades y sangre.

En el bachillerato enseñan que las ciudades crecieron cuando el comercio recuperó los niveles que tuvo en Roma, allá por el siglo XIII, y siguieron creciendo a pesar de la peste de 1348, con sus catedrales cada vez más altas y sus puertos de la Hansa y sus banqueros judíos. La clase que inventa o reinventa la democracia se llama burguesía, la que habita los burgos, y toda la historia europea moderna y parte de la contemporánea se ha contado como la lucha de unas ciudades cada vez más fuertes y libres contra un campo cada vez más pobre y clerical.

La Revolución Francesa, tan romanizante y clasicista, no se conformó con guillotinar a los propietarios rurales, sino que quiso abolir el campo por decreto. La propuesta de organización territorial que el abate Sieyès hizo a la Asamblea Nacional en los fervores de 1789 no sólo simplificó y racionalizó una Francia llena de ducados, marquesados, provincias, condados y marcas, sino que borró la historia por la vía rápida: la supresión de la toponimia tradicional. Creó ochenta y un departamentos con nombres de accidente geográfico. Topónimos históricos como Provenza, Languedoc, Aquitania, Anjou, País Vasco o Picardía fueron sustituidos por nombres de ríos, montañas y puntos cardinales, pero también por números, aunque ningún gobierno logró que los franceses sintieran apego por el número de su departamento. Fue la industria del automóvil la que lo consiguió gracias a las matrículas de los coches, que permitían identificar a los paisanos o delatar a un parisino en provincias por los dos últimos dígitos de la placa.

Hasta la creación de las regiones en 1982,[8] los nombres de las viejas partes de la vieja Francia quedaron para las etiquetas del vino o como apellidos de una cocina regional que se negaban a preparar en los restaurantes de París. Persistieron en aromas y sabores sacados de la tierra trabajada por esos campesinos que habían llevado el peso de los feudos, pero desaparecieron de los mapas y de la administración. Utilizar números era aséptico y funcional, pero utilizar nombres de accidentes geográficos tenía un sesgo ideológico muy claro: interesaba la Francia eterna y pura, la que estaba en el suelo sin hollar. No querían la Francia feudal de bodega y granja, llena de apellidos nobiliarios.

El nuevo país se estructuró como una capital de ciudadanos libres que dominaba un paisaje sobre el que se podía intervenir en nombre del progreso, no un conjunto de regiones más o menos peculiares, con virreyes y reyezuelos que luchaban entre sí por la hegemonía. La organización departamental dejaba claro que Francia era París, y el resto, paisaje, pero un paisaje anterior al absolutismo, hecho por aquellos ríos y aquellas montañas que los paisajistas de Versalles no habían amanerado con sus tijeras de podar. Quizá para compensar esto, la Convención ideó un calendario republicano cuyo día uno de su año cero era el 22 de septiembre de 1792 del gregoriano, fecha de la proclamación de la República, pero también del equinoccio de otoño. El año republicano empezaba con la vendimia (Vendimiario) y terminaba con la recogida de la fruta (Fructidor). Entre medias recorría todos los ciclos de las cosechas y de los fenómenos climáticos que las condicionan. El campo se integraba así en la nueva Francia, pero sin resabios nobles o feudales.

En el primer volumen de *El capital*, Marx también narra el proceso de acumulación primigenia del capital como un triunfo de la ciudad sobre el campo,[9] y en *El dieciocho Brumario de Luis Bonaparte* usó un símil muy celebrado y convertido en dogma por el marxismo sin Marx: los campesinos eran como patatas puestas en un saco.[10] Quería decir que los campesinos eran seres egoístas incapaces de tomar conciencia de clase, como las patatas, que por mucho que las apiles, mantienen su aspecto e individualidad. Los campesinos pueden formar multitudes, pero no masas. Al menos, no masas organizadas y solidarias. En Rumanía, en Albania, en la Ucrania soviética, en China o en Camboya se usó esa cita para justificar matanzas, hambrunas y traslados masivos de población, pero no creo que pueda echarse sobre los hombros del filósofo alemán la responsabilidad de tantos crímenes. Todo criminal culto puede encontrar una frase que lo inspire, y la literatura universal está llena de incitaciones al crimen. Lo que sí se puede achacar a Marx es que persistiera y abundara en ese prejuicio tan burgués sobre los campesinos y que, como tantos y tantos pensadores, los creyera incapaces de organizar su propio destino, un estorbo cuyos efectos adversos había que reducir al mínimo.

Los reformadores políticos, salvo los socialistas utópicos y los anarquistas del siglo XIX, siempre han visto el campo como una molestia.

Liberales y marxistas han coincidido en su romanidad: ni unos ni otros integraron en sus planes a la gente que poblaba esas extensiones a los lados de las carreteras o de las vías de tren. Cuando los campesinos se organizaron en partidos agrarios o en movimientos políticos, liberales y marxistas los identificaron como chispas reaccionarias, latigazos violentos de un mundo que se negaba a extinguirse y quería morir matando. Sólo los anarquistas creían que los campesinos podían ser verdaderos sujetos de cambio y progreso. Atados al marco conceptual del Renacimiento, en muchas de cuyas ideas nos seguimos reconociendo los europeos de hoy, concebimos la historia como una reconquista del poder de las ciudades y una derrota del feudo, y en ese sentido hay que leer también una de las críticas más recurrentes que se ha hecho a los anarquistas clásicos: su arcaísmo. Marxistas y liberales acusaron a Bakunin y a sus seguidores de pretender una civilización sin ciudades, una vuelta al feudo autosuficiente, pero con consejos revolucionarios en lugar de nobles.

Estas tendencias casi naturales se exacerban en España, que ha sido un país eminentemente rural hasta bien entrado el siglo XX. Aún hoy más de la mitad de su territorio es rural, según los criterios de la OCDE, aunque el ochenta por ciento de la población viva en ciudades. El Gran Trauma (así, con mayúsculas) consiste en que el país se urbanizó en un instante. En menos de veinte años, las ciudades duplicaron y triplicaron su tamaño, mientras vastísimas extensiones del interior que nunca estuvieron muy pobladas se terminaron de vaciar y entraron en lo que los geógrafos llaman el ciclo del declive rural.[11] Entre 1950 y 1970 se produjo el éxodo. Aunque desde finales del siglo XIX la emigración del campo a la ciudad (y de la Península a Latinoamérica) fue constante, en esas dos décadas, millones de personas hicieron el viaje de ida. Las capitales se colapsaron y los constructores no dieron abasto para levantar bloques de casas baratas en las periferias, que se llenaron de chabolas. En muy poco tiempo, el campo quedó abandonado. Miles de aldeas desaparecieron y otras miles quedaron como residencia de ancianos, sin ninguna actividad económica y sin los servicios más elementales. Otras miles de personas fueron expulsadas de sus casas a punta de pistola por la guardia civil para honrar una política hidráulica que inundaba valles con pueblos enteros dentro. Y no cuento a los millones de españoles que, en esos mismos veinte años, emigraron a Europa y Latinoamérica, la mayoría desde pueblos y villorrios arruinados.[12] El paisaje que ha pintado ese Gran Trauma define el país y ha dejado una huella enorme en sus habitantes. Hay una España vacía en la que vive un puñado de españoles, pero hay otra España vacía que vive en la mente y la memoria de millones de españoles.

Todas las tensiones entre lo urbano y lo rural se han sufrido en España con un dramatismo raro y exótico. Hay toda una literatura inspirada en este Gran Trauma que no tiene igual en Europa. Pero, sobre todo, hay una forma de mirar y de mirarse a sí mismos que es difícil de comprender en otros contextos geográficos. Un odio. Un *autoodio*.

La Puerta del Sol es el núcleo sentimental de Madrid. Aunque los centros de negocios y de la vida cotidiana se han desplazado a otros lugares, la plaza es aún el corazón de la capital, que late, como ha latido siempre, al ritmo de chaperos, carteristas, granujas, tocomocheros y, de un tiempo a esta parte, turistas de todos los países que han desplazado a los paseantes madrileños. Es la sublimación de lo urbano en España, el salón del país. Allí se proclamaron repúblicas y se luchó contra invasores. Allí se festeja cada 31 de diciembre la llegada de un año nuevo.

Este símbolo contiene otro símbolo. Una estatua reciente, erigida en 1967, que ha ocupado varios sitios en la plaza y que los madrileños usan como punto de encuentro. El ayuntamiento encargó aquel año a Antonio Navarro Santafé un conjunto que representase el escudo de Madrid.[13] En realidad, representaba el centro del escudo, la figura del oso y el madroño, aunque nada indica en las fuentes históricas que el árbol sea un madroño. La leyenda heráldica dice que la unión del oso y del árbol simboliza un acuerdo alcanzado en el siglo XIII entre el cabildo y la villa, según el cual, el primero explotaría los pastos del municipio, y la segunda, los bosques y la caza. Con el oso apoyado en el árbol se representaban los dos intereses, el cinegético y el forestal.[14]

Como sucede con muchas explicaciones heráldicas, esta se basa en documentos muy posteriores a los hechos que refieren. Todo lo que tiene que ver con el escudo de Madrid se recoge en crónicas del siglo XVIII, aunque los sucesos tuvieron lugar en el XIII, cinco siglos antes.[15] No creo que ningún juez admitiera ese testimonio en un juicio, pero la historia no es un tribunal, y siempre hemos dado por buenas unas fuentes que a cualquiera le parecerían, cuando menos, pendientes de verificación. Digamos que fue así, aunque es difícil saber de verdad por qué los osos abrazan los árboles. El verdadero misterio es por qué ese árbol, de todas las especies posibles de árbol, es un madroño. Convencido de que se trata de esa especie y no de otra, el ayuntamiento, desde los años 60, plantó madroños allí donde pudo. En el Retiro, en la Casa de Campo, en cualquier parque. El símbolo de Madrid tenía que verse en las calles de la capital. Por suerte, no les dio por adjuntar un oso vivo a cada madroño. El caso es que los jardineros se dieron cuenta enseguida de que los madroños crecían mal, que el suelo de la ciudad era malo, que muchos no arraigaban.

La ciencia botánica corroboró la impresión de los jardineros municipales: Madrid no forma parte del hábitat natural del madroño. Se llegó a sugerir que el árbol del escudo quizá no fuera un madroño, dado que no crecían salvajes en los alrededores. En el Pardo y hacia el norte hay encinas, pero los madroños se encuentran ya monte arriba e incluso en Segovia, muy lejos de la jurisdicción medieval de la villa. Hoy sólo hay un ejemplo notable en el centro de la ciudad, en la plaza de la Lealtad, junto al hotel Ritz.[16] El *Arbutus unedo*, como se llama científicamente, crece silvestre en toda la cuenca mediterránea, tanto en Europa como en África, y le gustan los barrancos y los terrenos escarpados. Junto a la encina, es uno de los árboles más representativos del paisaje interior de España.

Es sin duda casual que sea el madroño, un árbol propio de las soledades de regiones remotas, el símbolo de la mayor ciudad de España, y que una versión de piedra presida el escenario urbano más característico del país. Y que la versión de piedra se plantase precisamente en 1967, en pleno éxodo campesino, cuando muchos habitantes de esa España madroñera y perdida buscaban un hueco en la ciudad. Es casual, claro, pero hay casualidades hermosas. Como los madroños que intentaban plantar sin éxito los jardineros municipales, los nuevos madrileños intentaban arraigar en una ciudad que no tenía lugar para ellos. Es hermoso que el mismo paisaje que se fundía en negro en mitad del Gran Trauma se hiciese piedra y bronce en el corazón latiente de la capital.

Hay un pasaje muy cruel en un libro de viajes de un escritor que hizo de la crueldad una cuestión de estilo. Camilo José Cela cuenta en el *Viaje a la Alcarria* que los mozos de los pueblos de Guadalajara no querían casarse con las mozas que habían ido a Madrid a servir. A saber qué manos las habían tocado.[17] Es un viejísimo leitmotiv que se remonta a la Biblia. El mito de Babel.

El Génesis narra la historia de cómo los humanos se corrompieron al construir ciudades. Cómo la soberbia y la abyección se hicieron fuertes en ellos y abandonaron los valores sencillos y piadosos que tenían en el campo y entronizaron a tiranos y se perdieron en mil lenguas. El mito de Babel persiste. La ciudad es lo falso, lo contaminado, lo pecaminoso, la muerte. El campo es lo verdadero, lo puro, lo virtuoso, la vida. Con variaciones más o menos sutiles, el mito ha resonado en todas las épocas y en todas las sociedades. También en España. Lo curioso es que, con el tiempo, los españoles han invertido los términos. Aunque los campesinos y muchas personas contagiadas de esa mística, desde la política, el ecologismo o la religión, siguen desconfiando de la vida urbana, hay una corriente de fondo que observa el campo como un espacio salvaje. La civilización frente a la barbarie, otro mito, este más reciente y asociado a la expansión de las ideas liberales y progresistas. Un país de conquistadores y saqueadores como ha sido España, con su historia de pillaje y matanzas intercontinentales, no puede contemplar la tierra baldía que compone la mayor parte de su territorio más que como un espacio bárbaro infestado de bárbaros. Indígenas que a menudo no hablan lenguas cristianas, que parlotean en dialectos incomprensibles y persisten en creencias brujeriles y paganas. Tanto se espanta (o se ríe, con carcajada gruesa y suficiente) Camilo José Cela del paisano que repudia a las mujeres que han emigrado a Madrid como el paisano se hace cruces con ese señorito escritor infectado de todos los vicios y pecados de la urbe.

Esto ha tenido expresiones políticas que a menudo han terminado en guerras o han abierto conflictos con violencia. Carlistas contra liberales. Centralistas contra nacionalistas. En la década de 1960, en el marco de una leve apertura cultural que la nueva generación de jefes franquistas promovía, Radio Barcelona inauguró sus emisiones en catalán. Era un solo programa de contenido folclórico titulado *La comarca ens visita*. Muchas familias de la burguesía del Eixample, que aún estaban muy lejos de catalanizarse, consideraron aquello un agravio rústico. ¿Qué era eso de que la comarca les visitaba? ¿De dónde habían salido aquellos payeses con sus palabras burdas y sus modales de aldea y su aroma a salchichón? Para el novelista Francisco Ferrer Lerín (que cuenta esta anécdota en su libro *Familias como la mía*),[18] que por entonces era muy joven y formaba parte de la nómina de los poetas novísimos, aquello fue el principio del fin de la Barcelona cosmopolita.

Al nacionalismo nunca le han gustado las grandes ciudades, eso es sabido. Su complejidad es incompatible con cualquier proyecto de homogeneización comunitaria. Hitler odiaba Berlín y amaba Baviera. Quería que Berlín fuera como Múnich y no al revés. "Si Berlín sufriera el mismo destino que Roma, las generaciones futuras no verían más que grandes almacenes judíos y cadenas hoteleras como monumentos característicos de nuestra civilización actual", escribió en *Mein Kampf*.[19] Es un ejemplo extremo y muy destructivo, pero se puede rastrear a todas las escalas en todas las partes del mundo. El nacionalismo ha arraigado antes en el campo, inflamando a los campesinos con alegatos antiurbanos, invocando el mito de Babel. A menudo, de forma grotesca. Cuando se instituyeron las comunidades autónomas a finales de la década de 1970 hubo discusiones agrias sobre la capitalidad de algunas. Los nacionalistas locales consideraban que la ciudad más grande, la que tradicionalmente había sido la capital, no representaba la esencia de la región. Su crecimiento urbano la había desarraigado, tenía demasiada mezcla y poco sabor vernáculo. En otras ocasiones se trataba de evitar conflictos entre capitales de provincia de tamaño parecido que podían rivalizar, por lo que se proponía una ciudad de consenso, pero el prejuicio antiurbano era un ruido de fondo muy poderoso. En general, esas comunidades escogieron ciudades secundarias con valor histórico. Villas muy tradicionales y eclesiásticas que, a los ojos de los nacionalistas, representaban las purezas de la nación. Así fue como Santiago de Compostela se hizo capital de Galicia a pesar de que A Coruña es la capital económica y cultural. O como Mérida, de pasado romano (es decir, inmortal, telúrico, esencial), se impuso a Cáceres y a Badajoz. O como Vitoria venció a Bilbao, la gran urbe industrial del norte de la Península. En otros lugares, como en Andalucía o en Aragón, hubo discusiones porque los nacionalistas le negaban a Sevilla o a Zaragoza el derecho a ser capitales. En Aragón se publicó por aquellos años un panfleto de título significativo, *Zaragoza contra Aragón*,[20] y se promovió la especie de que la capital de la nueva comunidad autónoma debería ser Jaca, y no la voluble y corrupta Zaragoza, porque la ciudad pirenaica, primera corte del viejo reino de Aragón, conservaba mucho mejor las esencias de lo aragonés. Al final, la España vacía es eso, un frasco de las esencias. Aunque esté casi vacío, conserva perfumes porque se ha cerrado muy bien.

¿No se reconocen esos prejuicios en la España de hoy, la España integrada en la Unión Europea, moderna, perfectamente asimilada en el mundo occidental? Yo sí los reconozco. Son demasiados siglos y el Gran Trauma fue demasiado agresivo para que no condicione la forma de ser y de estar de los españoles del siglo XXI. España tiene aún mucho que digerir y muy poco estómago.

Viajar por la España vacía es viajar por apellidos de gente conocida. Un desvío en la autopista, una señal en una carretera secundaria, cualquier indicación conduce a pueblos pequeños que son apellidos de familias que salieron una vez de allí y no volvieron más. En una Europa homogénea y muy poblada, la España vacía es una experiencia inigualable. Paisajes extremos y desnudos, desiertos, montañas áridas, pueblos imposibles y la pregunta constante: quién vive aquí y por qué. Cómo han soportado, siglo tras siglo, el aislamiento, el sol, el polvo, la desidia, las sequías e incluso el hambre.

Estas cosas no se perciben desde la Puerta del Sol ni la Gran Vía. La vida nos predispuso a unos pocos (tan pocos como los que resisten en el páramo de la España vacía) a mirar el país a ras de meseta. Nací en Madrid. Por parte materna, soy madrileño de cuarta generación, algo muy raro en una ciudad de aluvión. Mi padre, sin embargo, es de Arcos de Jalón, un pueblo de Soria. Por razones que nunca he comprendido bien, mis padres hicieron el camino inverso al de todo el país. En vez de instalarse en Madrid, donde mi madre ya tenía un buen trabajo, amigos y una vida, alquilaron un piso en la plaza mayor de Almazán. Cuenta mi madre que aquello era tan extraño, unos forasteros de Madrid instalándose en el pueblo del cual se marchaban los jóvenes precisamente a Madrid, que la mudanza fue un espectáculo que congregó a todos los vecinos. Hacía mucho tiempo que no veían a una pareja con un niño pequeño llegar a esa villa, por lo demás hermosa y de calles medievales, pero donde los inviernos pasan entre nieves y nieblas y con termómetros que no suben de cero grados. Por supuesto, en cuanto tuvieron una oportunidad, volvieron a cargar el camión de la mudanza y se instalaron en la costa, en el pueblo valenciano donde crecí. Culturalmente, quizá no tenía más atractivos que Almazán, pero su clima era fabuloso, las primaveras olían a azahar y mi hermano y yo podíamos pasar cuatro meses seguidos en la playa.

No nos olvidábamos nunca del interior. Visitábamos a menudo a la familia de mi padre en el pueblo de Soria, y mi abuelo materno tenía una casa en un pueblo de Aragón muy cercano a la linde con Castilla. Son lugares de una carga emocional insoportable, mis Combray, achicharrados en verano y helados y nevados en invierno. El niño playero que fui se preguntaba por qué diablos vivía nadie allí.

El pueblo de mi padre era un nudo ferroviario entre Madrid y Zaragoza que llevaba muy mal su declive. En la época del vapor, los trenes recargaban carbón y cambiaban de locomotora. La electricidad hizo innecesarios casi todos los puestos de trabajo del lugar, que empezó a languidecer. Allí vivían mi abuela y una hermana de mi padre, soltera, que murió arrollada por un Talgo en un paso a nivel, un Talgo que iba muy deprisa porque no paraba en la estación del pueblo. Su muerte era la metáfora de la muerte del lugar, arrollado por trenes que no paraban. La tía Vivi, como la llamábamos, estudiaba historia y era aficionada a buscar monedas romanas. El pueblo había sido un enclave militar en tiempos del imperio romano, y antes un castro ibérico, por lo que era y es un tesoro arqueológico. En uno de sus paseos vespertinos, la tía Vivi me llevó de la mano a las ruinas del castillo, y allí me enseñó algo que a mis seis o siete años me impresionó mucho. Mira, me dijo desde lo alto de un cerro de arcilla, dando la espalda al pueblo. Ante nosotros, otro pueblo de adobe, con sus edificios apiñados y sus calles en cuesta. Casas sin tejado, calles llenas de telarañas, montañas de ladrillos rotos. Allí no vivía nadie. Muros de adobe rojísimo que parecían a punto de ser engullidos de nuevo por el monte rojo. Era el pueblo viejo. O la parte vieja del pueblo. Abandonada. Con la llegada del ferrocarril, la gente se trasladó al barrio de la estación. Años después, cuando conocí Belchite, recordé aquella impresión que mi mente infantil exageró. Hoy sé que el barrio abandonado es mucho más pequeño de lo que me pareció. Entonces lo intuí extensísimo.

Parte de mi trabajo como periodista ha consistido en recorrer la España vacía. Como reportero del *Heraldo de Aragón*, era rara la semana que no me tenía que levantar un día a las cinco de la madrugada para meterme con un fotógrafo en un coche y recorrer cien, doscientos o trescientos kilómetros en busca de una historia en un lugar minúsculo y remoto. Zaragoza, la ciudad donde vivo y donde está la redacción central de ese periódico, tiene unos setecientos mil habitantes y es capital de una región de 1,3 millones. Es decir, la mitad de la población está concentrada en una sola ciudad, y el resto, diseminada por un área más grande que los Países Bajos (donde viven diecisiete millones de personas). Según la clasificación de la Organización para la Cooperación y el Desarrollo Económicos (OCDE), Aragón es una región intermedia, con rasgos urbanos y rurales, por eso se considera muy representativa de la estructura demográfica española. Una España a escala, casi de laboratorio.

Viviendo aquí he sentido la inmensidad del paisaje. Zaragoza es una ciudad mediana europea, con sus rarezas, pero en líneas generales muy parecida a cualquier otra ciudad de su tamaño, como Toulouse, Burdeos, Bolonia o Bristol. Sin embargo, está rodeada por un desierto. Cuando los zaragozanos quieren irse de excursión un domingo, recorren cien kilómetros o más porque en los alrededores no hay nada que hacer ni que ver. El aburrimiento de conducir sin que aparezca un pueblo ni más signo de vida que el tendido eléctrico o unas ruinas o un toro de Osborne en el horizonte, casi sin cruzarte con otro vehículo en dirección contraria. He sentido el impulso de salir de pueblos sin nada, que reciben la visita del médico una vez a la semana, que emplean la escuela abandonada como almacén y donde aún se pueden ver escudos de la época de Alfonso XIII que no han sido sustituidos por otros porque los edificios donde están labrados no se han usado desde entonces. Lugares donde el bar abre como servicio comunitario unas pocas horas a la semana, donde no hay cobertura de móvil y donde el alcalde vive en una ciudad a cien kilómetros y sólo ejerce como tal un rato los viernes por la tarde. Pueblos que en invierno sólo están habitados por dos o tres ancianos que pasan los días pegados al brasero y llaman a la guardia civil en cuanto asoma un extraño. Pueblos a punto de desaparecer, que desaparecerán como tantos otros en cuanto sus últimos veinte o treinta vecinos mueran o estén tan enfermos que sus hijos los trasladen a la ciudad.

Los habitantes de esta España vacía se sienten abandonados a su suerte. Muchos están resentidos. Inventan un pasado lleno de vida y niños y gente. Un pasado mítico que algunos sueñan revivir gracias a los inmigrantes que vienen del este de Europa y de Latinoamérica, que han sido los únicos jóvenes que se han atrevido a montar su hogar en sitios como aquellos. Pero lo cierto es que la España vacía nunca estuvo llena. Incluso está menos vacía ahora que antes. Los geógrafos creen que la población ha aumentado entre un 10% y un 20% en cien años. Un aumento ridículo en comparación con el conjunto del país, que ha crecido un 230% en el mismo siglo. La despoblación existe, es un fenómeno constatado, pero la percepción de vaciamiento tiene más que ver con una población estancada, mientras que en las áreas urbanas ha crecido de una forma brutal, sin precedentes históricos. El desequilibrio, que siempre fue muy marcado, incluso en siglos anteriores a la revolución industrial, es ahora insalvable.

Quizá convenga cartografiar y poner números a ese país que llamo la España vacía. Lo primero que llama la atención es que es un país sin mar. Se corresponde, a grandes rasgos, con lo que geográficamente es la meseta peninsular más la depresión del Ebro. Aunque a veces este libro hace excursiones por la periferia y trota un poco por Andalucía, Asturias, Galicia, Cataluña o Navarra, la España vacía es la España interior y está formada por las dos Castillas, Extremadura, Aragón y La Rioja. Un territorio enorme para los estándares europeos. Si no parece más grande se debe a la proyección Mercator de los mapamundi, que distorsiona el tamaño de los países y los representa más grandes de lo que en verdad son cuanto más cerca de los polos se encuentran. Los países europeos que están al norte son en realidad más pequeños que en el mapa. Finlandia, por ejemplo, parece ocupar el doble de espacio que España, cuando en realidad es un tercio más pequeña. Esto se debe a la necesidad de corregir la curvatura de la Tierra al representarla sobre un plano. Los meridianos están mucho más juntos cerca de los polos que en el ecuador, pero un mapamundi los representa paralelos por necesidad, así que estira los territorios que hay al norte para que encajen en sus coordenadas. Esto distorsiona la percepción que tenemos del mundo y hace que Groenlandia parezca mayor que Australia cuando, en realidad, Australia lo es casi cinco veces más. Que España esté en el sur de Europa distorsiona la percepción de su territorio. Parece que es menor que el de Alemania, por ejemplo, cuando es considerablemente más extenso. Europa, en general, está sobrerrepresentada. Parece notablemente más grande de lo que es. África, en cambio, parece mucho más pequeña. Esto ha llevado a considerar que la proyección Mercator, la fórmula usada para

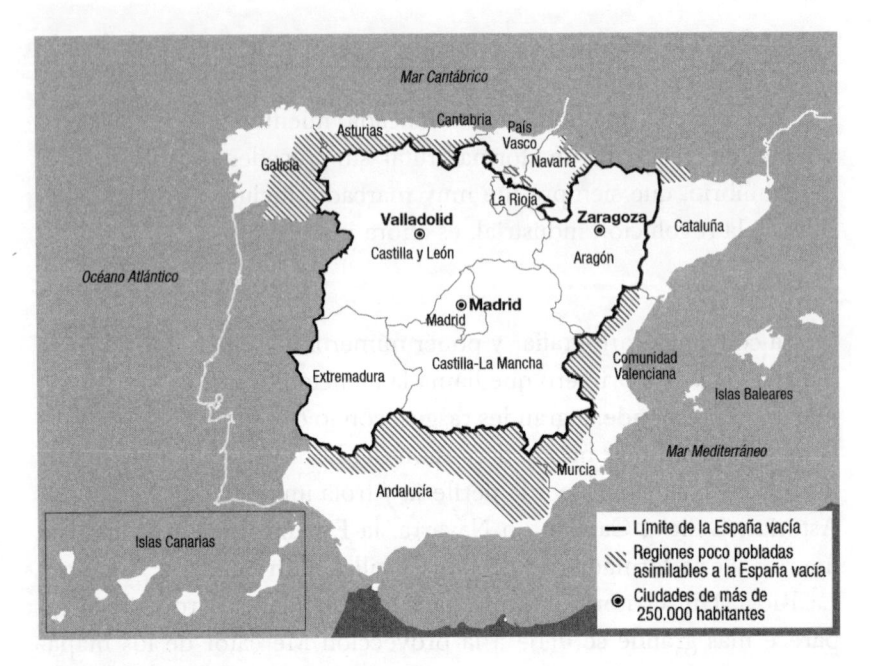

Mapa de la España vacía.

representar en un plano una esfera, es producto del imperialismo. No digo que no haya elecciones que suenen eurocéntricas e imperiales, como la convención que establece que el norte se dibuje arriba y el sur, abajo (la Tierra es una esfera, podemos mirarla perfectamente en sentido inverso, ponemos el norte arriba porque tenemos esa costumbre, pero el norte podría ser el sur) o la que coloca a Europa en el centro del dibujo (el centro de los mapas podría estar en Japón o California), no sean resabios de la época en que los europeos dominaban los mares y las tierras, pero la proyección Mercator es, sencillamente, una operación matemática que permite llevar mapas en un bolsillo o imprimirlos en un libro sin necesidad de ir a todas partes con un globo terráqueo. Es útil tenerla en cuenta, sin embargo, cuando queremos hacernos una idea cabal de los tamaños y distancias. Conviene saber que, si el país está cerca del ecuador, las cosas están mucho más lejos de lo que dice el mapa, y que, si el país está cerca de un polo, las ciudades están mucho más cerca entre sí.

Cuando Moisés llevó a los judíos al éxodo y vagaron cuarenta años por el desierto del Sinaí, deambularon por un territorio más pequeño que el que recorrió don Quijote en sus aventuras. Sin embargo, parece que el hidalgo apenas hizo unas excursiones por los alrededores de su pueblo (sobre todo, en la primera parte). Es mucho más bíblico el vagabundeo del Quijote que el éxodo de la Biblia, que, en comparación, fue mucho más comarcal. La península del Sinaí es un 20% más pequeña que toda la actual Castilla-La Mancha.

La España vacía es un territorio extenso que, además, no tiene ciudades. He excluido Madrid de ella. Madrid sería un agujero negro en torno al que orbita un gran vacío. En total, la España vacía en su versión más restrictiva se extiende por 268.083 kilómetros cuadrados sin costa y con una notable elevación sobre el nivel del mar. Ocupa más de la mitad del total de España, el 53% del territorio. En ella viven 7.317.420 personas, lo que supone el 15,8% de la población española (46,7 millones). Sólo hay una ciudad que supera el medio millón de habitantes, Zaragoza. La segunda más importante, Valladolid, tiene 300.000. El resto vive en núcleos de menos de 200.000 habitantes. Si contamos sólo a los que están empadronados en pueblos (excluyendo capitales de provincia y autonómicas), salen 4.636.050. Es decir, uno de cada diez españoles.[21]

	Superficie (km²)	% superficie	Población	% población
España	504.645	100	46.449.565	100
España vacía	268.083	53,12	7.317.420	15,75
España vacía*	–	–	4.636.050	9,98

* (sin capitales de provincia)

Esto significa que, en algo más de la mitad del territorio (el 53%) vive el 15,6% de la población, o el 9,9% si descontamos los centros administrativos. Dicho de otra forma, que el 84,4% de los españoles viven apretados en el 48% del territorio. La población española se reparte muy desigualmente: está muy concentrada en unos pocos puntos y es

Imagen nocturna de la península ibérica.

casi inexistente en una gran parte del país. Vista desde el espacio, la distribución se parecería a un donut con un trozo de bollo en el centro del agujero. El trozo sería Madrid y su conurbación, donde se apiña el 13,7% de la población en un espacio que representa el 1,5% de la superficie. Casi la misma cantidad de gente que vive en toda la inmensa España vacía, pero concentrada en menos de un 3% de su tamaño. El 70,7% restante de la población se apiña también, pero no en un punto, sino en una larga línea sobre la costa. Desde Barcelona hasta casi el mar Menor de Murcia se sucede un continuo urbano interrumpido por tramos muy cortos y anecdóticos de costa salvaje donde viven 14,1 millones de personas. En Andalucía viven 8,4 millones, más de cinco de ellos en el litoral. Las regiones del norte peninsular tienen una densidad de población mucho más cercana a los estándares europeos, con núcleos muy poblados, próximos entre sí y un rico pasado industrial que une a 6,5 millones más de habitantes. En el resto del país hay pocas personas y muy alejadas unas de las otras.

Esto es una rareza que no tiene igual en los países europeos con los que España suele compararse. Francia, que es el rasero por el que el país se ha medido en los últimos siglos, es un poco mayor que España en superficie, pero está mucho más poblada, unos dieciocho millones más (un 38,3% más) en un territorio que sólo es un 9,3% mayor. La cosa empeora cuando se mira a otros países hermanos. Italia mide 301.336 kilómetros cuadrados, lo que supone un poco más que la superficie de la España vacía y tres quintos de la de la España total. En esa extensión viven 61 millones de personas, 14,3 más que en España (un 30% más), en una superficie que supone el 60% de la española. Más grave resulta la comparación con el Reino Unido, ese país de 242.900 kilómetros cuadrados, más pequeño que la España vacía (todo el Reino Unido equivale a menos de la mitad de España), en el que viven 63,5 millones de personas. Es decir, 16,8 millones más que en España o, lo que es lo mismo, un 35,9% más.

Ninguna comparación es tan elocuente como la de Alemania. En una superficie de 357.021 kilómetros cuadrados, que representa un 70,8% de la española, viven 82,7 millones de habitantes. Es decir, 36 millones de personas más (un 77,08% más), en un territorio que es casi un tercio menor que el de España.

	Población (millones)	Superficie (km²)
España	46,4	504.645
Francia	64,6	551.695
Alemania	82,7	357.021
Italia	61	301.336
Reino Unido	63,5	242.900

Europa occidental está muy poblada y sus habitantes se reparten con uniformidad notable. Viajar en coche por Francia, Inglaterra o Alemania consiste en una sucesión de viviendas y pueblos ininterrumpida. Es difícil plantearse un crimen en esas circunstancias. Apenas hay puntos ciegos o sin transitar para eludir a los posibles testigos. En Europa occidental, sólo Irlanda tiene una densidad de población inferior a España, pero la media española, fijada en 93 habitantes por kilómetro cuadrado, no refleja en absoluto la realidad demográfica del país. Nada tiene que ver la densidad de Madrid, con cerca de 800 habitantes por kilómetro cuadrado (que, en la capital sube hasta más de 5.000), con la de Teruel, la provincia más despoblada, con nueve habitantes por kilómetro cuadrado. La disparidad supone pasar de unas pocas zonas con densidades medias y altas (porque en ningún caso se alcanzan niveles de superpoblación) a regiones vastas que están técnicamente desiertas.

Las razones de esta peculiaridad son complejas y, en realidad, importan poco a los efectos de este libro. Lo que de verdad quiero subrayar es que se trata de un desequilibrio añejo y estructural, que ni el progreso ni la riqueza han corregido, y que hace de España, en muchos aspectos, un país raro en la normalidad europea. Por eso, y puede que también por la proyección Mercator, la imagen que los españoles tienen de su propio paisaje es más parecida a la que tienen los habitantes de otros países mucho más grandes, como Estados Unidos o Rusia. Se dice que tal o cual comarca es la Siberia española, y hay desiertos en varias regiones en los que se han rodado *westerns*. La propia situación de la Península, como un subcontinente pegado a Europa y, a la vez, separado de ella, propicia que los españoles se sientan parte de un lugar cuyas distancias y parámetros no pueden compararse con las europeas. En otros aspectos, el país está perfectamente asimilado en la normalidad del resto del continente, pero las excepciones y diferencias son lo bastante llamativas para considerar que el país es europeo pero. ¿En qué consiste ese pero? Es mejor verlo del revés, cruzando los Pirineos de sur a norte.

Hay dos cosas que llaman la atención a un español cuando se adentra por las carreteras francesas y sigue por las belgas, las alemanas, las suizas o las austriacas. Una es el paisaje. Se pasa sin transición de un clima seco a uno húmedo, lo que significa pasar del arbusto espinoso al césped. Lo verde empieza en los Pirineos, dice el tópico, y es literalmente así, porque las nubes del norte suelen quedarse atrapadas en las cumbres de la cordillera y su agua sólo riega el lado francés. Es un paisaje que encaja con la idea de belleza europea que nos enseñaron en los cuentos infantiles. La segunda cosa que sorprende son los pueblos. Su morfología y su continuidad. Un pueblo francés, uno belga, uno alemán e incluso uno italiano del norte se parecen mucho más entre sí de lo que se parecen a un pueblo español. Para empezar, son abundantes y están separados entre sí por pocos kilómetros. A menudo, se suceden sin separación, con una calle que marca la frontera. Aunque no tienen por qué estar muy animados, pues la vida en Europa es menos callejera, basta un paseo un sábado cualquiera para descubrir otras cosas muy sorprendentes. Un día a la semana se celebra un mercado granjero. Los ganaderos y agricultores de la comarca ofrecen sus productos en la plaza. Todo lo que se vende es local. Hay queso, vino, pan, embutidos, hortalizas, toda clase de conservas artesanas elaboradas en la cocina de una granja, pasteles... Mucha gente hace la compra cotidiana en ese mercado. Se conocen y se saludan, y aquí salta otro elemento de extrañeza: hay gente de todas las edades. Por pequeño que sea el pueblo, parece habitado por niños, jóvenes, no tan jóvenes y ancianos. Los granjeros también pueden ser jóvenes o de mediana edad. La proporción varía, pero no puede decirse que predominen los jubilados. ¿Por qué sorprenden tanto estos dos hechos al viajero español? Porque en España ha desaparecido la vida granjera a pequeña escala. Los mercados de ese tipo son anecdóticos y están ligados a alguna fiesta anual o a alguna moda esnob relacionada con la nutrición. Los productores agrícolas y ganaderos españoles tienen explotaciones grandes e intensivas y trabajan para las cadenas de distribución o para exportar masivamente sus cosechas. No hay un circuito donde un grupo de pequeños productores locales pueda ganarse la vida vendiendo sus conservas y sus quesos artesanos, por lo que estos mercados granjeros, que son comunes en toda Europa occidental, suenan exóticos al sur de los Pirineos. Tan exóticos como los jóvenes. Cuanto más pequeño es un pueblo en España, más difícil es encontrar vecinos de menos de cincuenta años.

Hablo de España, pero me refiero siempre a ese país dentro del país que es la España vacía.

La morfología de los pueblos es muy distinta también. Al norte de los Pirineos todos tienen un aspecto mucho más ordenado, homogéneo y próspero. Una brecha histórica los separa. Siglos de abandono y atraso han hecho del campo español un escenario de casas apiñadas y pequeñas. En Castilla, en Aragón o en Extremadura, las aldeas se pliegan sobre sí mismas en unas calles retorcidas. En parte, por el clima, para crear sombra y frescor como defensa contra un sol insoportable. En parte, por la pobreza secular. Mientras los pueblos europeos se beneficiaron de doscientos siglos de progreso, por más que fueran interrumpidos por guerras y revoluciones constantes, la España vacía vivió sin las comodidades fundamentales hasta casi la década de 1970. Un pueblo rico de la meseta nunca fue tan rico como un pueblo pobre de Francia o Alemania. El urbanismo de los pueblos del interior de España es centrípeto, mientras que los continentales tienden a lo centrífugo. Las calles se retuercen en pequeños laberintos *alla maniera* de las medinas árabes y el caserío forma un bloque compacto, a menudo rodeando un risco. El campanario de la iglesia indica el centro ceremonial y político del lugar, que parece abrazarse a la torre como si fuera el mástil de la balsa de la Medusa. Las casas intentan acercarse a la torre, se apiñan escapando de la llanura, como si la temieran. Los pueblos continentales, en cambio, suelen extenderse con caseríos y granjas diseminadas por los caminos. A veces cuesta encontrar el centro de la aldea porque casi se ha integrado en el paisaje. Los pueblos de la España vacía parecen fortificaciones en terreno conquistado. Quienes los construyeron parecían preocupados por cómo resistir un asedio o hacerse fuertes en tierra enemiga. Incluso los pueblos manchegos, más parecidos a los mexicanos que a cualesquiera otros de Europa, están medio camuflados: sus casas son bajas, de una sola planta, como no queriendo sobresalir mucho por el horizonte del llano, como un soldado que echa el cuerpo a tierra. Fuera del pueblo no hay nada. Los pueblos franceses, bien lo sabía Proust, son redes de caminos que van a casa de Swann o a Guermantes. El pueblo es pueblo y campo. En la España vacía, el pueblo es sólo pueblo, y ay de aquel a quien la noche sorprenda en descampado.

Son demasiadas excepciones en un continente muy homogéneo, como incluso la genética ha demostrado. Del mismo modo que las naciones de Europa occidental se parecen mucho entre sí, también se parecen sus habitantes. Un estudio genético sobre miles de individuos de todos los países del continente concluyó que los europeos se diferencian muy poco unos de otros, especialmente en la zona occidental.[22] No es extraño que individuos tan próximos biológicamente hayan levantado países tan similares. Cambian las lenguas y cambia la gastronomía, pero la forma de construir los pueblos y de vivir en ellos varía poco de la costa de Gales al litoral adriático de Italia. Los guardianes de las esencias lamentan a menudo que la economía globalizada haya barrido la idiosincrasia de las grandes ciudades. Todas las calles comerciales de todas las capitales tienen las mismas tiendas, sucursales de multinacionales. Y no deja de ser cierto, pero es una homogeneización menor comparada con la que propiciaron en Europa el románico o el gótico, o la que mucho antes causó la romanización. Un pueblo medieval se parece más a un pueblo medieval de otro país que al pueblo de al lado de su mismo país. Las variaciones nacionales y regionales no son tan fuertes como para borrar el sustrato europeo. Ante una postal de una calle de un pueblo de Europa, podemos dudar: ¿es Alemania o es Suiza? ¿Es Italia o es Francia? ¿Es Inglaterra o Bélgica? Sin embargo, sabemos que se trata de un pueblo europeo.

No sucede lo mismo con los pueblos de la España vacía. No sólo son muy distintos a los del resto de Europa, sino que presentan muchas variedades morfológicas de unas zonas a otras. En casi nada se parece un pueblo de piedra ocre de La Rioja a uno largo, aplastado y blanco de la meseta. Hay aldeas de Aragón o de Extremadura que podrían ilustrar un anuncio de turismo de Marruecos, y paseando por muchos lugares de la meseta se podría creer que se camina por México. La historia ha sido distinta, las conexiones geográficas también lo son. España, especialmente la España vacía, es un país raro dentro de Europa. Se aprecia desde la ventanilla del coche.

Esto no quiere decir que el campo francés, inglés o alemán no sufran el envejecimiento y la emigración. Estas dos características han sido comunes a todas las zonas rurales del mundo desarrollado desde el fin de la Segunda Guerra Mundial y aun antes, aunque fue a partir de 1945 cuando más crecieron las ciudades en Europa en menos tiempo. En las décadas de 1950 y 1960, coincidiendo con el *baby boom* y con la descolonización de los viejos imperios, que motivaron la primera oleada de inmigrantes desde África y el Caribe (la historia del pop habría sido muy distinta sin los miles de jamaicanos que se instalaron en Londres en la década de 1960 tras la independencia de la isla). Los cinturones residenciales de bloques de viviendas baratas para los emigrantes pobres, muchos llegados del campo, pero también de países de alrededor, se construyeron al mismo tiempo en toda Europa, dando a sus grandes ciudades un mismo aspecto deprimente de colmena. El campo quedó casi tocado de muerte en muchos lugares de Europa occidental, pero fue especialmente traumático en el Reino Unido, donde la nueva organización económica del país hizo imposible el modo de vida de millones de granjeros. El éxodo del campo a la ciudad está muy estudiado y llevaba registrándose desde finales del siglo XIX.

Los geógrafos conocen este fenómeno como declive rural, y está expresado en un modelo con forma de círculo vicioso. El sector agrario, al mecanizarse, requiere mucha menos mano de obra. Los jóvenes que no pueden emplearse en el campo emigran a la ciudad, lo que repercute en una reducción de los servicios e infraestructuras y una caída de la tasa de creación de nuevas empresas. Por tanto, los puestos de trabajo, no sólo los agrícolas, sino todos los demás, menguan y más gente tiene que emigrar, especialmente los jóvenes. Al final, sólo quedan los ancianos, que terminan yéndose a la ciudad también si no se les provee de servicios básicos como una buena atención sanitaria. Si no se rompe este círculo del declive rural, es cuestión de tiempo que la zona quede desierta.

La diferencia de España con respecto a otros países del entorno es que, cuando este círculo de declive rural se agravó en las décadas de 1950 y 1960, el campo español partía ya de una situación calamitosa, con mucha desventaja con respecto a las zonas rurales de Francia o Alemania. Los campesinos españoles vivían en una situación de miseria inconcebible en la Europa del siglo XX, por lo que sus pueblos eran mucho más frágiles y vulnerables a los éxodos.

Alemania, Francia y Reino Unido han intentado poner remedio a ese declive, algunas veces con éxito. Han conseguido retener a parte de la población joven e incluso atraer a algunos urbanitas. Si no han devuelto a los pueblos su vitalidad anterior, sí puede decirse que han frenado el círculo vicioso. Es decir, han conseguido pueblos con la suficiente población y servicios de calidad para mantener un buen nivel de empleo y un estándar de vida razonable que no difiera mucho del de la ciudad. En Reino Unido son famosos los Rural Pathfinders y los Local Strategic Partnership (LSP), dos programas para buscar modelos de desarrollo alternativos a la agricultura en el campo británico. El gobierno alemán tiene en marcha el programa Regionen Aktiv. En Canadá tuvo mucho éxito el llamado Rural Lens, y Finlandia y los Países Bajos también han puesto en marcha programas parecidos. Todos tienen en común el enfoque localista: no se aplican soluciones globales, sino que se estudia la situación de cada comunidad y, mano a mano con sus vecinos, se negocia la mejor salida, se buscan inversiones y recursos financieros y, con el apoyo del gobierno a lo que las gentes de los pueblos decidan, se ponen en marcha planes de desarrollo.[23]

España no tiene un programa específico, pero tanto el ministerio de Agricultura como las comunidades autónomas adaptan a sus terrenos el programa Leader de la Unión Europea, que es muy parecido a los mencionados, pero con alcance para todos los países de la Unión. Lo efectos, no obstante, han sido mucho más discretos.

Cuenca es una provincia limítrofe con Madrid. El pueblo que marca la frontera, Fuentidueña de Tajo, tiene dos mil habitantes. Administrativamente, es Madrid. Los fuentidueñenses son madrileños de pleno derecho y, en un día sin mucho tráfico, pueden alcanzar el centro de la capital en coche en unos cuarenta y cinco minutos, pero nada recuerda allí a Madrid. Como su nombre indica, es un pueblo construido en la ribera del Tajo, que se desliza entre meandros. Fuentidueña tiene una torre del reloj, un castillo en ruinas y una plaza mayor cuadrada. En todos los sentidos, es un pueblo manchego rodeado por una llanura parda inmensa.

Esa es otra salvedad ibérica. La España vacía aparece de pronto nada más abandonar las ciudades. Treinta kilómetros más al norte de

Fuentidueña, siguiendo la autovía A-3, se levanta el muro industrial de Madrid. El tráfico se densifica, se cruzan las autopistas, se suceden las urbanizaciones y las ciudades satélite, alternadas por polígonos con naves gigantescas, hipermercados y todas esas cosas que la gran ciudad necesita pero no quiere en su centro, como vertederos, desguaces y almacenes. Apenas treinta kilómetros de cómoda autovía separan Fuentidueña del monstruo urbano, pero en Fuentidueña se vive como si ese monstruo no estuviera al lado. Hay una raya no imaginaria, un límite municipal, que establece el comienzo de la España vacía. No es un cambio progresivo, sino brusco. Cuando acaba el término municipal de Arganda del Rey, la meseta recupera su tono marrón y amarillo y el viento y el sol son los únicos señores, como lo han sido siempre. Pasado Fuentidueña se entra en la provincia de Cuenca. Allí, a sólo sesenta kilómetros del centro de Madrid, la densidad de población es de doce habitantes por kilómetro cuadrado, una de las más bajas de Europa. Esta densidad es menor que la de Finlandia, es propia del polo norte. Fuentidueña pertenece a la Comunidad de Madrid, pero sus habitantes viven en otro mundo.

Este contraste no es nuevo. Todos los libros de viajes por España lo han señalado desde que Madrid empezó su crecimiento como gran capital europea a finales del siglo XIX. Ciro Bayo abre sus crónicas con el tránsito del bullicio de la Puerta del Sol a la paz provinciana de los primeros pueblos que se asoman a la llanura nada más salir de la ciudad. Arturo Barea describe cómo la ciudad desaparecía al poco de abandonar la calle de Toledo en una de las diligencias que salían hacia los pueblos de alrededor. Incluso José Martínez Ruiz, *Azorín*, o Cela, en sus crónicas viajeras, insisten en la forma repentina en que la meseta irrumpe al poco de echar a andar. No importa la ruta de salida ni el medio de transporte: la ventanilla del tren pasa de mostrar un ajetreo caótico a la nada inquietante de la llanura. Hoy sólo ha cambiado la extensión de la ciudad, que ocupa mucho más espacio, pero el tránsito es el mismo que describieron los cronistas del siglo XX. Al salir de Madrid por cualquiera de sus puntos cardinales (salvo, quizá, el que conduce al Guadarrama), la España vacía irrumpe como si se hubiera cruzado un portal a otra dimensión. Alguien que viajase dormido y abriera de pronto los ojos podría pensar que han pasado muchos kilómetros o que se ha adentrado en otro país. Su segunda suposición es acertada. La España vacía es otro país. Salir de Madrid significa no encontrar una gran ciudad digna de tal nombre en más de trescientos kilómetros a la redonda. Ninguna otra capital del continente está rodeada de tanto desierto.

Tras la entrada en la Unión Europea en 1986 y la estabilización de los flujos migratorios, algunas zonas de la España vacía empezaron a expresar su enfado por lo que consideraban un olvido secular. Sentían que las inversiones de los fondos europeos y la reforma de la Política Agraria Común (PAC) los habían pasado por alto y agravado los problemas que ya padecían. En Soria, en Teruel y en Zamora, tres de las provincias con una densidad de población más baja de Europa, se fueron agrupando los vecinos en torno a sindicatos y ayuntamientos que pedían un plan para detener la sangría de población y atraer a emigrantes jóvenes. Reivindicaban mejor asistencia sanitaria para que la gente mayor no tuviera que abandonar su pueblo, que no cerraran las escuelas, que se mejorasen las comunicaciones y que se canalizara la inversión pública y privada. Aprendieron a coordinarse para protestar. Cada vez que el gobierno anunciaba el cierre de una línea de ferrocarril por falta de viajeros, allí llegaban con sus pancartas. Cada vez que una escuela cerraba o una empresa amenazaba con trasladar su producción a otro sitio, allí estaban ellos. Aprendieron a usar los medios de comunicación y, poco a poco, se hicieron notar y llamaron la atención de toda España. Teruel Existe, Soria Ya y Foro de Zamora se manifestaron en Madrid varias veces a finales de los años 90 y lograron que el gobierno aprobase planes especiales para impulsar el desarrollo de esas provincias. Planes que, en la mayoría de los casos, han quedado en nada o en casi nada.

Sí que han logrado, al menos en la parcela académica, despertar una reflexión científica sobre las causas y las posibles soluciones a este problema. Quizá desde Madrid y desde las grandes ciudades no se perciba como tal, pero en términos demográficos la estructura actual de España es poco deseable. Hace que la administración sea muy ineficaz en muchos aspectos y no es bueno que una parte de la población de un país se sienta al margen de la marcha de ese país porque sus problemas suenan extrañísimos en el conjunto de la sociedad y nunca aparecen en el orden del día.

Un grupo de profesores de la universidad de Zaragoza fundó hace unos años el Instituto Celtiberia de Investigación y Desarrollo Rural, con sede en Teruel. Desde allí han elaborado un concepto geográfico que aspiran a acuñar. Delimitan una región, mucho más restrictiva que la España vacía que he cartografiado, que llaman Celtiberia, formada por las actuales provincias de Guadalajara, Cuenca, Teruel, Soria, La Rioja, Burgos y el interior de Castellón y Valencia. Se inspiran en los trabajos de Mariano Íñiguez Ortiz, un antropólogo de comienzos del siglo XX que sostenía que los mitos y los ritos de las poblaciones celtíberas anteriores a la dominación romana se habían conservado en los montes de esas provincias (que corresponden con lo que se llama la cordillera Ibérica, una cadena de montañas bajas pero de valles abruptos y orografía sinuosa) gracias al aislamiento secular de unas regiones despobladas. Íñiguez, que suele ser citado como eminencia por Julio Caro Baroja y otros ilustres de la antropología española, identificó en las fiestas de los pueblos serranos elementos atávicos que habían llegado casi intactos al siglo XX desde el siglo I antes de Cristo. Celtiberia sería una nevera o un congelador que conserva el pasado porque nunca ha tenido presente ni futuro. En 1924 escribió: "Aislados durante siglos en sus estrechos valles, fuera de toda corriente renovadora, sienten el peso de la herencia como ningún otro. Físicamente reproducen el tipo celtibérico que nos describieron los autores clásicos, y en el orden moral y religioso no es raro encontrar huellas profundas e imborrables que, transmitidas por la costumbre y la tradición, permiten vislumbrar cómo pensaban y sentían los antiguos habitantes de la alta meseta duriana".[24]

La antropología moderna ha matizado mucho estas impresiones, muy comunes en la ciencia europea de la época, a menudo contagiada por el nacionalismo ambiental ansioso por encontrar rasgos distintivos e inmortales de cada nación europea en unos momentos en que todas querían bombardearse entre sí. No parece que los habitantes de esta Celtiberia sean genéticamente distintos a los del resto de Europa. Llevan el mismo cóctel de razas y culturas que sus vecinos de continente. Hablan castellano (y algunos presumen de hablarlo con una pureza perdida en las ciudades), y antes hablaron árabe y latín y lenguas ibéricas y lo que se hablara en cada momento en España. Sus tradiciones tienen que ver con el cristianismo, como antes tuvieron que ver con el islam y, antes, con Júpiter y con los dioses prerromanos. No son distintos al resto de españoles, pero ha habido un empeño por diferenciarlos. O bien por considerarlos una variante sin contaminar del alma ibérica, conservada en el frío de los valles, o bien por juzgarlos bárbaros que se han quedado al margen del progreso español y, por tanto, casi extranjeros.

Lo cierto es que son españoles como cualesquiera otros. Simplemente, son muy pocos y viven dispersos por un territorio amplio que al resto de sus compatriotas no le interesa nada. El proyecto de Celtiberia se basa en que la densidad de esa zona de España es inferior a ocho habitantes por kilómetro cuadrado. Sólo hay otras dos regiones en Europa con una densidad tan baja: el norte de Suecia y Laponia, la zona ártica de Finlandia que ocupa la mitad norte del país.

Los promotores de Celtiberia, liderados por el catedrático de Prehistoria Francisco Burillo-Mozota, invocan un pasado mítico, la ciudad perdida de Segeda. Según sus estudios, basados en hallazgos arqueológicos y fuentes históricas romanas, fue la ciudad más grande de la España prerromana, mayor que Sagunto y que Numancia, aunque muchísimo menos conocida, y protagonizó uno de los episodios más importantes de la guerra de Hispania. Al parecer, se levantó cerca de la actual Calatayud, entre los pueblos de Mara y Belmonte de Gracián, y tuvo influencia sobre un amplísimo territorio que comprende casi todo el de las provincias citadas. Sobre esa historia, Burillo-Mozota y su equipo llevan años luchando por construir una identidad cultural que aglutine a las gentes de esas montañas. Incluso llevaron a la Unesco una propuesta para declarar la zona Patrimonio de la Humanidad, pero la retiraron por falta de apoyo.

La idea de estos profesores es utilizar la historia como motor de un desarrollo basado en el turismo. Hasta el momento, han fracasado. A pesar de algunos apoyos de la administración autonómica y de algunos fondos europeos del programa Leader, han pasado treinta años sin que se note una mejora en esas comarcas. La llegada tímida de unos pocos inmigrantes alivió la situación de algunos pueblos e incluso reabrió sus escuelas, pero, en conjunto, sigue siendo un espacio silencioso, frío, ventoso y sin ningún atractivo para el asentamiento de pobladores jóvenes.

En cierto modo, iniciativas como la de Celtiberia me recuerdan lo que planteaba el escritor francés Michel Houellebecq en su novela *El mapa y el territorio*.[25] Allí, a partir de una reflexión sobre el arte contemporáneo, se dibuja una distopía en la que Europa se ha convertido en un parque temático. Desindustrializada, en medio de una decadencia económica imparable y atenazada por los imperios emergentes, la vieja Europa se entrega al turismo como única posibilidad de supervivencia. Francia se convierte en un parque de varios pasados idealizados que los nuevos amos chinos y rusos visitan en sus vacaciones. La prostitución, la gastronomía y las drogas son los sectores dominantes de una economía en la que todo está pensado para servir a los turistas. Francia se conserva como un parque temático de sí misma, siempre esmerada por complacer los prejuicios historicistas de los visitantes, que quieren ver catedrales góticas, comer roquefort y acostarse con prostitutas que finjan ser modelos de cuadros impresionistas o Kiki de Montparnasse. En algunos aspectos, los grandes museos y el centro comercial de algunas capitales de Europa ya se ajustan a la visión apocalíptica de Houellebecq.

Nadie quiere ser el viejo que sólo tiene álbumes de recuerdos y pasa los días recordando con nostalgia fingida un pasado que, en realidad, nunca sucedió. Los empeños de llevar la Celtiberia a la Unesco o de crear rutas celtas que enlacen con itinerarios europeos de Francia y Reino Unido son brindis al sol que alimentan durante un tiempo la esperanza de las gentes de los valles, que fantasean con los turistas que pasarán por su pueblo y con los negocios que abrirán explotando el pasado. La mayoría de esos proyectos fracasa. Las señales dispuestas con logotipos de las administraciones locales se oxidan y los pueblos se deprimen como al final de *Bienvenido, Mister Marshall*. El maná nunca cae y la soledad es un poco más solitaria cada vez. Hasta el momento, no se ha conseguido romper ese círculo vicioso que parece un desagüe al que ninguna mano acierta a poner el tapón.

La sierra que sirve de linde entre las provincias de Cuenca y de Teruel se llama Montes Universales. Es hermoso que un lugar tan olvidado, tal vez el más remoto y perdido de la Península, lleve un nombre tan ecuménico. Quizá la toponimia revele un ansia de salir del escondite y exhibirse al mundo entero. Este libro, claro está, no lo va a conseguir. Tampoco lo pretende. Como tampoco pretende sustituir ni enmendar la plana al trabajo académico y especializado de geógrafos, antropólogos, sociólogos e historiadores. Mi trabajo es literario, y la mirada que lanzo a la España vacía es la propia de un escritor que la ha pisado, la ha conocido, la ha vivido, la ha amado y la ha leído. Propongo un viaje a través del tiempo y del espacio de un país insólito que está dentro de otro país.

Empezaré repasando los mitos que forman la España vacía. Empleo el concepto de mito de un modo libérrimo, como tropos y arquetipos que han formado la imagen que se tiene de esa España vacía y cómo han influido en la configuración histórica, social y cultural del país. Mi mirada privilegia los relatos: cómo han visto otros ese país, desde la literatura, el arte o el cine. Pero no renuncio a mi visión directa, sedimentada en madrugones y viajes a los rincones más perdidos. El punto de partida es el Gran Trauma, el éxodo de mediados del siglo XX cuyas consecuencias directas aún están vivas. Termino este ensayo con otro ensayo (de la misma forma que la España vacía es un país dentro de un país) en el que dibujo España como una casa llena de fantasmas. Fantasmas reales que no admiten exorcismos. Habrá, como el lector ya ha encontrado en lo que lleva leído, hipótesis fantasiosas y heterodoxias muy variadas. Aunque bebo de muchas fuentes documentales, no me debo a ninguna ciencia ni tengo especialización académica. Escribo desde la ignorancia feliz del diletante. Hay especulación, hay poesía y hay libertad en estas páginas que forman parte de mi obra y mi proyecto literario, del que la reflexión sobre mi país es una parte cada vez más clara. Invito al lector a relajarse y a leer las páginas que siguen con la misma libertad con la que fueron escritas, y ojalá el escándalo que algunas asociaciones de ideas disparatadas que se me han ido ocurriendo conforme el libro crecía deje paso a la felicidad del lector que encuentra algo inesperado y no del todo desechable. Ojalá.

II
EL GRAN TRAUMA

> Como arena, el silencio sepultará las casas. Como arena, las casas se desmoronarán. Oigo ya sus lamentos. Solitarios. Sombríos. Ahogados por el viento y la vegetación.
>
> JULIO LLAMAZARES,
> *La lluvia amarilla* (1988)

*L*a cámara viaja anclada en el frontal de la locomotora. Se come las vías y las traviesas mientras aparecen los títulos de crédito, blancos como brochazos de un pintor. Antes, las líneas de fuga eran campos sembrados. El arte del racord las ha convertido en vías de hierro que entran en la ciudad, en una estación grande. Atocha. La música de Jesús García Leoz se detiene. La cámara cambia al andén. Bajan los protagonistas. Una familia de aldeanos con boina, paletos recién llegados a Madrid.

El cine español contará ese mismo viaje en clave de comedia durante veinte años. Paco Martínez Soria, el gran humorista de la España de Franco, hará del leitmotiv un género casi unipersonal con títulos tan elocuentes como *La ciudad no es para mí* (1966), *El turismo es un gran invento* (1968) o *Abuelo Made in Spain* (1969), todas dirigidas por Pedro Lazaga y rotundos éxitos de taquilla. Pero la película a la que me refiero arriba no es una comedia, sino un drama tirando a dramón. Se estrenó en 1951, y si el humor baturro que encarnaba Martínez Soria caricaturizaba a los campesinos que llegaban por miles a la gran ciudad, los autores de esta otra película, rara y hermosa, se acercaron al Gran Trauma desde los códigos del neorrealismo italiano y con talante de documentalista. Al filo del cine-denuncia. Desde la sobriedad de la cámara objetiva, sin subrayados, dejando que el drama se desarrolle solo. Algunas secuencias, de hecho, se rodaron con cámara oculta y quienes aparecen en ellas son vecinos de Madrid, paseantes de Lavapiés que no saben que van a acabar venerados y restaurados en muchas filmotecas. Se titula *Surcos*, y fue una de esas grietas extrañísimas por las que se cuarteaba la propaganda del régimen. Los protagonistas, una familia pobre que huye del campo y se instala en una corrala de Lavapiés. En 1951 aún quedaba sitio en Lavapiés. Diez años más tarde, ya no había corralas libres y los campesinos empezaron a construir chabolas. Se ven algunas en *Surcos*, pero se ve más el Madrid reconocible y de postal, un Madrid lleno de campesinos sin trabajo que babean ante los escaparates de los ultramarinos, alucinados por todo aquello que no pueden comprar. Un Madrid de chicas que acaban prostituyéndose, de pobres que acaban robando camiones para vender en el estraperlo y de ladrones que se llevan lo que pueden al descuido. Sin humor, sin tono picaresco. *Surcos* llama la atención sobre el Gran Trauma, colocando al campesino en medio del desamparo, cargado de dignidad, exigiendo una mirada de justicia.

Surcos no era la España que Franco quería contar: era intolerable porque afirmaba que la gente del campo, los habitantes de la España vacía, estaba sufriendo más que otros la miseria. Forzados a hacinarse en un Madrid sucio y oscuro, abandonando sus terrones sin labrar y sus casas sin luz ni agua corriente, malvendiéndolos por el coste de los billetes de tren y un par de salarios para sobrevivir unas pocas semanas en la capital. Millones de españoles sufrían eso. Las periferias de las grandes ciudades, sobre todo de Madrid, Barcelona y Bilbao, se llenaban de familias de aldeanos que parecían fugitivos. Tras ellos, tierra quemada. ¿Por qué era tan intolerable para el régimen ese relato? No sólo por el tono de denuncia neorrealista ni por la exhibición de un Madrid pobre. Eso lo hacían otras películas que no tuvieron mala prensa ni molestaron a ningún ministro. El problema de *Surcos* era que arremetía desde el título contra la línea de flotación del régimen. La cruzada de Franco se había emprendido para recuperar la España inmortal. La reserva espiritual, no de occidente, sino de España, estaba en el campo castellano. Allí fue donde primero se hizo fuerte, donde más apoyos sumó para su causa y donde estableció el germen de su Nuevo Estado. Fue en las ciudades de Burgos y de Salamanca donde Franco se convirtió en caudillo, y desde allí prometió acabar con el Madrid cosmopolita y corrupto para regenerarlo con los valores eternos del campesino español, con su fe católica, su trabajo y su fuerza. Franco prometía devolver la dignidad a esa España que la modernidad y el liberalismo habían dejado al margen. *Surcos* decía que esos labriegos, ese alma de la nación, habían sido abandonados por el régimen que venía a salvarlos y consentía que se pudriesen en los callejones de Lavapiés, que sus viejos pasaran hambre y frío en las corralas y que sus hijas se prostituyesen con señorones. ¿Dónde estaba esa Cruzada que iba a poner en pie a los campesinos, a los hijos de los conquistadores de América, a los nietos del Cid Campeador? ¿Por qué permitía que los bisnietos de los comuneros y de los bandoleros que echaron a los franceses anduviesen a navajazos por las esquinas más sucias de Lavapiés? En el franquismo se podía hablar de pobreza. Se podía lamentar y denunciar la situación de los pobres. Lo que no se podía decir era que la médula del país, la España verdadera, estaba huyendo de sus casas miserables con la esperanza de no morirse del todo de hambre en una miseria amontonada, urbana y de arrabal. O se podía decir, pero con el tono costumbrista y humorístico de Paco Martínez Soria.

¿Por qué pasó *Surcos* la censura? Porque era incensurable. El proyecto nació del núcleo duro del falangismo de camisa vieja, de los hedillistas, los militantes de primera hora que renegaron del decreto de unificación de abril de 1937 y que sentían que Franco les había traicionado y esa *Nueva España* era en realidad la de siempre.[26] El régimen no podía acallarlos porque tenían una posición de privilegio. Eran alféreces provisionales, promotores del alzamiento, subversivos de primera hora y héroes de la Cruzada. El propio Franco los había blindado como premio a los servicios prestados en la consolidación de las primeras estructuras de estado de la España nacional. Habían puesto en pie medios de comunicación, aparatos de propaganda, redes diplomáticas. Franco les debía muchos favores. Por desgracia, aquellos falangistas díscolos tenían preocupaciones sociales. Se habían tragado la retórica de la revolución y pensaban de verdad que el Nuevo Estado debía ser un estado social que diera justicia, pan y trabajo a los pobres. No creían en la caridad. Algunos eran igualitaristas, casi jacobinos. Pero ningún ministro, ni el propio Franco, se atrevía a silenciarlos. Convenía dejarles hacer, aunque se mantuvieran al borde de la disidencia, a un paso de convertirse en opositores. Nadie quería abrir la espita y delatar que las familias del régimen no eran monolíticas ni estaban bien avenidas. En 1951 Franco aún estaba digiriendo la derrota del Eje y buscando la forma de aprovecharse de la ayuda estadounidense. Reprimir voces incómodas en sus propias filas era un ruido que no podía permitirse mientras sus diplomáticos negociaban con el presidente Harry Truman. Tolerar *Surcos* era un mal menor.

La película tenía otro problema grave: era buena. Una obra planteada con ambición por personas inteligentes y cultas. No era un panfleto ni un melodrama. En su germen había dos gallegos. El que planteó el argumento o la idea original fue Eugenio Montes, un antiguo galleguista que en Madrid se hizo de Falange en los primerísimos días de su fundación y pertenecía a la camarilla de José Antonio Primo de Rivera. Sin embargo, quien desarrolló la trama y bocetó la estructura fue su esposa, Natividad Zaro, que presidía también Atenea, la productora que financió *Surcos*. La intervención de Zaro fue clave para que José Antonio Nieves Conde aceptara dirigirla. El otro gallego detrás de *Surcos*, que pulió y desarrolló la idea de Montes, también era escritor y se llamaba Gonzalo Torrente Ballester. No era un camisa vieja, entró en Falange en la guerra y siempre se relacionó con los intelectuales del llamado Grupo de Burgos, entre los que destacaban Dionisio Ridruejo, Pedro Laín Entralgo o Luis Rosales. En 1951 ya se había despegado de la retórica falangista, pero no había roto públicamente. Tampoco era el gran escritor que sería después. Era un intelectual del régimen que empezaba a estar muy incómodo y a preguntarse qué diablos hacía ahí. El director de la película fue José Antonio Nieves Conde, otro verso suelto, este sí, camisa vieja y héroe de guerra, y autor de *Balarrasa*, un éxito patriótico de taquilla.

Los falangistas detrás de *Surcos* creían que el régimen había sucumbido a todo aquello contra lo que luchaba, que había convertido España en un país liberal más, con sus miserias capitalistas y su decadencia moral. Era una acusación recurrente entre muchos camisas viejas, que sentían que habían ido a la guerra para nada, que todos los males contra los que habían disparado seguían vivos y triunfantes. Sobre todo, a partir de 1945, cuando Franco se quedó solo en una Europa aliada y democrática y necesitó repintar las esvásticas y guardar en el desván los yugos y las flechas.

En 1959, cuando los efectos devastadores del éxodo eran ya innegables, Franco recibió una medalla en Valladolid. En el acto de entrega, pronunció un discurso lleno de gratitud a esa España campesina que había sido el sostén principal de su cruzada y la custodia de lo mejor y más noble de la patria:

> Creían muchos españoles, las clases directivas españolas, que España estaba solamente en las capitales y en las ciudades, y desconocían la realidad viva de los pueblos y de las aldeas, de los lugares más pequeños, las necesidades, la vida, muchas veces infrahumana, de grandes sectores de la Nación, y todo ello es lo que el Movimiento ha venido a redimir, capacidad creadora incomparable que está forjando un gran programa nacional de todas las provincias, desenvuelto en los futuros años, para servir a la ilusión y a la esperanza de todos los españoles.[27]

Las acciones de sus gobiernos desmentían grosera y dolorosamente los aires redentores del caudillo. Ningún dictador ha maltratado tanto y tan persistentemente la España rural como Franco. No sólo propició el éxodo que causó el Gran Trauma y que hizo insalvables e irreversibles los desequilibrios entre el campo y la ciudad, sin que hasta la fecha los miles de millones gastados en ayudas y todos los planes de desarrollo y las políticas agrarias europeas hayan podido revertirlo, sino que machacó con crueldad su forma de vida, haciéndola imposible. Es conocida su fiebre por construir pantanos que servían para abastecer de agua y electricidad a las grandes ciudades que no paraban de crecer. Muchos inundaron valles habitados, cuyos vecinos fueron desalojados forzosamente sin derecho a réplica. Quien no aceptaba la expropiación, salía de su casa arrastrado por la guardia civil. Sus políticas económicas, con su ansia por industrializar el país a toda prisa, arruinaron muchas comarcas frágiles, que necesitaban inversiones para modernizar sus cultivos e infraestructuras y que, ante la perspectiva de languidecer en un mercado de subsistencia, emigraron a la ciudad. Todos los sectores agrarios que no fueron capaces de orientarse hacia la producción masiva y la exportación, como los cítricos o el arroz, desaparecieron en pocos años. Muchas de estas costumbres siguieron tras la muerte del dictador, hasta bien entrada la década de 1980, cuando la Política Agraria Común europea cambió el panorama, intensificando muchos de estos rasgos.

Desde sus orígenes, Franco demostró un profundo desprecio hacia la España interior que supuestamente formaba el alma de su patria amada. La primera central nuclear española, hoy desmantelada, se empezó a construir en 1965 en Zorita de los Canes, en la comarca de la Alcarria, uno de los territorios más despoblados de España y un lugar de enorme diversidad ecológica, al que Camilo José Cela dedicó uno de sus libros más célebres. Se abrieron centrales en provincias ricas, claro, pero también en Burgos y en Extremadura, muy lejos de los núcleos industriales, en pueblos minúsculos que recibieron las instalaciones con alegría porque el empleo que generaban era una alternativa al hambre. En Andújar, al norte de Andalucía, muy cerca ya de la meseta, se excavó una mina de uranio que aún hoy, enterrada bajo toneladas de hormigón, desprende radiactividad y afectó gravemente a la salud de muchos vecinos del pueblo.[28] Cuando el régimen, en aras de su obsesión por el desarrollo industrial (una obsesión no muy distinta a la soviética), necesitaba construir infraestructuras peligrosas, molestas, pestilentes o dañinas, escogía lugares de la España vacía donde las cosas, si explotaban, matarían a unos pocos campesinos seguramente analfabetos a los que nadie echaría de menos.

Fue así desde el instante fundacional. En 1938 permitió que la Legión Cóndor nazi bombardease cuatro pueblos del Maestrazgo de Castellón como parte de los experimentos de estrategias y armamento que el Tercer Reich estaba probando en la Península.[29] No había ninguna razón militar para esos bombardeos, de los que apenas se supo nada hasta hace poco, como de muchas otras operaciones militares que castigaron otras comarcas. En ese mismo año de 1938 sucedió la peor batalla de la guerra, la del Ebro, en la Terra Alta de Tarragona, una región de interior pobre y poco poblada que no tenía valor estratégico. En lugar de permitir el avance del ejército republicano y contenerlo unos kilómetros más al oeste, como le aconsejó su estado mayor, dio orden de recuperar hasta el último palmo de terreno perdido, lo que condujo a una batalla larguísima en la que murieron unos veinte mil combatientes. No le importó que en aquel campo sólo hubiera un puñado de pueblos alejados de cualquier ruta principal y sin ningún interés. Después de 1939, Franco creó la Dirección General de Regiones Devastadas y Reparaciones, que reconstruyó numerosos pueblos destruidos por la guerra. Pero la reconstrucción fue muy irregular. Mientras algunos lugares simbólicos fueron devueltos a la vida casi piedra por piedra, como Brunete, otros se dejaron con las ruinas al aire, como un recordatorio perenne de la furia guerracivilista. Belchite, en la estepa zaragozana, muy cerca de la casa natal del Goya que grabó *Los desastres de la guerra*, fue uno de los más dolorosos. Junto a las ruinas de la iglesia se lee este grafiti: "Pueblo viejo de Belchite, ya no te rondan zagales. Ya no se oirán las jotas que cantaban nuestros padres".

En torno a 1950, tres provincias españolas registraron las mayores tasas de crecimiento demográfico de su historia, mientras que catorce se abismaron en lo que los geógrafos han llamado declive secular. Madrid, Barcelona y Vizcaya, que llevaban recibiendo emigrantes de otras partes de la Península desde mediados del siglo XIX, se desbordaron con la llegada repentina y simultánea de miles de campesinos. El mapa español se alteró. El campo se vació de pronto, mientras Madrid, Barcelona y Bilbao duplicaron y triplicaron su tamaño. Otras ciudades, como Valencia, Zaragoza, Sevilla o Málaga, también crecieron mucho en el mismo periodo, llegando incluso a duplicar su superficie, pero sin los problemas de hacinamiento, chabolismo y pobreza que hubo en las tres primeras urbes. Asimismo, todas las capitales de provincia crecieron. Los campesinos huían primero a la ciudad más cercana. Cuando esta se saturaba, porque su mercado de trabajo no podía absorber más mano de obra, buscaban una ciudad más grande.

A comienzos del siglo XXI hubo otra fiebre ladrillera, pero relacionada con la especulación de terrenos urbanos y la corrupción política. Eran edificios que no atendían una demanda de alojamiento. Puede decirse que las ciudades españolas son en realidad muy recientes. Sus cascos históricos, estables durante siglos, se redujeron a un barrio pintoresco y a menudo arruinado, poblado por gente miserable y marginal. No es cierto que Europa sea el viejo continente. La mayoría de sus ciudades son novísimas, levantadas sobre las ruinas de 1945. Viena, Praga, Berlín o Varsovia, entre otras muchas, son reproducciones más o menos inspiradas de lo que fueron antes de la guerra que las destruyó.[30] España no combatió (en teoría), pero tuvo su propia guerra, que redujo a cascotes muchos núcleos urbanos y dislocó el plano de muchos otros. Pero la mayor transformación no fue la de la guerra, sino la del éxodo rural de 1950. Las ciudades de España sólo son viejas y milenarias formalmente, pero la mayoría de sus edificios y de sus calles están casi recién estrenados.

Basta comparar un plano de Madrid de 1900 con uno de 1956 y otro de 1984. Los dos primeros no difieren tanto. Cambia la morfología de la ciudad (en el de 1956 aparece la Gran Vía y se ha transformado el entorno de lo que hoy es la plaza de España, por ejemplo, y han crecido algunos arrabales por el norte y el sur). Sin embargo, el del año 1984 es totalmente distinto. La superficie urbanizada es casi el doble, la ciudad se extiende por lugares que en 1950 quedaban muy lejos de los márgenes del plano, hay autopistas y una M-30 que antes no estaban. En sólo treinta años, la ciudad ha quedado irreconocible. Hay que adivinar, encerrados en el corazón del plano de 1984, los planos anteriores. Si nos asombramos del crecimiento de las ciudades chinas, quizá sea porque no recordamos el desarrollismo.[31]

Lo mismo sucedió en Barcelona y en Bilbao, y en menor medida, en las ciudades medianas, pero también en las capitales provinciales y, por supuesto, en toda la costa. Hay dos estilos urbanísticos que dominan las urbes españolas: el desarrollista de los años 50 y 60, y el *residencialista* (término que me invento) de los años 1990 y 2000.

Vivo en uno de los ejemplos más extremos. Zaragoza fue fundada oficialmente en el año 14 de nuestra era por unos soldados romanos. Dicen que junto (o sobre) los restos de un pueblo ibero llamado Salduie, que podría llevar allí desde el siglo VII antes de Cristo, por lo menos. Es mentira, como casi todo lo que se escribe sobre mármol o bronce. Aquella Zaragoza existió, claro que sí, pero fue destruida casi hasta los cimientos en los dos sitios franceses de 1808 y 1809. Al empezar la guerra vivían en ella cincuenta mil vecinos. Casi todos murieron. Los que no cayeron por la artillería napoleónica, lo hicieron por el hambre y las epidemias. A mediados del siglo XIX aún quedaban ruinas en muchas partes de la ciudad. Zaragoza se reconstruyó con mucho esfuerzo a lo largo de cien años. De la ciudad anterior apenas quedan unos pocos palacios del Renacimiento y media docena de iglesias. Es difícil encontrar edificios anteriores a 1808. Y, fuera del casco histórico (incluso dentro de buena parte de él), es difícil encontrarlos anteriores a 1950. En buena medida, Zaragoza se inventó en esa década. Como otras urbes españolas, es una ciudad desarrollista. Su paisaje le delata.

Simultáneamente, catorce provincias quedaron heridas de muerte y agonizan hasta hoy. Huesca, Guadalajara, Teruel, Soria, Ávila, Cuenca, Zamora, Burgos, León, Salamanca, Palencia, Segovia, Lugo y Ourense se convirtieron prácticamente en desiertos.[32] Doce de las catorce pertenecen a la España vacía, y las otras dos, Lugo y Ourense, son extensiones de esa misma España, aunque haya excluido a Galicia de ella, pero son parte del mismo país sin gente. En realidad, la distribución demográfica no cambió. Simplemente, se trasladó a una escala monstruosa. Las diferencias entre las ciudades y el campo eran notables y estaban constatadas desde los censos de 1860, pero lo sucedido en esos pocos años de mediados del siglo XX hizo que las grietas se volvieran abismos.

La democracia ofreció a ese campo vacío una ocasión para vengarse en forma de ley electoral. De repente, las huertas arruinadas y los pueblos rotos tenían poder. La Constitución de 1978 y el sistema electoral otorgaron a las provincias menos pobladas la capacidad para formar mayorías parlamentarias. La España olvidada y ridiculizada, la España de los paletos, de los crímenes y del bestialismo, tuvo una influencia política que ni siquiera bajo las carlistadas del siglo XIX había podido soñar. Formalmente, la culpa la tenía la necesidad técnica de corregir la proporcionalidad del sistema para no dejar sin representación los lugares menos poblados. Se estableció un modelo de circunscripciones provinciales que, en teoría, iba a propiciar que sitios como Zamora, Teruel o Soria tuvieran sus propios representantes y vieran sus intereses protegidos y defendidos en Madrid. Se argumentaba que un sistema proporcional puro dejaría fuera del juego parlamentario a la España rural, por lo que se refrendó la brecha entre el país urbano y el vacío, sobrerrepresentando los votos del segundo. Es decir, compensando su irrelevancia económica y social con una sobredimensión política. Esto se consiguió con la asignación de escaños por provincias. Mientras que en las áreas más pobladas, la relación entre el porcentaje de votos y el de escaños era casi proporcional, en las menos pobladas esa relación se rompía. En circunscripciones pequeñas, que escogen a dos o tres diputados, el sistema se comporta como si fuera mayoritario. Es decir, la lista más votada se lleva la mayoría o la totalidad de los escaños, mientras las demás opciones se quedan fuera del parlamento. Mediante un sistema de restos se intenta corregir un poco esto para que los últimos escaños se repartan entre los segundos y terceros más votados, pero es muy difícil que haya más de dos opciones electorales que puedan conseguir un diputado en la España vacía. Se da la paradoja de que un partido que logre, por ejemplo, un 20% de votos en Soria, no consiga ningún diputado, mientras que otro, con el 30%, obtenga dos. Esa ha sido la maldición de las terceras vías, en especial de Izquierda Unida, la formación poscomunista española, que ha visto cómo los cientos de miles de votos que acumula dispersos por esas provincias no servían para nada, mientras que otras formaciones nacionalistas, con menos de la mitad, conseguían el doble o el triple de diputados.

La explicación técnica, ya lo he dicho, era no dejar sin voz a la España vacía, pero la verdadera razón es más artera y no escapa a nadie. Como sostienen algunos politólogos,[33] la ley electoral se diseñó así para garantizar mayorías parlamentarias estables, lo que es un eufemismo que quiere decir que se diseñó para asegurar la victoria de la Unión de Centro Democrático (UCD) y evitar que los comunistas tuvieran un grupo fuerte en el Congreso. Tal y como se hizo en Italia desde 1945 hasta los años de plomo. Que la UCD desapareciera en 1982 no niega el éxito del sistema, ya que ha servido bien a todos los partidos que la han sustituido como fuerza mayoritaria de centro y de gobierno y, a la larga, propició un sistema turnista entre el Partido Socialista y los herederos de UCD, el Partido Popular.

La UCD, fundada por Adolfo Suárez, era parte de la estructura administrativa del franquismo, la más eficiente y menos ideologizada, transformada en un partido conservador que quería representar a las clases medias. En términos lampedusianos, sus enemigos la veían como una estrategia de la tecnocracia franquista para que cambiara todo sin cambiar nada. Efectivamente, muchos cuadros de la UCD eran cargos de la administración franquista, entre ellos el propio Suárez y, como tales, confiaban mucho más en el conservadurismo de la España vacía que en la pluralidad de las ciudades, donde sus votos se perdían entre otras opciones más progresistas. Creían que una sobrerrepresentación de la parte menos poblada del país les beneficiaría, y el tiempo ha confirmado que hicieron bien sus cálculos. Su debacle de 1982 se debió a otras razones. La España vacía ha propiciado, con la asignación de escaños en sus provincias, que los dos grandes partidos turnistas (pero especialmente el Partido Popular) obtuvieran mayorías amplias en el congreso muy por encima de las que les corresponderían en un sistema proporcional. Con menos del 40% de los votos, han podido controlar el estado con mayorías absolutas.

El voto rural tiene mucho más peso que el urbano, en términos relativos. No existe correlación entre un ciudadano y un voto, ya que el sufragio de un soriano vale por 5,9 papeletas madrileñas. Políticamente, un soriano es mucho más poderoso que un madrileño. O algunos sorianos, los que votan a los partidos mayoritarios, pues los otros no cuentan.

Ese es el segundo abismo: una parte de los sorianos, poco más de la mitad, tiene mucho poder, pero el 40% no tiene ninguno.[34] Las opciones políticas fuera del juego turnista no existen en la España vacía. A cerca de la mitad de los habitantes de este país dentro del país se les niega la representación política, también en las asambleas de las comunidades autónomas, donde hay un poco más de proporcionalidad, pero el sesgo de la circunscripción provincial sigue fomentando las mayorías y condenando a la irrelevancia a las minorías. No hay más que ver la composición de las cortes de las dos Castillas o de Extremadura, con muy pocos grupos políticos. A menudo, sólo dos.

Pero la sobrerrepresentación de las mayorías rurales es otra trampa. La teoría que la justificaba entre quienes planearon la ley no se ha cumplido en la práctica. Las provincias despobladas nunca han visto sus intereses representados ni protegidos en el congreso. Entre otras razones, porque el propio diseño de la cámara hace que sea imposible. Los diputados están adscritos a una circunscripción nominalmente, pero en realidad se organizan en grupos que responden a la disciplina de los partidos. Los diputados de Soria no van al congreso a hablar de Soria. Son muy raros los ejemplos de parlamentarios socialistas o populares que interpelen al gobierno con cuestiones locales de poca monta. Este tipo de intervenciones es más propia de grupos nacionalistas y regionalistas. Al final, y todos los votantes lo saben, los diputados acuden al congreso a debatir sobre cuestiones nacionales, no a llevar la voz de los pueblos perdidos. Por tanto, los grandes partidos, y en especial el PP, han utilizado sistemáticamente la sobrerrepresentación rural para inflar las mayorías parlamentarias sin que eso haya repercutido en ninguna mejora ni en una sobrerrepresentación efectiva.

El peso y la voz para sus problemas se lo deben mucho más a la estructura autonómica, que ha descentralizado también el poder de los grandes partidos y ha creado lo que coloquialmente se llaman *barones*. Dirigentes regionales con mucho poder en su zona (a veces, neocaciques con redes clientelares y nepotistas muy densas) que consiguen canalizar inversiones y ayudas para sus tierras a cambio de votos sobrerrepresentados. Es una retroalimentación constante: el flujo de dinero que llega del estado o de la Unión Europea sirve para que esos barones mantengan las redes de favores que, a su vez, les garantizan los votos y los gobiernos. Esos votos sobrerrepresentados, por su parte, benefician a los partidos mayoritarios, que sólo los reciben mientras su barón sea fuerte y pueda mantener la base electoral, por lo que siguen repartiendo inversiones y ayudas. Es una relación de simbiosis que sólo funciona porque los votos rurales valen mucho más que los urbanos y el sistema garantiza que ninguna fuerza ajena al cambalache pueda acceder a la representación y romper el círculo. Sólo una reforma electoral que elimine la sobrerrepresentación puede acabar con uno de los vicios que más corrupción y nepotismo alimentan en España y que impide el ensayo de nuevos modelos de desarrollo que no tengan que ver con las inversiones mendigadas o con el chantaje político entre neocaciques y líderes nacionales.

La España vacía se ha vengado en apariencia de un abandono secular con este sistema retorcido que se ha convertido en una de las mayores rémoras políticas de la democracia española. Sin embargo, casi nadie parece preocupado por ella ni hay mucho interés, ni siquiera entre las nuevas formaciones, por romper los círculos. En parte, porque algunos habitantes de la España vacía están cómodos con un sistema que les garantiza servicios e infraestructuras. Se han acostumbrado a esa relación entre los barones y Madrid, y aceptan las redes clientelares como un mal menor y como única alternativa a la nada. Sin los trabajos y los recursos que moviliza ese sistema, no quedaría nada que hacer en esos pueblos. La otra razón es que el peso demográfico de la España urbana es tan abrumadoramente superior al de la España rural que ni siquiera con esa sobrerrepresentación tan grosera consiguen alterar mucho el equilibrio de fuerzas políticas. Las propuestas minoritarias no sólo pueden llegar a formar grupos de poder sin contar con los votos que pierden en el campo, sino que la sobrerrepresentación no garantiza que los partidos mayoritarios puedan controlar el parlamento. Lo facilita, pero no es una clave infalible. Unas fuerzas bien asentadas en las ciudades pueden hacer retroceder lo bastante a los partidos tradicionales como para que no les sirva de nada la trampa.[35] Es decir, que el sistema está viciado y beneficia a una parte de los partidos, pero no es tan eficaz ni tan definitivo como para que su reforma sea algo urgente. Preveo que seguirá. Sobre todo, porque llegará un momento en que las fuerzas emergentes tendrán también implantación en la España vacía y descubrirán las ventajas del sistema de sobrerrepresentación, que está anclado firmemente en una paradoja: cuando los partidos se sienten perjudicados por él, son incapaces de cambiarlo porque ese mismo sistema les niega los apoyos necesarios para ello, y cuando finalmente tienen esa mayoría, no quieren reformarlo porque han conseguido el poder gracias a ese sistema que antes les perjudicaba. Le sucedió al PSOE en la década de 1980. Volverá a ocurrirles a otras fuerzas en los próximos años. Es la venganza del señor Cayo. El precio de una epifanía.

"[...] nosotros, los listillos de la ciudad, hemos apeado a estos tíos del burro con el pretexto de que era un anacronismo y... y los hemos dejado a pie. Y ¿qué va a ocurrir aquí, Laly, me lo puedes decir, el día en que en todo este podrido mundo no quede un solo tío que sepa para qué sirve la flor del saúco?".[36] Así habla, hacia el final de *El disputado voto del señor Cayo*,[37] Víctor, el candidato del Partido Socialista (aunque nunca se nombra tal partido en el texto) que se presenta a las elecciones constituyentes de 1977, tras un viaje por los pueblos más remotos de su provincia, donde ha conocido al señor Cayo, alcalde de Cureña y uno de sus dos únicos habitantes. Miguel Delibes publicó esta novela en 1978, poco después de los primeros comicios tras la muerte de Franco y poco antes de los segundos. Es una novela dialogada y breve, casi una *nouvelle*, escrita bajo la fiebre del momento, en un par de destellos, lo que no ha impedido (o, tal vez, ha propiciado) que fuera una de las más leídas y populares del autor castellano, incluida durante algunos cursos en las lecturas obligatorias de muchos institutos del país.

Víctor ha tenido una epifanía rural. Ha viajado a la comarca más despoblada y remota de la provincia para hacer campaña. Al llegar a Cureña, encuentra un pueblo casi abandonado con sólo dos habitantes, que, además, no se hablan entre ellos. El nudo de la novela es el encuentro con Cayo, el alcalde, un octogenario que sigue ocupándose del huerto y de las tareas agrícolas y que responde con descreimiento y sorna a las propuestas de los políticos. Poco a poco, los visitantes se callan y dejan hablar a Cayo, caen seducidos por su mundo, por su exotismo y por toda esa sencillez esencial que ellos han perdido. El encuentro trastorna radicalmente a Víctor, que sufre un ataque de lucidez en el desenlace de la *nouvelle* y expresa como pocas veces se ha expresado en la literatura española el abismo que separa la España vacía de la llena: "No hemos sabido entenderlos a tiempo y ahora ya no es posible. Hablamos dos lenguas distintas".[38] El propio señor Cayo, al principio del encuentro, ya lo había dejado claro (Cayo siempre sabe todo antes que los demás): "Me parece a mí que no vamos a entendernos". Delibes era castellano viejo, cazador, paseante, madrugador, hombre de campo y hoguera. Sólo él podía medir la distancia que había entre ambos mundos porque los transitaba a diario y sabía que no había nada que hacer, que la ruptura era tan grave que no había remedio. Es un diagnóstico y una profecía. No hay solución a la España vacía porque no se entiende, forma parte de otro mundo.

La paradoja que llamo la venganza del señor Cayo es que el sistema electoral dio mucho poder nominal a todos los señores Cayo de la España vacía. Son ellos quienes fuerzan mayorías políticas en el parlamento. Pero no ha servido para nada, porque no es un poder real, sino una instrumentalización. Víctor, al final de la obra, se da cuenta de que al sistema y a su partido no les importa nada aquella España vacía, pero quieren utilizarla para sus fines. Y se rebela. Hay que dejarles en paz. No nos necesitan, viene a decir Víctor. Les hemos abandonado todas estas décadas, no podemos aprovecharnos de ellos ahora con promesas falsas e intereses hipócritas. Por desgracia, eso ha sido exactamente lo que ha sucedido. Víctor tenía escrúpulos, pero era un personaje de novela. En la realidad, nadie ha demostrado tenerlos. En los treinta años siguientes a la publicación del libro se consolidó un sistema electoral que, en nombre de la España vacía, utiliza sus votos inflados para seguir ignorándola como siempre. A cambio, a los señores Cayo les han puesto, allí donde se podía, un médico, una farmacia y unos columpios para los niños improbables. Lo demás sigue siendo silencio.

Es muy hermosa la técnica que usa Delibes para que el lector entienda la grandeza de la soledad de Cayo. Al escritor le preocupa mucho que su Cayo sea un personaje digno, nimbado de la sabiduría de los ermitaños, pero no le da brochazos de mesianismo porque sabe que provocarían una caricatura involuntaria. Como ya ha hecho en muchos otros libros, se vale del lenguaje. Eso es lo que diferencia a Delibes de otros escritores y lo que salva a *El disputado voto del señor Cayo* de ser un librito con una moraleja simpática. La ciudad está sucia, es ruidosa, llena de humo de tabaco, prisas, espacios pequeños y claustrofóbicos. En cambio, el campo y la montaña llevan mil adornos positivos. La seducción que los protagonistas sienten al adentrarse en el paisaje desierto sería bisoña e inverosímil si no fuera porque se produce mediante un embrujo clásico, el del lenguaje.

Un ejemplo: "La calleja *serpeaba* y, a los lados, se abrían oscuros *angostillos* de *heniles* colgantes, apuntalados por firmes troncos de roble, *costanillas* cenagosas generalmente sin salida, cegadas por un pajar o una hornillera. [...] Salvo el ligero zumbido del motor y los gritos lúgubres de las *chovas* en la *escarpa*, el silencio era absoluto"[39] (las cursivas son mías). Y aquí otro, sin abrumar: "Precedidos por el señor Cayo, doblaron la esquina de la casa y abocaron a un sendero entre la *grama* salpicada de *chiribitas*. A mano izquierda, en la *greñura*, se sentía correr el agua".[40] Mezcla de cultismos, arcaísmos y localismos, Delibes usa su vastísimo bagaje léxico como un druida sus conocimientos botánicos, para preparar una tisana en cuyos vapores el lector se marea un poco. Adormilado, avanza por un mundo extraño que sólo el señor Cayo conoce. ¿Qué gritan las chovas y dónde están? ¿Qué son los heniles? ¿Y las hornilleras? Con un puñado de palabras antiguas que remiten a objetos que los lectores urbanos difícilmente han visto o tocado, el escritor induce un estado alterado de la conciencia.

Los códigos se han roto, es imposible la comunicación. Para comprenderse de nuevo hace falta aprender el idioma, empezar desde el principio. Las dimensiones del éxodo rural fueron tan grandes y sus efectos tan profundos en tan poco tiempo que no pasaron inadvertidos a ningún español. Era asfixiante y depresivo pasear por los nuevos arrabales de chabolas que crecían en torno a Madrid y Barcelona. De ahí salieron novelas como *Tiempo de silencio*, de Luis Martín-Santos, o películas como la citada *Surcos*. Pero el espectáculo no era menos traumático visto desde el campo, con miles de pueblos donde sólo quedaron aquellos desgraciados que no pudieron reunir las pocas pesetas que costaba el viaje, y con otros miles de pueblos cerrados para siempre. De ahí salieron las novelas de Miguel Delibes, no sólo *El disputado voto*, sino sus grandes títulos: *Los santos inocentes*, *Las ratas* o *La hoja roja*, entre otros. Tanto las de Martín-Santos como las de Delibes han sido, hasta hace poco, lecturas obligatorias del bachillerato. Varias generaciones de españoles se han asomado a unos libros que, además, descansan en las librerías de muchos salones, en ediciones muy variadas. Las de Delibes han gozado del favor del cine, con mucho éxito también. Por eso el mapa de la España vacía que dibujé al comienzo del libro es incorrecto y arbitrario. Sus fronteras reales llegan más lejos de las que he marcado, pero eso no importa, porque la España vacía es, sobre todo, un mapa imaginario, un territorio literario, un estado (no siempre alterado) de la conciencia. Como tantas otras cuestiones sobre la identidad y la memoria, se entienden mejor si las leemos en algún poeta del este de Europa. Con permiso, invoco a Adam Zagajewski en este libro tan mesetario y castellano.

Zagajewski tuvo la suerte o la desgracia de nacer en Polonia en 1945. En realidad, no nació en Polonia. O sí, aunque ya no. Cuando él nació, Lvov era una ciudad polaca, pero, a los cuatro meses de su nacimiento, las fronteras de Polonia se movieron a la izquierda y Lvov pasó a ser ucraniana. Todos los polacos fueron desalojados por los soldados soviéticos y escoltados hasta Gliwice, que hasta ese momento había sido una ciudad alemana, de Prusia oriental. Los alemanes que habían vivido en Gleiwitz, su nombre germánico, también habían sido desalojados al otro lado de la nueva frontera, y los polacos de Lvov se instalaron en las casas que habían dejado libres. Adam Zagajewski creció en Gliwice, una ciudad industrial de arquitectura y calles prusianas, pero en realidad era de Lvov, una bella ciudad polaca perdida. De niño, cuando paseaba con su abuelo y su padre por Gliwice, se daba cuenta de que ellos no paseaban realmente por esa ciudad, sino por las calles de Lvov:

Así pues, recorría las calles de Gliwice con mi abuelo –porque era suyo el paso que yo trataba de igualar más a menudo–, pero, de hecho, cada uno paseaba por una ciudad distinta. Yo era un rapazuelo juicioso que tenía una memoria pequeña como una avellana y estaba convencido de que, caminando por las calles de Gliwice entre edificios modernistas prusianos adornados con pesadas cariátides de granito, me hallaba donde me hallaba. Sin embargo, mi abuelo, a pesar de andar a mi lado, en aquellos momentos transitaba por Lvov. Yo recorría las calles de Gliwice y él las de Lvov. Yo enfilaba una larga avenida que sin duda en América se hubiese llamado Main Street, pero que aquí llevaba el burlón nombre de calle de la Victoria –¡después de tantas derrotas!– y unía una pequeña plaza mayor con la no menos pequeña estación de ferrocarriles, mientras que él se paseaba por la calle Sapiehy de Lvov. Después, para cambiar de aires, nos adentrábamos en el Parque de Chrobry [...], pero él naturalmente se encontraba en el Jardín de los Jesuitas de Lvov.[41]

El abuelo de Adam Zagajewski es el abuelo de millones de españoles. Muchos los han visto pasear por sus barrios de Madrid, de Barcelona o de otras ciudades, pero en realidad pasean por calles que ya no existen, las de su propia memoria. El éxodo rural llevó la España vacía a las ciudades. Viajó en la cabeza de los emigrantes. Zagajewski se considera a sí mismo un "hombre sin hogar", categoría que se puede aplicar a millones de españoles crecidos en grandes ciudades, pero educados en una mitología de aldea perdida. Han visto a sus padres y a sus abuelos pasear por Lvov mientras ellos caminaban por Gliwice. Como sucede con cualquier legado familiar, quien lo recibe se debate entre el rechazo y la veneración, a menudo al mismo tiempo, con esas chispas de paradoja que funden las personalidades más conscientes. La España vacía está en los mitos domésticos y está en la literatura. Por eso no es un territorio ni un país, sino un estado mental.

Fue un domingo andariego por las montañas que en Aragón se llaman Prepirineo, sierras en el extremo sur de la cordillera con cotas mucho más bajas que las grandes moles pirenaicas, pero tan abruptas y solitarias como ellas. Alguien sabía algo de un pueblo abandonado. Qué curioso, dijimos. Aparcamos el coche en la entrada y anduvimos con cuidado por las ruinas. Se llamaba Ruesta. Unos carteles oxidados advertían del peligro y declinaban toda responsabilidad en caso de accidente. Era un aviso muy optimista. Presuponía que quedaba algo en el pueblo que aún podía caerse. Si aquellos muros habían sobrevivido a todos los derrumbes de treinta inviernos montañeses, resistirían el fin de los tiempos. Quienes los construyeron pensaban en la eternidad, y los hicieron más fuertes y enraizados que aquel pueblo que también se creía inmortal. ¿Cómo no creérselo, después de una Edad Media de guerras? ¿Qué sentido tiene sobrevivir a Almanzor y mantenerse firme durante mil años en aquel suelo para que un simple decreto de expropiación acabe con todo? A diferencia de las ciudades desarrollistas, edificadas en dos días por alcaldes y constructores de escrúpulo corto para amontonar en sus bloques a todos esos aceituneros altivos, las casas de Ruesta se hicieron para resistir el juicio final. No eran refugios para espantar el frío, sino legados. Piedras pensadas para pasar de padres a hijos, en una sucesión interminable, con un sentido del tiempo y de la propia historia que no concebían el abandono ni la ruina.

Entonces era un chaval menor de edad con una fiebre cinéfila. Me había quedado mudo viendo *El Gatopardo* de Visconti y me había aburrido mucho intentando leer la novela de Lampedusa. Mientras paseaba por la maleza que dominaba lo que fueron las calles de Ruesta y sorteaba las piedras caídas, los cascotes y las tejas, se me aparecía Burt Lancaster diciendo aquello de la sal de la tierra. La tristeza de lo que se supo eterno y desapareció una mañana a la fuerza. Almanzor no pudo desalojar a sus antepasados, pero Franco expulsó a los ruestanos con un papel en la década de 1960. No había restos de vidas para imaginar. Caminaba atento a cualquier signo: un juguete, una caja de puros, un retrato de bodas, algo de ropa... Pero no había nada. Treinta inviernos de montaña son demasiados, ningún recuerdo sobrevive en las casas sin tejado. Ruesta se borraba, costaba distinguir las calles de lo que fue el interior de las casas, todo se confundía entre las piedras caídas y la hierba. Pensé en las personas que crecieron allí cuando Ruesta era un pueblo. Tradicionales y orgullosas. Apegadas a las costumbres que se perdían en los siglos, conscientes de que formaban parte de una historia eterna. Podía ser asfixiante, pero también un alivio. La pertenencia, la apelación continua a lo de toda la vida o lo de siempre. Aquí siempre se ha hecho así. Toda la vida. Quienes emplean esas expresiones absolutas no están preparados para la incertidumbre y el cambio. Temen al clima, las sequías, las plagas y las bestias del bosque, pero se arman contra ellas con casas de piedra que legan a sus hijos. "En sólo cuatro años, la hiedra y la carcoma han destruido el trabajo de toda una familia y todo un siglo", dice Andrés, de Casa Sosas, narrador y protagonista de la novela *La lluvia amarilla*, de Julio Llamazares.

"Ainielle existe". Es la primera frase de ese libro. El autor avisa al lector de que el pueblo donde transcurre la acción es real, aunque los sucesos narrados sean imaginarios. Pero es esa formulación en presente de indicativo la que me intriga, como si fuese un *lapsus calami*. *La lluvia amarilla* cuenta los últimos años del último vecino de un pueblo abandonado del Pirineo aragonés. En la misma advertencia informa de que se vació en 1970. Luego, ¿existe? ¿No sería mejor escribir "Ainielle existió"? ¿Puede existir un pueblo sin vecinos? Cuando se visitan restos arqueológicos, casi nunca se dice que se visita un lugar, sino lo que fue un lugar. Se recorren las ruinas del sitio. Las ruinas de Palenque, las ruinas de Pompeya. Las ciudades abandonadas no tienen actualidad. El presente de indicativo no funciona con ellas. ¿Por qué empieza Julio Llamazares su libro con una afirmación tan rotunda? Ainielle existe. Aclara que "sus casas aún resisten", pero esa evidencia arquitectónica no basta para justificar que Ainielle exista. No se trata de una cuestión de fisicidad. Porque es cierto que Ainielle existe, como existe el libro titulado *La lluvia amarilla*. Existe como existe la España vacía en la memoria de quienes las habitaron y en la mitología familiar de sus hijos y de sus nietos. Es una existencia ideal y, por ello, rotunda e inapelable.

La lluvia amarilla se publicó en 1988. Muchos años después, el 7 de diciembre de 2015, mientras yo preparaba la primera versión del manuscrito de este libro, su autor escribió un artículo en *El País* titulado "El molino".[42] En él da cuenta de la restauración del molino de Ainielle, un escenario fundamental de la novela. "Y bien, se dirá alguien, ¿y a quién más le interesa esta noticia como para publicarla en un diario de tirada nacional con la de cosas que hay que contar? –se pregunta Llamazares, y se responde–. Que, mientras centenares de pueblos y de comarcas de España se desertizan, convertidos aquéllos en cementerios al aire libre y éstas en deshabitados páramos, haya personas que se preocupen de que su memoria no sucumba también, siquiera sea conservando algunos de sus elementos patrimoniales e inmateriales, como su dialecto autóctono o sus antiguas costumbres y fiestas, es una gran noticia, mucho más importante para mí que la mayoría de las que aparecen a diario en la prensa nacional".[43] Cementerios al aire libre y deshabitados páramos son pleonasmos. Todos los cementerios están al aire libre y los páramos se llaman así porque no hay nada ni nadie en ellos. Son acentos falsos que se encuentran a menudo en la narrativa de Llamazares, que intenta enfatizar la soledad y el abandono con un punto dramático que no siempre consigue. Al margen de esto, la restauración del molino de Ainielle, cuarenta y cinco años después de su abandono, significa que Ainielle existe. Por muy simbólico que sea el gesto, que no tendrá consecuencias en la repoblación del lugar, delata que el pueblo se mantiene vivo en la memoria. En parte, gracias a la novela. Existir en la memoria es una de las formas más poderosas de existencia que conocen los humanos.

Algo pasó a finales de la década de 1980 en aquella España tecnopop y finalmente europeizada. El ingreso en la Comunidad Económica Europea en 1986, once años después de la muerte de Franco, se vivió como la ruptura definitiva con el problema de España. Ya no habría más Unamunos ni Ortegas ni Marañones. Ya no más Machados melancólicos. Se planearon grandes cosas. Juegos olímpicos, trenes de alta velocidad, redes de autopistas. El país se puso en obras. Europa exigía una modernización y aportaba miles de millones de pesetas para hacerla posible. Para cerrar las fábricas ineficientes, para modernizar la flota de pesca y, sobre todo, para regular la agricultura. Un vistazo a los periódicos y a los medios de comunicación de aquel tiempo devuelve una imagen de sarcasmo y descreimiento muy ibérica. Es el influjo de la mirada del *Quijote*, esa tendencia a observar con desdén y a desconfiar del optimista. Pero la profundidad y la velocidad de los cambios debió de causar algún vértigo. El país iba demasiado deprisa para el gusto de una clase media acostumbrada a la sobremesa eterna del franquismo. Por eso, a finales de los años 80, creció en las librerías y en los cines una forma de nostalgia. Y ya se sabe que la nostalgia es una expresión suave y resignada del miedo.

El éxito de *La lluvia amarilla* se explica en este contexto. La novela electrizó una sensibilidad latente que vivía adormecida en muchos cuartos de estar. Los españoles de 1988 miraban al futuro inmediato, pintado como promisorio en las fronteras ensanchadas de Europa, pero millones de ciudadanos miraban aún al pasado y sentían que había un país perdido del que nadie se quería hacer cargo. El país del que ellos mismos procedían, que sólo era una estación de servicio o un problema topográfico para los ingenieros que diseñaban las nuevas autopistas. Por eso agradecieron mucho que un puñado de escritores volviesen los ojos hacia esos lugares que nadie más parecía querer ver.

Era arriesgado. En un panorama literario dominado por los hijos de Juan Benet y por los admiradores de Thomas Bernhard, presentar una novela rural y nostálgica era exponerse a las burlas de la crítica y de los colegas. Costumbrismo, pintoresquismo, garbancismo, provincianismo. La intelectualidad de Madrid y de Barcelona tenía el ingenio muy afilado para burlarse de estos novelistas de aldea. Sin embargo, *La lluvia amarilla* electrificó todos esos cables dormidos que había en las casas. Pasó por encima de cualquier consideración de moda y de cualquier alabanza de la modernidad y llegó allí donde toda la literatura aspira a llegar, al alma de los lectores. La novela contaba los últimos años de vida del último vecino de Ainielle, pero en realidad estaba contando todos los pueblos de la España vacía. Despertaba la conciencia de un pequeño apocalipsis al recordar a cada lector de dónde venía y cómo había quedado su cuna. Recordaban su propio pueblo o el de sus padres, conectaban con algo muy íntimo que tiene que ver con la persistencia de las piedras en las ruinas de Ainielle o en las de Ruesta.

En 1987, un año antes de ese libro, se estrenó *El bosque animado*, de José Luis Cuerda, la adaptación al cine de la novela homónima de Wenceslao Fernández Flórez,[44] que explotaba la mitología gallega y conectó también con ese público urbano. En 1988 se publicó *Camí de sirga*, de Jesús Moncada,[45] otro éxito, esta vez en catalán, donde se levantaba una cosmogonía alrededor de Mequinenza, en la franja oriental de Aragón, otro territorio de emigrantes y silencios. En 1989 se estrenó *Amanece, que no es poco*, también de José Luis Cuerda.[46] Aunque no tuvo el éxito de la anterior (y recibió muy malas críticas),[47] los pases por televisión la convirtieron en una película de culto. La combinación de surrealismo y ruralismo conectó, esta vez por la vía de la carcajada, con varias generaciones que entendieron que los chistes y los disparates contados en el filme restituían también una memoria. Había un marco referencial que propiciaba el guiño y la emoción. Más allá del absurdo, había algo en el lenguaje arcaico y culterano que se usaba allí que evocaba las mitologías familiares de millones de españoles. Esta vez, no con la nostalgia de los que abandonaron la España vacía, sino de sus hijos y nietos. Había en el humor y en las palabras de *Amanece, que no es poco* algo tan íntimo y reconocible, tan visto y oído en el humor y en las palabras de los abuelos y de los padres, que sacaba a la luz ese país dormido que se había mudado también a las ciudades sin adaptarse del todo a ellas.

La veta siguió y se intensificó en los años 90. En 1991, Antonio Muñoz Molina ganó el premio Planeta con una novela ambiciosa y densa titulada *El jinete polaco*,[48] que era una indagación de sus orígenes rurales en la provincia de Jaén. Muñoz Molina también tocó el corazón de muchos jóvenes que salieron de sus pueblos para estudiar y trabajar y que mantenían con sus casas una relación ambigua de odio y amor, que él expresó en la novela de forma un tanto críptica, pero con mucha intensidad, que no pasó inadvertida a ninguno de sus lectores.

Julio Llamazares nació en Vegamián, provincia de León, en 1955. Vegamián no existe hoy. José Luis Cuerda, aunque crecido en Madrid, nació en Albacete en 1947, y toda su mitología remite a las sierras de aquella provincia. Jesús Moncada nació en Mequinenza en 1941 y, desde su piso en Barcelona, hizo de su pueblo natal una especie de Macondo, un universo personal y un tanto absurdo (lleno de un humor que en Aragón se llama somarda, una modalidad local del sarcasmo), donde sus lectores reconocían sus propios pueblos y los de sus abuelos. Antonio Muñoz Molina nació en Úbeda, provincia de Jaén, en 1956. En su literatura, el pueblo se transforma en Mágina. Todos ellos levantaron mitologías rurales que tenían que ver tanto con el realismo mágico latinoamericano como con William Faulkner, sin ser una cosa ni la otra. De hecho, uno de los chistes más celebrados de *Amanece, que no es poco* tiene que ver con un plagio de *Luz de agosto* que comete uno de los personajes. Al detenerlo, el guardia civil que interpreta José Sazatornil le recrimina: "¿Es que no sabe que en este pueblo es verdadera devoción lo que hay por Faulkner?".[49] En cierto sentido, sí que se parecen al realismo mágico y al condado de Yoknapatawpha de Faulkner. Más al primero que al segundo. El realismo mágico, en el fondo, no es más que la sublimación mitológica de un imaginario rural evocado desde grandes ciudades para un público urbano que está viviendo una gran transformación. Un éxodo que ha formado las megalópolis latinoamericanas. García Márquez triunfa fuera del continente porque complace ciertos prejuicios que los europeos y los norteamericanos tienen sobre América Latina, relacionados con exotismos mal digeridos y novelas de aventuras a medio leer. Sin embargo, triunfa entre los latinoamericanos porque los lectores de Ciudad de México, de Bogotá, de Santiago de Chile e incluso de Buenos Aires reconocen algo familiar. Quizá no desde una intimidad tan radical como sucede en España, porque los lectores de clase media urbana del continente no son hijos del éxodo rural, sino de la inmigración europea, pero da la medida de la distancia entre el imaginario nacionalista e indigenista y la realidad urbana y desarraigada. Ahí, *Cien años de soledad* es un puente o una descarga eléctrica en una sensibilidad también adormecida.

Como los del realismo mágico, los escritores de querencia rural que surgen en España a finales de la década de 1980 y principios de la de

1990 construyen unos mitos que no tienen contraste con la realidad inmediata. Hablan de pueblos desaparecidos, de vidas del pasado o de situaciones tan grotescas que traspasan lo verosímil. Sin embargo, narran un universo compartido. Son escritores y cineastas que proceden de la España vacía. Al trabajar con ella en sus ficciones, en realidad, están hablando de sí mismos. De su propia infancia. De sus propias nostalgias. Sus obras son decantadores de un vino cuyo sabor y aroma está fijado en la pituitaria de casi todos los españoles. Es un país perdido, irreconocible en el nuevo de puertos olímpicos, restaurantes de diseño y trenes de alta velocidad, pero muy vívido en el *Geist* familiar. Como el libro de Zagajewski. Los españoles crecieron en grandes ciudades, pero el núcleo de la intimidad, su lengua materna, sus cuentos de noche y las palabras vernáculas que les recordaban a sus abuelas pertenecen a la España vacía, que se volvía presente e inapelable en aquellos libros y en aquellas películas. Estaban en una ciudad, pero paseaban por un pueblo. El país puede pasar de ser campesino a urbano en dos décadas, pero las personas necesitan varias generaciones para adaptarse. Abandonan el campo, pero el campo persiste en ellos, en sus hijos y en sus nietos. Por eso Julio Llamazares empieza *La lluvia amarilla* diciendo que Ainielle existe. Nunca ha dejado de existir.

Todo esto pasó a la televisión en 1995. Aquel año, José Antonio Labordeta, hasta entonces un cantautor aragonés asociado a la canción protesta y más o menos folk de los años 70, empezó a presentar en Televisión Española *Un país en la mochila*, una serie documental que recorría los pueblos más perdidos de España. Con esa forma de carisma que se llama campechanía, no sólo se ganaba la confianza de los aldeanos más obtusos, que le abrían las puertas de sus casas, lo sentaban a sus mesas y le hacían comer platos enormes de todo tipo de pucheros, sino del espectador. La despoblación, la miseria campesina y el abandono eran ya leitmotivs poderosos de su obra cantada. Algunos versos célebres: "Siempre te recuerdo, vieja, / sentada junto al portal", "Somos igual que nuestra tierra, / suaves como la arcilla, / duros del roquedal", "Dicen que hay tierras al este / donde se trabaja y pagan, / y hacia el oeste el Moncayo, / como un Dios que ya no ampara". Incluso tiene unas coplillas burlonas incluidas en un disco de 1975 que pueden considerarse un precedente jocoso de *La lluvia amarilla*. Se titulan *Meditaciones del Severino el Sordo:* "De cien vecinos que éramos / ya sólo quedamos dos: / Don Florencio, que es el amo, / y un seguro servidor. / Don Florencio vive en Huesca, / aquí sólo quedo yo / con una cabra mochales, una gaita y un tambor. / Un día cojo la cabra, / la trompeta y el tambor / y me voy a Zaragoza / y que pregone el patrón".

Un país en la mochila se mantuvo cinco años en antena, creando una audiencia fiel y haciendo de Labordeta un personaje muy popular. Había un fondo etnográfico evidente, casi una investigación folclórica, pero lo importante era el redescubrimiento del paisaje, la mirada llana y sin condescendencias hacia las gentes del campo. No quería redimirlos ni salvarlos, ni tampoco revolcarse en los tópicos ni hacer humor paleto. Simplemente, los mostraba. El laconismo de Labordeta, con una voz en *off* muy descriptiva y unas interacciones parcas y escuetas con los personajes (a veces, intercambios monosilábicos; otras, elogios a la comida: a la pregunta de si le gustaba el guiso, el presentador afirmaba vehemente sin levantar la vista del plato), propiciaba una mirada que muchos españoles agradecieron. Labordeta no iba a enseñar poesía a los nativos ni tampoco quería asustar a las señoritas de ciudad exhibiéndoles un catálogo de monstruosidades campesinas. Sólo paseaba entre pueblos, comía un poco, charlaba brevemente con alguien, se paraba ante una iglesia románica y seguía caminando. Aquella sencillez era inédita. Quizás el único reproche que se le podía hacer era una tendencia a la postal o a la etnografía que podía romper la conexión con lo narrado al parecer que se colocaba en la vitrina de un museo, pero, por lo general, el equipo del programa sorteó muy bien ese peligro. En cualquier caso, era un reproche muy menor si se tiene en cuenta la larga historia de desprecios, tópicos negros, odios y caricaturas crueles que han marcado las miradas a la España vacía, que repaso en los próximos capítulos de este libro.

Un país en la mochila retomaba el gusto por las excursiones que había marcado a la Institución Libre de Enseñanza y a los noventayochistas, convencidos de que el patriotismo se hacía con los pies, pero liberado de toda la mística esencialista, religiosa y política en la que se rebozó la prosa de los escritores de principios del siglo XX. Sin pretenderlo, como se consiguen las mejores cosas, escenificó una especie de reconciliación.

No fue suficiente. El abismo que separa la España llena de la España vacía es demasiado grande. Probablemente no se borre nunca. Conforme pasa el tiempo y los españoles se alejan más y más de sus orígenes rurales, las mitologías familiares que componen esa España vacía mental también se diluyen. En parte, se hacen más fuertes, porque los mitos son más mitos cuanto más brumosa es su narrativa. A medida que se pierden fechas, nombres y referencias concretas, se gana en sugestión y en capacidad para amarrar nuevas identidades. Es, de hecho, más sencillo identificarse con una genealogía difusa, esparcida por una geografía desconocida, que con una casa concreta de un pueblo concreto habitada en unos años concretos. Por eso es más fuerte la fe del analfabeto que apenas conoce los evangelios que la del erudito que los ha estudiado a fondo. La infancia es una patria poderosa, pero la infancia de los padres y de los abuelos lo es mucho más. Como la España vacía no se va a llenar y las tendencias demográficas, si no se alteran radicalmente en los próximos años, auguran más desierto y más vacío, con la desaparición de miles de pueblos, esa mitología se va a transformar y robustecer. Pero también van a persistir el estigma o las huellas del Gran Trauma. Son demasiados siglos de mirar el campo con una misma crueldad. Es una inercia muy fuerte, propulsada por una tradición probablemente milenaria. Los paseos de Labordeta fueron una excepción. Es muy difícil viajar a la España vacía sin la aprensión del explorador de lo exótico o sin la ilusión del misionero que va a salvar a los indios.

En los siguientes capítulos repaso la génesis de algunos de estos prejuicios con forma de mitos negativos. La España negra y criminal, la España pobre y embrutecida, la España seca, áspera y fea y la España reaccionaria. Son miradas inspiradas en la heterofobia. Ninguna incluye al otro en la observación. Ninguna intenta comprender lo mirado, sino reducirlo a sus apriorismos. Algunas son muy recientes y se mantienen. Forman parte del tópico con el que los españoles sobreentienden la España vacía. Todas merecen una refutación.

SEGUNDA PARTE

LOS MITOS DE LA ESPAÑA VACÍA

III
LA CIENCIA DEL ABURRIMIENTO

> Si las affecciones y passiones que cobró el cortesano en la corte lleva consigo a su casa, más le valiera nunca retraerse a ella; porque en la soledad son los vicios más poderosos y los hombres muy más flacos.
>
> FRAY ANTONIO DE GUEVARA,
> *Menosprecio de corte y alabanza de aldea*
> (1539)

Cuando pienso en Fago veo pisadas en la nieve, un letrero en una fachada con la leyenda *Fago no es New York* y una reportera de Televisión Española afirmando que se encontraba en Fargo. Acertaba al equivocarse. Mucha nieve, un pueblo aislado y un crimen. A los hermanos Coen, autores de la película *Fargo*, les habría encantado.[50]

Había muchas pisadas en la nieve de Fago. Una pequeña multitud había ensuciado la plaza y se veían huellas formando caminos en todas las direcciones posibles, pero ninguna correspondía a cualquiera de los treinta y un habitantes que el municipio tenía en aquel enero de 2007 (hoy tiene menos, veinticinco, según el último padrón). Todas eran de los periodistas y fotógrafos y cámaras y técnicos de televisión y radio que superábamos en número a los vecinos, atrincherados en sus casas, puertas y ventanas cerradas. El bar, en cuya fachada estaba ese cartel de *Fago no es New York*, también. Cuando queríamos sacudirnos el frío de enero, los periodistas íbamos al pueblo vecino de Ansó, donde los cafés estaban abiertos. También había gente por la calle, en Ansó. Mucha gente que conocía a la víctima, pues Fago era una aldea casi pedánea, y los reporteros les perseguían con los micros y les arrinconaban a la salida de la tienda, desesperados por una frase para el informativo de las tres.

Me alejé de allí y busqué a mi fotógrafo. Me sentía abatido. Nos habían llamado carroñeros, nos habían increpado en la calle y en el bar, nos habían dado con varias puertas en la cara, nos habían suplicado casi llorando que nos fuéramos, diciéndonos que éramos unos buitres y que dejáramos tranquila a la gente. Y yo, que sólo quería un café, les daba la razón. No sentía que hubiera nada digno en esa forma de pisar la nieve de la plaza de un pueblo de treinta y un habitantes. Treinta, en realidad. Uno de ellos había aparecido muerto en un barranco unos kilómetros al sur con varios disparos de escopeta en el cuerpo. La guardia civil inspeccionaba la escena del crimen. Todos los vecinos de Fago eran sospechosos.

El 12 de enero de 2007, Miguel Grima, alcalde de Fago, una aldea montañosa en el valle de Ansó, uno de los más recónditos y altos del Pirineo central, fue asesinado cuando regresaba a su casa tras asistir a una reunión con otros alcaldes de la comarca en Jaca. Era de noche, hacía mucho frío y el valle estaba nevado. Alguien lo estaba esperando en la carretera, como un bandolero de otros tiempos, con el coche cruzado en la calzada. Lo obligó a salir de su vehículo y le disparó con una escopeta de postas como las que usan los cazadores de la zona. El primer disparo no lo mató y Grima intentó huir ladera abajo, pero su atacante lo persiguió, le disparó más veces y lo remató.

El asesino se llamaba Santiago Mainar, pero en aquellos primeros días no se sabía. Para los periodistas que andábamos por Fago, Mainar era el único vecino que hablaba con la prensa. Recibía a los periodistas en su casa, les invitaba a tomar café y les contaba que Miguel Grima era un cacique, un tirano que hacía la vida insoportable en el pueblo, que la convivencia estaba rota, que todos odiaban al alcalde. Cuando la guardia civil lo interrogó y le puso delante las pruebas que tenía contra él, se derrumbó y confesó el crimen.

Fago es un caserío pequeño encajonado en un valle muy estrecho que estuvo casi aislado durante buena parte de su historia. Como a tantísimos otros núcleos del Pirineo, le afectó mucho la despoblación. En las montañas, la llegada de una carretera casi siempre ha servido para facilitar la fuga de los vecinos y no la llegada de los nuevos. Es extraño que Fago se haya mantenido vivo, un reducto que nunca ha superado el puñado de vecinos, aislado entre los valles de Ansó y del Roncal, en Navarra. A unos ocho kilómetros al norte está Ansó. Y, luego, nada. En veinte kilómetros a la redonda sólo hay montañas y bosque. Hasta mediados del siglo XX, en la primavera salían los osos. Cada vez menos, pues los cazadores del valle los abatían antes de que pudieran esquilmar los rebaños de ovejas. Al final, no quedaron ni rebaños ni osos, pero persistieron los cazadores. No es raro encontrar armas en las casas. Lo primero que hizo la guardia civil al abrir la investigación sobre el asesinato de Miguel Grima fue pedir a todos los vecinos de la zona con licencia que entregasen sus rifles para hacerles un examen balístico.

Lo que me fascinó desde el principio fue que tanto la víctima como el criminal eran neorrurales, una etiqueta en boga desde los años 90 que quería definir a un tipo de persona que, tras una vida en la ciudad, se instalaba en el campo. Escogían núcleos abandonados o casi abandonados. A menudo, emigraban varias familias a la vez, grupos de amigos que fantaseaban con fundar una arcadia. Muchos venían de movimientos ecologistas. Otros, simplemente, amaban lo rústico. Pero todos odiaban la ciudad y estaban convencidos de que la aldea, la montaña, lo remoto, la cabaña de *Walden*,[51] era una forma de vida muy superior a la urbana.

Los neorrurales forman un colectivo muy heterogéneo y es injusto reducirlos a un estereotipo, pero todos comparten ese rechazo a lo que representa la ciudad. En la urbe está el mal, lo falso, lo que no permite que la vida sea vivida con la intensidad y el placer que la propia vida merece. Los hay más místicos y los hay más prácticos. Más reflexivos y más impulsivos. Más *new age* y más prosaicos. Muchos son profesionales liberales. Abogados, médicos y, por supuesto, arquitectos. Esos juegan con ventaja, ya que pueden comprar un solar y diseñar su propia casa.[52]

Santiago Mainar, asesino, y Miguel Grima, víctima, eran zaragozanos. Ambos se habían instalado en Fago veinte años atrás y habían sido amigos. Una parte de los treinta y un vecinos de Fago venía de la ciudad. Algunos tenían raíces familiares, pero otros llegaron allí atraídos sólo por la belleza y la soledad de las montañas. La historia se repetía en otros sitios. Unos meses antes del crimen ya había visitado un pueblo del Serrablo reconstruido por una asociación de neorrurales. El núcleo se abandonó en la década de 1970 y casi todas las casas estaban en ruinas. En los años 90 empezaron a reconstruir algunas y se fueron instalando en ellas. Al principio, como segunda residencia. Más tarde, todo el año. Cuando llegué, esperaba encontrar a un grupo de *hippies* felices, cada uno con su azada, trabajando en sus huertos ecológicos y leyendo a Thoreau a la sombra de los pinos. No estaba preparado para toda aquella hostilidad. El promotor del proyecto, el primero en terminar la casa, había vuelto a Zaragoza y hacía tiempo que no pisaba el pueblo. Tenía miedo, me dijo. ¿Miedo de qué?, le pregunté unos días después. De ellos, me respondió.

En mi visita me guio un veterano que me enseñó todas las obras, cómo obtenían electricidad, cómo habían conseguido una conexión a internet o dónde se guardaba la leña... Cuando me marchaba, un hombre muy huraño que nos había estado observando todo el tiempo desde su huerto me llamó con un gesto y me llevó a un aparte, detrás de su casa, donde empezaba el bosque. No te creas nada, me dijo. Aquí pasan cosas, estamos muy cansados. Vinimos con mucha ilusión, pero esto es el horror, no nos hablamos, pronto llegará el invierno, yo no creo que aguante aquí otras nieves. Puedes publicar que me largo en cuanto pueda.

Un par de meses más tarde, cuando cayeron las primeras nevadas, un compañero me preguntó: oye, tú habías hecho un reportaje en este pueblo, ¿verdad? Sí, respondí. Pues qué buen rollo se traen, me dijo, se ha prendido fuego una de las casas y la guardia civil cree que fue intencionado, los de dentro escaparon de milagro. Recordé al hombre que tenía miedo de vivir en su casa. Recordé al otro hombre que se iba a largar en cuanto pudiera. Temían a los otros, al invierno. Puede que a ellos mismos.

He viajado a muchos lugares aislados y me he encontrado en ellos a personas de ciudad que construyeron casas hermosas, ideales. Muchos de sus inquilinos tenían el temblor de la paranoia en la esquina de los ojos. Una mujer que vivía en una masía de las montañas de Teruel, a varios kilómetros de pista forestal de cualquier sitio habitado, estaba pensando en comprar una escopeta porque se sentía amenazada después de un pequeño litigio con el ayuntamiento. Un escultor se quejaba con mucha tristeza, mientras freía unos huevos para que no me fuera de aquel sitio sin comer, de que aquella casa y aquel sueño rural le habían arruinado la vida y que comprendía que su mujer se hubiera largado de allí, y que él mismo huiría si no se hubiese gastado todo el dinero en una casa en la que ya no quería vivir y que nadie quería comprar. A veces encontraba a alguien feliz, pero era raro. En cuanto tomábamos el primer café y se olvidaban de que hablaban con un reportero, casi todos confesaban su arrepentimiento, y algunos decían que vivían asustados, que no dormían, que pensaban que cualquier noche de invierno alguien iba a irrumpir en la casa y les iba a matar.

Quizá he tenido mala suerte y me he cruzado con desgraciados que no son representativos de ese fracaso de la vuelta al campo. No puedo dar validez estadística a mis testimonios. Quizá sean sólo casualidades, pero fueron tantas que aprendí a reconocer ese delirio que aparece en los ojos de quienes han pasado más de un invierno en un pueblo de cuatro habitantes rodeado por kilómetros de nada.

La psicología da, como casi siempre, respuestas terroríficas. La más famosa es la teoría de la privación sensorial. Desde la década de 1940, los conductistas experimentaron con personas para conocer los efectos que el aislamiento puede causar en una mente sana. En 1961, Winnifred Kelm, una enfermera canadiense de veinticinco años, participó en uno de ellos. La encerraron ocho días y medio en una habitación oscura sin cambiarse de ropa ni lavarse los dientes. Al poco tiempo, empezó a soñar despierta, lloraba durante horas, tenía alucinaciones y se convenció de que su novio había muerto en un accidente. La enfermera batió un récord. La mayoría de los sujetos que se sometían a estos experimentos no aguantaba más de tres días. Tiempo después, Kelm publicó un testimonio en el que confesaba que tardó mucho en recuperarse de la experiencia y que las secuelas persistieron.[53]

De aquellas investigaciones salió toda una teoría sobre la privación sensorial que no sólo ha tenido un éxito enorme en la psicología, sino que ha regalado unas enseñanzas muy prácticas para las agencias de inteligencia. La policía británica usó estos descubrimientos contra miembros del IRA. El aislamiento y la privación sensorial han sido dos formas de tortura muy apreciadas y eficaces. Una habitación sin luz doblega más voluntades que la violencia directa y sanguinaria. Un encierro como el que sufrió la enfermera Kelm sería la expresión casi pura de la privación sensorial, pero por debajo de esa experiencia habría un rango muy amplio de situaciones que podrían considerarse aislamiento y cuyos efectos sobre la psique podrían estudiarse. Así, observaban la convivencia de los investigadores de la Antártida o de los astronautas en la estación espacial para definir síntomas y rasgos propios de la privación sensorial. También estudiaron a marineros encerrados en travesías largas, vigilantes nocturnos, guardas forestales y, por supuesto, habitantes de lugares remotos y muy poco poblados. La teoría era que la falta de estímulos sensoriales producía efectos devastadores sobre los individuos y propiciaba la aparición de trastornos mentales. En los casos más graves, alucinaciones y brotes psicóticos. En los menos, paranoia, delirio de relación (una variante psicótica de la paranoia que se da en personas tímidas, con baja autoestima e hipersensibles, cuyos delirios consisten en que todo el mundo conspira contra ellas), irritabilidad incontrolable o desconfianza exacerbada.[54]

La psicología moderna prefiere enfocar el asunto de otro modo, mucho más interesante, multidisciplinar y constructivo. Se conoce como la teoría del aburrimiento. James Danckert, neurocientífico canadiense, cree que el aburrimiento puede provocar efectos parecidos a los de un daño cerebral. En realidad, efectos parecidos a los de un daño cerebral del cual el paciente se ha recuperado con grandes dosis de medicamentos. Danckert sostiene que su personalidad cambia porque el flujo masivo de endorfinas y calmantes necesario para curarle suprime la capacidad del cerebro para activar el mecanismo psicológico de la recompensa y el placer. Por eso es frecuente entre las personas que han sufrido un trauma cerebral caer en las drogas o practicar deportes de riesgo o volverse temerarios: cuando antes necesitaban un café para espabilarse, ahora necesitan tres. Buscan estímulos muy fuertes porque son los únicos capaces de activar el placer en el cerebro.[55]

Este neurocientífico sospecha que la gente que se aburre mucho durante mucho tiempo tiene una estructura cerebral parecida. Cuando entran en el circuito del aburrimiento necesitan emociones muy fuertes para salir de él. Es sólo una hipótesis, no hay nada demostrado, pero resulta inquietante que algunos investigadores lleguen a las mismas sospechas que han tenido muchos escritores. El aburrimiento ha sido un tema literario recurrente en la novela europea y estadounidense a partir de 1950. La motivación de algunos grandes personajes ha sido salir del aburrimiento insoportable en el que vivían. Pocos de ellos, eso sí, vivían en pequeñas aldeas.

Fago está rodeado de kilómetros de nada. El pueblo de referencia, Ansó, tiene 456 vecinos. En cincuenta kilómetros a la redonda no hay ninguna localidad de más de quinientos habitantes. El cine más cercano está a cien kilómetros, en Pamplona. Las atracciones propiamente urbanas hay que ir a buscarlas en Jaca, tras más de cincuenta kilómetros de mala carretera. Para ver escaparates, una exposición o llenar el congelador con comida de supermercado hay que viajar. En invierno, con cadenas, entre la nieve y la ventisca. También tienen que hacerlo los niños a diario para ir a la escuela en Ansó. Cualquier pequeño recado que en la ciudad se soluciona con un paseo, en Fago requiere planificación y logística. Se comprende que salgan poco. Como los osos, casi hibernan, calientes en sus casas, bien surtidos de leña. Pero también la vida en casa es más aburrida que en un piso urbano. En la mayoría de los pueblos pequeños no hay televisión por cable, se reciben pocas emisoras de radio, a menudo con interferencias, y la velocidad de internet es baja.

¿Hasta qué punto influyeron el aislamiento y la soledad del invierno en el crimen de Fago? ¿Se aburrieron tanto que llegaron a enemistarse y a odiarse hasta hacerse la vida imposible y terminarlo todo en un asesinato? Porque el pueblo estaba enfrentado. El alcalde imponía multas que se consideraban injustas. Los dueños del bar se quejaban de que tenían que pagar una tasa desorbitada por montar una terraza en verano, de ahí la pancarta *Fago no es New York*. Un grupo de vecinos, entre ellos el futuro asesino, pensaba que el acoso legalista y administrativo del alcalde había roto su sueño ácrata. Se habían ido al monte para ser libres, no para estar pendientes de la normativa urbanística sobre chimeneas o preocuparse por el lugar donde habían aparcado el coche. Había muchos litigios en marcha entre los treinta y un vecinos de Fago la noche en que Santiago Mainar decidió acabar con todos de un disparo, pero, a los ojos de cualquier ciudadano, ninguno tan grave para desencadenar la violencia. De hecho, eran un cúmulo de minucias. ¿El invierno magnificó las afrentas? Si el cine hubiera estado un par de calles más allá y no en la lejanísima Pamplona, ¿se habría salvado Miguel Grima de la muerte? Nadie cuestiona la función liberadora del ocio urbano. La cantidad de tensiones cotidianas que una cena entre amigos y unas copas pueden disolver es innegable. O una hora de gimnasio. O una tarde de compras. ¿Miguel Grima murió porque no había unos bares de tapas cerca?

Casi todos los autores que se han acercado al crimen sostienen algo parecido. Uno de ellos, el periodista Carles Porta, debutó antes de acercarse a Fago con *Tor*, una crónica novelada sobre una serie de sucesos macabros en una aldea del Pirineo de Lérida muy parecida a Fago.[56] De hecho, su interés por el asesinato de Miguel Grima era lógico, ya que reforzaba su tesis sobre la convivencia imposible en un medio rural y aislado.[57] Jesús Duva[58] y Eduardo Bayona,[59] reporteros de sucesos de *El País* y de *El Periódico de Aragón*, respectivamente, apuntan también en esa dirección en los libros que dedicaron al crimen. La asfixia, el invierno largo, la incomunicación. La vida se hizo insoportable. ¿Fue Fago un experimento de psicología social que salió mal o que salió demasiado bien? Sería difícil reproducir en un laboratorio unas condiciones tan idóneas. El invierno larguísimo, las mismas cuatro caras día tras día, el paso monótono y predecible de la máquina quitanieves por la carretera a las mismas horas. Los mismos pocos coches por la carretera. Todos conocidos, ninguna sorpresa hasta el verano, cuando llegan los turistas.

Vuelvo a la plaza de Fago aquella mañana de enero de 2007. Tanto allí como en Ansó la gente estaba harta de los periodistas. Entonces lo atribuí a la violación de la intimidad unida al trauma del crimen. Hoy sospecho que había algo más en ese rechazo a los reporteros, sobre todo a los de la tele, tan aparatosos con sus furgonetas con antena parabólica, sus cámaras y sus micros de colores chillones. A su lado, yo podía pasar por alguien discreto y elegante. Armado tan sólo de un cuaderno, podía decirle al fotógrafo que esperase en otro sitio y charlar con discreción y compadreo con cualquier vecino sin que se sintiera apuntado por un foco. Eso me permitía distanciarme un poco y sentirme superior a los moscones que zumbaban por Ansó y por Fago incordiando a cualquier vecino que se atreviese a salir de casa. Con poco me consolaba, porque estaba haciendo lo mismo que ellos, y quizá esa mala conciencia del carroñero que sabe que lo es me impidió aquellos días intuir algo que me parece hoy evidente: los vecinos de Fago sentían vergüenza. Pero no de mostrar su intimidad, sino de ver sus miserias expuestas bajo una luz tan blanca y ante tantísimas miradas. De pronto, esos conflictos tan graves, tan rotundos y tan sin solución, parecían ridículos. El cartel de *Fago no es New York* tenía sentido en el contexto del pueblo, pero en el telediario de las tres sonaba a fruslería. Creo que algunos faguenses se sentían como niños sorprendidos por los adultos en plena pelea. Cuando el padre irrumpe en la habitación y trata de poner paz, pregunta qué ha pasado. Y los propios niños se dan cuenta, mientras enumeran las afrentas y la escalada de odio, de que se han dado de tortas por nada. Lo que parecía terrible y gravísimo unos segundos antes se disuelve en lo ridículo en cuanto los adultos obligan a verbalizarlo. Pero la vergüenza de un niño dura un parpadeo, y los hermanos pueden seguir jugando al cabo de un minuto. Con los adultos, la cosa es más complicada, y la tradición de culpar al mensajero está muy asentada en todas las culturas. Malditos periodistas, pensaban y decían. Malditas cámaras de televisión que enseñan al mundo nuestras miserias pequeñísimas y lo ridículos que hemos sido.

Hay otra cosa que me inquieta sobre esta hipótesis del aburrimiento, y es que encaja demasiado bien. Cuando una explicación sobre la conducta humana suena muy convincente, hay que sospechar de ella, pues lo verosímil a menudo no es más que una forma elegante de expresar los prejuicios. La verosimilitud es una marca narrativa y se encuentra en la narración, no en los hechos narrados. Es un requisito para dotar de sentido una historia y, por tanto, es una interpretación.

Pero no depende sólo de la voluntad del narrador ni de la disposición del lector a creérsela, sino que funciona en un contexto cultural, y ese contexto se compone de arquetipos y sobreentendidos. Si el lector ha asentido en los párrafos anteriores es porque todo encaja con la idea que tenemos de la vida en un lugar aislado, aunque la mayoría jamás haya pasado más de una tarde en un sitio así. Nos imaginamos el sopor, la casa que se cae encima y la desesperación por la rutina y la falta de estímulos, y podemos componer un relato en el que todos esos ingredientes hagan que estalle la violencia. Ya hemos leído ese libro y hemos visto esa película. Es *Perros de paja*, de Sam Peckinpah. Es *Twin Peaks,* de David Lynch. Es, como dijo la reportera de Televisión Española, *Fargo*, de los Coen. La violencia de una comunidad pequeña de seres humanos reducidos a su animalidad, mezclada quizá con alcohol y drogas (no parece que sea el caso de Fago), noches largas y nieve. Es la historia que todos esperamos que nos cuenten porque nos la han contado muchas veces.

Sin embargo, si la plaza de Fago estaba llena de huellas de periodistas en aquella mañana de enero de 2007 era porque había sucedido algo excepcional. En España hay más de mil pueblos como Fago. Decenas de miles de españoles (no muchas decenas de miles, aunque sí unas cuantas) viven como se vive en Fago, pero sólo en Fago mataron al alcalde con una escopeta tras emboscarle en la carretera. ¿Por qué no hay miles de crímenes de Fago? ¿Por qué no sucede lo mismo en cada aldea de montaña del país? Hay casos parecidos en la crónica negra. El 19 de enero de 2010, alguien mató a Martin Albert Verfondern y escondió su coche y su cadáver en un monte del municipio de Petín, en Ourense. Cuatro años después, sus restos aparecieron y se abrió una investigación. Verfondern era, como Grima y como Mainar en Fago, un neorrural. Era holandés, pero se había instalado en un pueblo minúsculo del interior de Galicia donde sólo vivían dos familias, enamorado del paisaje y del modo de vida. Los conflictos entre los vecinos fueron creciendo y el holandés recibió amenazas de muerte, por lo que decidió llevar siempre encima una cámara de vídeo. En una grabación, su presunto asesino le dice: "Ya estás gordo para matarte, voy a por ti".[60]

Es otra historia que encaja en un guion de Sam Peckinpah. O, poniéndome localista, en una tragedia de Lorca. Es *Bodas de sangre*, que está basada también en crímenes reales sucedidos en Almería. Pero, de nuevo, es excepcional. Hay muchos pueblos pequeños en toda la España vacía. Sólo en unos pocos se registran asesinatos. Las tensiones y disputas, sin duda, son generalizadas, y un entorno pequeño las magnifica hasta niveles insoportables. En la ciudad todo se diluye, las cosas pierden importancia. Pero discutir y enfrentarse no lleva necesariamente al crimen. Tienen que concurrir otros factores muy especiales para que alguien apriete un gatillo. Pero Fago sólo fue noticia una vez en toda su historia, y se cree que hace mil años que está habitado. Una sola mención en las crónicas del país en un milenio. Cuando las aldeas de la España vacía salen en los periódicos nacionales siempre es en la sección de sucesos. Toda la información que recibimos de esos sitios, cuando la recibimos, es negativa. Es fácil cubrirlos de leyenda negra, imaginarlos como lugares asfixiantes donde pasan cosas terribles porque sólo sabemos que allí pasan cosas terribles. Matan a gente con brutalidad, y la matan por minucias miserables.

La tasa de homicidios en España es de las más bajas del mundo. Los juzgados condenan a unas mil doscientas personas al año por estos delitos, pero la mitad de las sentencias son por imprudencia (es decir, atropellos, accidentes debidos a una chapuza, etcétera). En 2014, por ejemplo, sólo hubo 244 condenas por asesinato. Lo cual, para un país de cuarenta y seis millones de habitantes, es bastante poco. No hay datos que indiquen que en la España rural se mata más que en la urbana, ni viceversa. En general, los españoles son un pueblo muy poco violento, donde el asesinato es algo anecdótico que está lejos de suponer un problema social. Sin embargo, persiste cierta sombra negra ligada a un pasado de brutalidad. Históricamente –no se puede negar–, el campo español ha sido muy violento y peligroso, pero hace décadas que el cliché dejó de tener sentido. Algunos de los episodios más truculentos de la crónica negra sucedieron en la España vacía, y muchos de ellos se convirtieron en películas y series de televisión, tras la estela de Lorca y sus *Bodas de sangre*. Mi generación ha crecido con la saga del Lute y con *El crimen de Cuenca,* de Pilar Miró, ambas emitidas a menudo por Televisión Española. La generación de mis padres (la que produjo esas películas) creció con *El Caso,* un semanario morboso muy popular en la España de las décadas de 1960 y 1970, donde los reporteros ponían un énfasis especial en todos los asesinatos que ocurrían en los pueblos.

Pero nada fue tan impactante como la matanza de Puerto Hurraco, ocurrida en Extremadura el 26 de agosto de 1990. Al atardecer de ese día, Antonio y Emilio Izquierdo, hermanos, salieron armados con escopetas y empezaron a disparar contra todas las personas que se encontraron por la calle. Mataron a nueve vecinos y la guardia civil tardó un día entero en darles caza. Las imágenes de los hermanos Izquierdo desconcertaron a todo el país. Eran dos seres que iban mucho más allá de lo rústico: mascullaban un castellano incomprensible y tenían una cara brutal y cavernaria. Mucho peor fue descubrir a sus hermanas, dos beatas vestidas de negro que parecían hablar a la vez, como si fueran un solo ser, y a las que los investigadores señalaron como instigadoras de la matanza. Una historia de *vendettas* añejas como había tantas en tantos pueblos. Un rencor entre familias rivales por cuestiones de tierras o qué se sabía. De hecho, fue, unos años después, argumento para la película de un director lorquiano, Carlos Saura, que tituló bíblicamente *El séptimo día.*

Puerto Hurraco, nombre que en España es ya sinónimo de salvajismo rural, sucedió en 1990, un año especial para España. Quince años después de la muerte de Franco, el país se había modernizado y los gobiernos socialistas buscaban el refrendo internacional a esa modernidad. Los españoles, por primera vez en su historia, creían vivir en un país europeo normal y avanzado. En 1989 había ganado el Nobel de Literatura el que podía ser considerado escritor nacional, Camilo José Cela. En Sevilla preparaban las obras de una exposición universal llamada a cambiar la imagen deprimente y marginal que proyectaba la capital andaluza, y en Barcelona ocurría lo mismo con los juegos olímpicos que, como la exposición, habían de celebrarse en 1992, declarado año mágico en el que España dejaría atrás para siempre su historia de atraso y miseria. Periódicos como *El Caso* habían dejado de existir o habían perdido casi todos sus lectores. Las universidades estaban llenas con los niños del *baby boom*, que aprendían inglés para triunfar en el extranjero. Cuando los hermanos Izquierdo cargaron las escopetas y salieron a la calle, el ruido de sus disparos sacó a todo un país de una siesta autocomplaciente. Ahí estaba la España negra de vuelta. Más sangrienta y brutal que nunca, inasequible a la modernidad y a la democracia. Para muchos, las caras de los hermanos Izquierdo fueron un recordatorio doloroso y vergonzante de que el pecado original ibérico no se borraba con un poco de diseño y otro poco de arte contemporáneo.

El prejuicio es anterior al éxodo. En enero de 1933, un joven periodista llamado Ramón J. Sender subió por primera vez en su vida a un avión y cruzó la Península. Contempló alelado la misma alfombra marrón que contemplan hoy quienes despegan desde el aeropuerto de Barajas y cambió la idea que tenía de su país. Le deprimió aquel barbecho interminable. Era efectivamente un mar de tierra, como cantaban sus amigos poetas y los viejos pesados de Unamuno y compañía. Sender volaba hacia el sur, hacia Sevilla. Quería llegar pronto, antes que los demás reporteros. Antes incluso que el ejército. Quería ver la escena de la matanza sin limpiar, con la sangre y los cadáveres en el suelo. Su destino era Casas Viejas, un pequeño pueblo de Cádiz donde se había producido un levantamiento anarquista, uno de tantos de los que agitaban el muy agitado campo andaluz. Los campesinos sublevados rodearon el cuartel de la guardia civil, donde se hicieron fuertes doce agentes. Un grupo de refuerzos llegó desde otro pueblo para liberarlos, lo que lograron con facilidad. Identificaron al cabecilla de la insurrección, un tal Seisdedos, y un destacamento de guardias civiles y de asalto rodeó su choza. Como en las películas del oeste, la acribillaron con disparos de rifle y ráfagas de ametralladora. Mataron a toda la familia. Pero los agentes no tuvieron suficiente y acordaron vengarse de todos los campesinos insurrectos. Fueron casa por casa buscando a presuntos anarquistas y los llevaron a rastras hasta la choza de Seisdedos. Allí les mostraron su cadáver y los de su mujer e hijos. Apresaron a doce campesinos. Les reunieron en la choza y los ejecutaron. Sender iba a cubrir como reportero una matanza que comprometía seriamente el gobierno de izquierdas de la República. Por lo visto, los asesinos habían seguido instrucciones de la Dirección General de Seguridad.[61]

Al llegar, Sender encontró un pueblo miserable, castigado por siglos de abandono, crueldad y pobreza. No le costó atribuir la matanza a una explosión de furia endémica, una manifestación ibérica del crimen, algo propio de la España bárbara y de un gobierno que trataba a los campesinos con la misma barbarie que les atribuía. Tiempo después, aquel mismo Sender, que también era un chico de pueblo crecido en las comarcas profundas y áridas que hacen frontera entre Aragón y Cataluña, escribió una novela canónica sobre los odios de la Guerra Civil en el campo, *Réquiem por un campesino español*.[62] Hay compasión en Sender. Sobre todo, compasión política. Pero hay también una conciencia inapelable de la crueldad ibérica. El campo como el espacio donde todo se exacerba, donde las emociones primarias rompen la cesura de la civilización, y tanto las víctimas como los verdugos están sometidos a una violencia ancestral que mana de la misma tierra.

La percepción es injusta, pero persistente. Todo lo malo de España viene de la parte vacía del país. Cada crimen cometido en el campo tiene un impacto en la prensa que no tienen los que se cometen en la ciudad. Hay un sustrato que Lorca sabía identificar muy bien y rimaba en tono de tragedia griega.

Yo me sentía raro en Fago porque era una de esas pocas veces en que mi trabajo confluía con el del resto de los periodistas. Conocía muchos lugares semiabandonados y recuperados por gente más o menos asimilada al neorruralismo, pero casi nunca acudía a ellos en busca de la mala noticia. Formaban parte de crónicas de viajes, de historias sobre patrimonio y ruinas, de gente extraña que se montaba una vida por su cuenta. La España vacía fue siempre para mí una mina de historias. Una mina que muchos suponían abandonada, lo cual era una ventaja, porque podía explorar en ella sin la competencia de otros buscadores de vidas ajenas. Mis crónicas y reportajes eran muy bien recibidos en las comunidades donde transcurrían, pero creo que muchos de sus protagonistas no entendían el interés que despertaban en mí. Contestaban a mis preguntas y posaban en las fotos casi por condescendencia, por no dejar en mal sitio a ese chico amable que había madrugado tanto y había hecho todos esos kilómetros para conocerlos.

A la España vacía le falta un relato en el que reconocerse. Las historias que la cuentan complacen a quienes no viven en ella y halagan dos clases de prejuicios: los de la España negra y los del *beatus ille*. Los primeros se difunden por el telediario. Los segundos, en la guía Michelin. Infierno o paraíso. No hay término medio. O los asesinos o los monjes. Aunque, según la habilidad del guionista, pueden ser monjes y asesinos a la vez.

En la película *El juez de la horca*, Paul Newman se propone impartir justicia con el lema "La ley, al oeste del río Pecos", porque se decía que allí no había ley. La España vacía, en ciertos imaginarios, queda al oeste del río Pecos. La guardia civil tardó un día en cazar a los hermanos Izquierdo en los montes de la provincia de Badajoz, y casi mueren dos agentes en el empeño. A la ley le cuesta mucho hacerse valer en esos lugares que son algo así como el bosque de los cuentos infantiles, llenos de brujas y de lobos feroces. Esto se debe a que la España vacía casi nunca se ha narrado a sí misma, se ha resignado a ser narrada.

Volví a Fago un año después. Santiago Mainar, único detenido por el crimen, cumplía prisión preventiva en espera del juicio que, a finales de 2009, le condenó a veinte años. No había ya cartel en el bar y tampoco pisadas en la nieve. El pueblo parecía vacío. Sólo un anciano, el mismo que un año antes se quitaba de encima a los reporteros como si fueran avispas, paseaba con su bastón. Nos saludamos como se saluda la gente en los pueblos y me miró de arriba abajo como la gente en los pueblos mira a los forasteros. Todo estaba silencioso y vacío. De algunas ventanas salía luz. De algunas chimeneas salía humo. La presencia humana eran indicios. Se suponía que los vecinos de Fago seguían allí, imperturbables, en medio de su valle, casi hibernantes. Mientras la nieve crujía y yo me volvía a morir de ganas de un café caliente, pensé que quienes habían elegido esa vida tan aislada también habían escogido el silencio. Quizá quisieran excluirse del relato, como la gente que no quiere salir nunca en las fotos. No querían ser contados por otros ni encajar en ningún cliché sobre la vida rural o la España negra, pero tampoco querían contarse ellos mismos. El anciano se metió en su casa y echó el cerrojo. Como si quisiera dejar el mundo fuera y muy lejos.

Muchos habitantes de la España vacía lo son por elección. La vida sería más cómoda en otro sitio, pero resisten. Incluso los ancianos que no abandonan su pueblo aunque sus hijos se empeñen en sacarlos de él. Claro que hay gente atrapada. A unas tierras cuya venta no podría financiar una mudanza, a una casa, a un trabajo, a unas raíces, a cualquier cosa. Pero una parte considerable de quienes sufren el invierno en lugares perdidos podrían mudarse a una ciudad y no lo hacen. Resisten. Y si la vida en los márgenes es una cuestión de voluntad, intuyo que también lo es que su relato quede en los márgenes. Quienes buscan ser protagonistas de la historia se presentan a la presidencia del gobierno o posan en las fotos de todas las fiestas. Quienes se retiran (o quienes se mantienen allí, sin esforzarse por ir a otro sitio) a un caserío rodeado por cincuenta kilómetros de silencio y montaña están manifestando un deseo claro y rotundo de ser dejados en paz.

No lo conseguirán. El otro puede ser un enemigo a abatir, un monstruo a domar o un miserable al que salvar, pero siempre es algo sobre lo que hay que intervenir. Pienso en la historia de una comarca española que puede ser la historia de toda la España vacía, el resumen y la metáfora de la relación que el país lleno ha tenido con el país vacío. El nombre de esa comarca despierta sensaciones brutales en cualquier español, como un reflejo pavloviano. Se llama Las Hurdes.

IV
TRIBUS NO CONTACTADAS

> –¿Aquí? –dijo–. ¡Joder, si esto es las Hurdes!
> –¿Has estado alguna vez?
> –No, joder, ni tú, ni éste, ni nadie. Por eso digo que es como las Hurdes. O sea, con las Hurdes pasa como con *El capital*, que todo el mundo habla de ellas pero nadie las conoce.
>
> MIGUEL DELIBES,
> *El disputado voto del señor Cayo* (1978)

No se sabe la fecha exacta, pero fue en diciembre de 1933, poco antes de las vacaciones de navidad. Un grupo de escogidos se congregó en la puerta del Palacio de la Prensa, en la Gran Vía de Madrid. Presentaban una invitación en la puerta y entraban en desorden. Bien abrigados en sus gabanes, se estrechaban las manos, se palmoteaban las espaldas y se abrazaban. Todos se conocían, más o menos. Estarían por allí Rafael Alberti, Federico García Lorca, si andaba por la capital, algunos ya no tan jóvenes traviesos de la Residencia de Estudiantes (la pintora Maruja Mallo, por ejemplo) y otros intelectuales más circunspectos y graves, en representación del Partido Comunista, como César Muñoz Arconada, Benjamín Jarnés y algún anarquista como Ramón J. Sender. Jóvenes impetuosos que harían piña aparte de los señorones que llegaban, quizá, de la cercana redacción de *El Sol*, como José Ortega y Gasset y el doctor Gregorio Marañón. En una esquina bromeaba muy socarrón, pero nervioso y expectante, un señor de Huesca que presumía de ser un agitador anarquista, Ramón Acín. Era el productor. La película que toda aquella gente se disponía a ver en un pase privado se había financiado con veinte mil pesetas procedentes de un premio que ganó a la lotería. Se lo había prometido a un paisano suyo unos años antes: Luis, le dijo, si me toca la lotería, te pago ese documental. Tuvo la mala suerte de que le tocara. Aquella noche de diciembre de 1933 se jugaba mucho. Luis, le insistía, mueve la película, colócala, que no quiero perder los duros. El invitado más importante de aquella velada era Gregorio Marañón. Prohombre republicano de primera hora, una de las voces más respetadas e influyentes en la España de la época, era también presidente del Patronato de Las Hurdes. En 1922 había redactado un informe sanitario sobre la situación crítica en la comarca cacereña y acompañó al rey Alfonso XIII en el viaje que hizo allí en abril de aquel año. Si a Marañón le gustaba la película, podría escribir un informe favorable para el ministerio de Estado y evitar así la censura. La explotación comercial y la exhibición en cines de la cinta dependían del resultado de ese pase privado en el Palacio de la Prensa. Por eso Ramón Acín estaba más nervioso que el propio director.

Luis Buñuel salió al escenario y dirigió unas palabras protocolarias al público. Luego, se encendió el proyector. De un gramófono empezó a salir una sinfonía de Brahms. Desde un lateral, micrófono en mano, el propio Buñuel, acompañado por la música, comentó en vivo la película de *Las Hurdes*, que entonces aún no llevaba en el título el sintagma *Tierra sin pan*. Probablemente habló sin guion, improvisando sobre unos planos que sabía de memoria.

Aquel primer montaje es parecido al que se conoce hoy, que lleva una voz en *off* del actor Paco Rabal. Media hora de película que narra un viaje desde La Alberca, en la provincia de Salamanca, a lo más profundo de Las Hurdes, en la de Cáceres. Los primeros planos muestran una fiesta popular en la que los mozos de La Alberca, montados a caballo, descabezan unos gallos. Es la frontera de la civilización. La cámara sigue viajando hacia el sur, por el valle desierto de Las Batuecas. Planos de ermitas y santuarios abandonados, flora y fauna adornando las ruinas. El espectador ya ha entrado en lo salvaje. Aún no en la barbarie. Los siguientes minutos son planos de pueblos míseros y gente famélica y harapienta. Buñuel explica su hambre crónica, su bocio y su paludismo, usando los mismos términos que el doctor Marañón en sus artículos e informes. Hay un río donde unos niños mojan unos mendrugos duros de pan para reblandecerlos.

Buñuel explica que es su único alimento y que el río es un foco de infecciones. Sigue la secuencia de la escuela. Desde su micrófono, el director cuenta que aquella escuela es como cualquier otra. Los niños aprenden geometría y a distinguir el sujeto del predicado. Y, por supuesto, aprenden moral y religión. Como en cualquier otro lugar. Quizá mira de reojo la butaca que ocupa Marañón. Quiere saber si le incomoda que diga eso, pues está claro que con ello quiere decir que el problema de Las Hurdes no es un problema de evangelización. No son salvajes, dice sin decirlo, tan sólo pobres. Pero no era eso lo que el Patronato de Las Hurdes defendía. Marañón resopla. Y la secuencia que sigue no va a ayudar a que cambie de humor. Es la famosa escena del asno que transporta unas colmenas. El burro se accidenta, las colmenas se rompen y las abejas devoran al animal, que cabecea en la cámara. Quienes han visto las dos películas anteriores de Buñuel reconocen su estilo tremendista. La cámara se recrea en el sufrimiento del burro, alterna primeros planos de su cabeza agonizante y cubierta de insectos con otros generales. Murmullos e interjecciones de asco en la platea. Los más remilgados se tapan la cara. Marañón se recoloca en su asiento, muy serio. No cambiará el gesto ante el funeral del bebé, cuyo cadáver es transportado por el río, ni ante el desfile de cretinos y enanos, ni ante el campesino que tiembla enfermo en la puerta de su casa. No hay un plano feliz, la película no da respiro. En el ambiente art-déco del Palacio de la Prensa, ante el más intelectual y urbanita de los públicos, se representa un catálogo de deformidades, muerte y miseria concentrado en treinta minutos angustiosos. Aunque hace mucho frío en aquel diciembre madrileño, una parte de los invitados está deseando salir a tomar el aire de la Gran Vía, con sus luces navideñas y su gente saliendo de las tiendas y de las coctelerías. Es la parte que no aplaude, la que no se queda a estrechar la mano del artista y a felicitarle y a llamarle genio.

Buñuel corrió a preguntarle a Marañón. Le pidió ayuda para superar la censura, pero, como casi todo el mundo intuía, se negó: "¿Por qué enseñar siempre el lado feo y desagradable? –preguntó el prócer–. Yo he visto en Las Hurdes carros cargados de trigo. ¿Por qué no mostrar las danzas folklóricas de La Alberca, que son las más bonitas del mundo?". Al menos, así lo cuenta el propio Buñuel en sus memorias dictadas en 1982, añadiendo: "Respondí a Marañón que, al decir de sus habitantes, cada país tiene los bailes más bonitos del mundo y que él demostraba un nacionalismo barato y abominable. Después de lo cual me marché sin añadir una palabra y la película siguió prohibida".[63]

Esta es una de las muchas versiones que dio Buñuel del suceso. A su amigo Max Aub le contó otra a finales de los años 60. Allí dijo que Marañón no estuvo en ese estreno de 1933, sino "ya idos los radicales" del gobierno. Se refiere a la caída en desgracia de Alejandro Lerroux, afectado por un escándalo de corrupción conocido como "el caso del estraperlo". Hasta entonces, Lerroux y sus acólitos habían sido los socios más firmes del gobierno de derechas sostenido por la CEDA. En sus conversaciones con Aub, Buñuel culpa a Filiberto Villalobos, ministro de Instrucción Pública, de ser el responsable de la censura de *Las Hurdes*. Es verosímil, dado que Villalobos era de Salamanca y probablemente se sentía aludido por el contenido de la película. Según esta versión, cuando Villalobos salió del gobierno, Buñuel pidió ayuda a Marañón, y este se la negó en términos parecidos a los citados arriba. Cambia la réplica del director de cine, que le espetó: "Habla usted como un ministro lerrouxista".[64] Si esto es cierto, Buñuel era un tirador eficaz. Pocas cosas podían ofender más al buen doctor Marañón que verse equiparado con una banda de populistas y chulos salidos de los callejones más sórdidos de Barcelona. A Lerroux le llamaban el Emperador del Paralelo porque empezó su carrera política manipulando al lumpen de proxenetas y estibadores de la capital catalana. Representaba todo lo que Marañón detestaba.

El problema de esta versión es que no encaja con la cronología que han dibujado los estudiosos de la película, como Javier Herrera, el bibliotecario de la Filmoteca que mejor conoce su historia.[65] No sé si las cosas sucedieron como las he escrito, pero las he dramatizado de acuerdo con los datos que los expertos han acumulado y ordenado con paciencia.

Ramón Acín, asesinado por los fascistas en agosto de 1936,[66] no llegó a ver cómo la película que pagó con un premio de lotería se convertía en un mito. Uno de los mitos más inverosímiles de la historia del cine si tenemos en cuenta que, hasta finales de la década de 1970, había sido vista en España por poco más de cien personas en funciones casi clandestinas y en un solo y discreto estreno oficial. Muchos hablaban y escribían sobre ella. Nadie la había visto. Se sabía que retrataba una España negra y muy miserable. Se sabía (y esto era lo peor) que se había visto en Francia, que los periódicos franceses le habían dedicado algunas páginas y que su director, el muy famoso y afrancesado comunista *Louis* Buñuel, hablaba de ella en numerosas tribunas extranjeras, manchando la imagen de España. En 1940, convertido ya en un exiliado, Buñuel llegó a Nueva York invitado por la universidad de Columbia, que organizó una proyección del filme para sus alumnos. En la conferencia previa, dijo: "Mi intención al realizar esa obra fue transcribir los hechos que me ofrecía la realidad de un modo objetivo, sin tratar de interpretarlos, y menos aún de inventar".[67]

La crítica cinematográfica, incluso la más apegada a la hagiografía, reconoce hoy que esa cinta sólo tiene de documental el nombre. Con más o menos elegancia y más o menos retruécanos, los estudiosos coinciden hoy en considerar la película como una obra de ficción que, paradójicamente, dice la verdad. Un ejemplo de uno de los mayores expertos en la obra, su restaurador y custodio en la Filmoteca Nacional de Madrid, Javier Herrera:

> No es que se mienta sino que la verdad/realidad reproducida por Buñuel no se corresponde con lo que exacta y asépticamente se entiende por verdad/realidad documental –notarialmente– entendida, sino que hay en el estricto sentido de la palabra 'actuación' y 'representación' aunque lo que se represente y lo que actúa sean verdaderos; no hay, pues (y esto es clave), ningún atisbo de 'fantasía', noción que es rechazada por Buñuel cuando dice: 'y mucho menos inventar'; hay reconstrucción de una realidad, es decir, una puesta en escena que, eso sí (aspecto fundamental), se rueda en escenarios naturales, no fingido".[68]

El párrafo que acabo de transcribir es el intento (torpe) de cuadrar uno de los círculos más molestos para los hagiógrafos de Luis Buñuel, que se expresa en dos direcciones: si el director quiso rodar un documental "objetivo", sin interpretaciones ni invenciones, ¿por qué la película es una invención casi de principio a fin? Y, si su propósito era, tal y como defienden los expertos, alcanzar una verdad cinematográfica o narrativa recurriendo para ello a los mecanismos de la ficción, ¿por qué insistió tanto, dentro y fuera del filme, en que este era fidedigno y "objetivo"? Una forma elegante y tradicional de resolver esto ha sido decir: era un surrealista, ¿qué esperaban de un surrealista? Pero creo que es Max Aub quien explica mejor las cosas. En un retrato de su amigo basado en lo que compartían y lo que les distanciaba, escribió: "Nuestra diferencia fundamental reside en la política. A él [a Buñuel] le importa más la justicia que la verdad. No a mí. Si fue o no comunista es un problema que no me atañe, que no he resuelto ni me importa. Estuvo, sin duda, al servicio de los comunistas; comunistas fueron y son sus mejores amigos y como tales –como amigos– tan importantes para él como para mí".[69] Le importaba más la justicia que la verdad y trabajó al servicio de los comunistas. Hay que entender *Las Hurdes* en ese contexto, que cualquier intelectual de los años 30 comprendía perfectamente.

Hoy, como espectadores postmodernos que han aprendido a caminar por los alambres del cinismo y la ironía sin caerse en ningún foso, podemos aceptar una interpretación generosa y sutil del filme, pero, sobre todo, una interpretación despolitizada. Podemos abstraernos del contexto de la época y percibir las líneas que unen *Las Hurdes* con *La edad de oro* y *Un perro andaluz*. Sin embargo, para un espectador de los años 30, atrapado en una Europa histéricamente politizada, si Buñuel decía que aquello era verdad, había que colgar al responsable de tanta infamia de una horca en la Puerta del Sol.

Se buscaba una reacción emocional inmediata y radical, de la misma forma que las oenegés buscaban socios con primeros planos de niños africanos cuya muerte se anunciaba inminente. Y, al igual que en muchos de estos anuncios, donde las imágenes mostradas rara vez se correspondían con el lugar y el tiempo al que decían corresponder, en *Tierra sin pan* no muere nadie. Ni siquiera el asno. Tal vez sí la cabra despeñada, que no se despeñó sola. O los gallos de la fiesta de La Alberca. Sabemos, sin embargo, que el bebé transportado de un pueblo a otro para su funeral no estaba muerto. Que la niña de quien se dice que falleció poco después del rodaje vivió una vida larga, hasta 1996. Que los temblores parecidos al baile de San Vito de aquel hombre eran una escenificación para la cámara. Sabemos, también, que las localizaciones están sesgadas, que Buñuel escogió deliberadamente las alquerías más remotas y miserables, como la de El Gasco, e ignoró las más prósperas, omitiendo cualquier aspecto que pudiera favorecer al estado, como las factorías, las cooperativas apícolas que habían sacado del hambre a unas cuantas familias o los dispensarios médicos que estaban erradicando el bocio y el paludismo. De hecho, sabemos que Buñuel tuvo que desplazar su equipo a lo más profundo de Las Hurdes Altas para encontrar escenas de miseria dignas de su documental.

Me pregunto si están justificadas las dos categorías que la crítica ha atribuido al documental: la surrealista francesa y buñuelana y la realista española. Ambas complementarias, en absoluto incompatibles. André Breton y Zurbarán. ¿No es eso, en el fondo, el cine de Buñuel? Creo que no se tienen en cuenta otras influencias, quizá porque son menos elegantes, impropias de un análisis fílmico. En otoño de 1929 se estrenó en Madrid una película precedida de un éxito notable en Estados Unidos y en Europa, *Sombras blancas en los mares del sur*. Luis Buñuel pudo verla en la Gran Vía de Madrid, en el estreno o en una de sus muchas reposiciones a lo largo de 1930 o en París en 1928, donde residía mientras preparaba *Un perro andaluz*.

En 1952, *Cahiers du Cinéma* preguntó a cien directores por sus diez películas favoritas de todos los tiempos. Buñuel citó *Sombras blancas en los mares del sur* en el séptimo lugar. Habían pasado veintitrés o veinticuatro años desde que la viera, y aún la recordaba como una de las mejores de su vida. Treinta años después, en 1982, volvió a hablar de ella en las memorias dictadas que se titularon *Mi último suspiro:* "Entre mis películas favoritas, situaré la inglesa *Dead of Night*, conjunto delicioso de varias historias de terror, y *Sombras blancas en los mares del Sur*, que me pareció muy superior al *Tabú*, de Murnau".[70] Nunca dejó de pensar en ella. Es sorprendente, por tanto, que haya recibido tan escasa atención por parte de los exégetas de *Las Hurdes*. La historia de esta película es muy reveladora. Metro Goldwyn Mayer había comprado los derechos de un libro de viajes de Frederic O'Brien titulado *White Shadows of the South Seas*. Como no era una novela, sino una especie de diario moteado de reflexiones y descripciones sobre la estancia de su autor en las islas Marquesas, el director que recibió el encargo de adaptarla, Robert Flaherty, supuso que el estudio la había comprado sólo por el título, sin sospechar que allí no había trama ni intriga ni nada. Aun así, aceptó porque conocía al escritor y creía que podría hacer algo bueno con el texto. Flaherty era una de las figuras más prestigiosas del cine de los años 20. Autor de *Nanuk el esquimal*, está considerado el inventor del género documental. Su tratamiento del paisaje y la delicadeza de su mirada sobre los personajes lo convirtieron muy pronto en un director de culto, nimbado de misterios aventureros. Antes de dedicarse al cine, había trabajado para los ferrocarriles canadienses y recorrido a pie los parajes más remotos y helados de la bahía de Hudson. De aquel espíritu pionero nació *Nanuk el esquimal*. Pero la Metro pensó en él porque acababa de rodar *Moana*, una superproducción que lo llevó a vivir año y medio en Samoa para filmar la vida cotidiana de sus habitantes. Conocía, por tanto, los mares del sur. ¿Quién mejor que él para rodarlos? Pero alguien en la Metro no lo tenía tan claro, porque le endosaron una segunda unidad con un director de la casa (en aquella época, los estudios tenían sus propias plantillas de actores y directores), W. S. van Dyke II, que había sido ayudante de Griffith en el clásico *Intolerancia* y tenía fama de profesional ágil que cumplía los plazos y los presupuestos. Es decir, todo lo contrario del moroso y *artista* Flaherty, quien pensó que le colocaban a un trepa asalariado para controlarlo.

Se llevaron muy mal, discutieron cada detalle de la producción. Flaherty quería mudarse con su familia para pasar un año largo filmando en Tahití. Van Dyke prefería decorados convencionales y planos cortos, rápidos y eficientes. Flaherty exploraba la isla en busca de su esencia, buscando panorámicas únicas, tirando metros de film en tomas inútiles. A mitad del rodaje, Flaherty dimitió y volvió a California. Van Dyke se quedó en Tahití a cargo de todo, con la confianza plena del estudio, que aplaudió al ver cómo los planes y los presupuestos se ajustaban al fin a lo previsto. Flaherty pensaba que, para hacer eso, no hacía falta llevar un equipo de cine a la Polinesia. Con cuatro palmeras bien iluminadas en cualquier plató de la Metro, valía. Van Dyke apareció en los créditos como único director de *Sombras blancas en los mares del sur*, que cuenta una historia convencional de un médico estadounidense destinado a aquellas islas, embajador del cinismo, la codicia y la corrupción de la gente civilizada, que irrumpe en el paraíso salvaje y destroza la felicidad ingenua y natural de los indígenas. Está lejos de ser un alegato antiimperialista. Tiene más que ver con el lamento de la sociedad moderna que ha perdido su conexión con la naturaleza. Digamos que Flaherty quería ser Thoreau, y Van Dyke, el Rousseau del buen salvaje. Ninguno de los dos lo fue, pero el primero se quedó mucho más cerca de su modelo que el segundo. Tras el éxito de *Sombras blancas en los mares del sur*, Van Dyke arrasó dirigiendo la saga de *Tarzán*, ya en los años 30.

Flaherty volvió a fracasar con otra película polinésica, *Tabú*, que acabó dirigida por Murnau, y se marchó de Hollywood, creyendo que en Londres le iría mejor. Este es el título que Buñuel consideraba muy inferior a *Sombras blancas*. Tras unos años oscuros en los que fue despedido de muchas producciones, encontró de nuevo la luz con *Hombres de Arán*, un retrato de la vida en las islas irlandesas. Desde entonces y hasta su muerte dirigió algunas grandes producciones, viajando siempre al lado de su mujer, libre y prestigioso. En 1950 ganó el Oscar al mejor documental por su biografía de Miguel Ángel. Un año después, como si el reconocimiento de Hollywood le hubiera colmado al fin, murió entre los lamentos de todos los titanes de la industria. Orson Welles, quizá su más destacado discípulo y el que llevó más lejos la idea del falso documental, dijo de él que fue una de las dos o tres mejores personas que han trabajado nunca en el cine. Una isla helada de la bahía de Hudson lleva su nombre.

Todo esto sucedía mientras Van Dyke facturaba millones y millones de dólares con sus películas de Tarzán, cuyo germen buensalvajista ya estaba en *Sombras blancas en los mares del sur*. Lo que me parece interesante es que, mientras Orson Welles vindica la figura de Flaherty como inventor del lenguaje documental y le reconoce su maestro y rueda célebres falsos documentales siguiendo sus enseñanzas (entre ellos, *Ciudadano Kane* o *F for Fake*), Luis Buñuel elige a Tarzán. Cuando rodó su propio falso documental no estaba pensando en las sutilezas etnográficas de Flaherty, sino en el exotismo ramplón de Van Dyke.

Durante los años en que Buñuel concibe y rueda *Las Hurdes* se ponen muy de moda dos tropos: el exotismo de los paraísos perdidos y los monstruos. Un psicoanálisis a primera vista lo explicaría como la sublimación de una sociedad decadente, a punto de colapsarse o ya colapsada por el terror bursátil de 1929 y el avance del fascismo. Los occidentales, asombrados por su propia civilización tecnológica, forrada de letreros luminosos y carreteras, la perciben muy frágil. Se saben rodeados de amenazas oscuras que pueden destruir su felicidad urbanita. Así como hoy triunfan las series de zombis y los relatos del postapocalipsis como reflejo de un mundo que percibimos a punto de ser devastado, en los años 30 triunfaban las historias de monstruos y salvajes que acechan desde la espesura, lejos de la ciudad, allí donde la luz de las marquesinas y los bulevares no alcanza. Unas veces es el hombre civilizado quien viaja a lo blanco de los mapas y encuentra allí aventuras. Otras veces, es lo salvaje lo que penetra en la ciudad, y en todas subyace el miedo a lo extraño, lo deforme, lo espantoso, que siempre está lejos y se opone a la belleza y la armonía de la civilización. Sólo en 1932, el año en que se rodó *Las Hurdes*, se estrenaron *Freaks (La parada de los monstruos)*, *Los crímenes de la calle Morgue*, las dos primeras de *Tarzán*, la primera de *Fu Manchú*, la inquietante *El malvado Zaroff*, *La isla de las almas perdidas*, *Tierra de pasión*, *Ave del paraíso*, *Vampyr* (a la sombra de *Drácula*), *Kongo*, etcétera. En 1931 se estrenaron *Drácula* y *Frankenstein*, y en 1933, las dos primeras de *King Kong*. No creo que Buñuel viera todas. Puede que ninguna. Pero la cartelera de Madrid y de París estaba saturada de monstruos, humanos deformes, simios gigantes y simios asesinos, vampiros y niños que se pierden en la selva, viajes a misteriosos y peligrosos confines llenos de indígenas hostiles, genios malvados o selvas amenazantes.

Buñuel, el surrealista, el urbanita, el parisino, el aragonés que había salido del suelo más tosco del país y había captado como nadie el espíritu mutante, sutil, ambiguo y cosmopolita de su tiempo, podía vivir al fin su propia aventura salvaje. *Las Hurdes* es un viaje de la civilización a la barbarie planteado en los términos más clásicos. El itinerario escogido revela la intención. Hasta entonces, casi todos los viajeros habían atacado la comarca desde el sur, desde Las Hurdes Bajas, pero su equipo empieza el viaje en La Alberca, el último pueblo de Castilla. En vez de adentrarse poco a poco en la comarca, se impone una transición brusca. Tras abandonar una villa medieval típica, atraviesa el desierto de Las Batuecas, un valle profundo deshabitado con ruinas que anticipan el horror. Y, finalmente, se encuentra con los monstruos, los indígenas, esa tribu no contactada que ha vivido a refugio de todas las miradas en medio de la España moderna. Como el humano y enamorado King Kong, como los nativos de *Sombras blancas en los mares del sur*, como los engendros circenses de *Freaks* e, incluso, como el aberrante monstruo de Frankenstein cuando es perseguido por el pueblo que le teme, los hombres de Las Hurdes comparecen ante la cámara de Buñuel para mostrarse humanos e inspirar compasión.

Para que la compasión funcione, tienen que desfilar lastimosos. Al límite. Como el mendigo que exhibe sus muñones para recaudar más limosnas. Buñuel aplica los códigos que los vagabundos y los productores de Hollywood saben que funcionan. *Las Hurdes* puede tener rasgos del primer surrealismo de Buñuel y puede, también, insertarse en la tradición realista de la pintura española, pero creo que, sobre todo, es una película de monstruos y aventuras exóticas muy del gusto de la época. Con forma de documental propagandístico, pero con el mismo imaginario que *Tarzán de los monos*.

En el fondo, también en esto seguía Buñuel una tradición sobre *Las Hurdes*. Si pudo rodarlas así, como quien remonta el río Congo en busca del coronel Kurtz, es porque había una tradición hurdana que lo amparaba. Ya en 1846, el *Diccionario geográfico-estadístico-histórico de España y sus posesiones de Ultramar*, de Pascual Madoz, definía a los habitantes de Las Hurdes como "raza degenerada e indolente", "borrón de la civilización española", "salvajes" e "inmorales".[71] Gigantes, enanos, prófugos, caníbales, adoradores del diablo, animistas, deformes. Se decía que no había un solo libro en toda la comarca y que tampoco había qué comer. Eran tópicos que se leían habitualmente en la prensa de la primera mitad del siglo XX y aparecían con frecuencia en el debate político. No había español de bien que no se doliese en público alguna vez por Las Hurdes y menudeaban los llamamientos a salvar las otras Hurdes españolas. Las Hurdes eran la medida de todas las miserias, todas las regiones presumían de sus propias Hurdes. En sus exigencias al gobierno de Madrid, los líderes y caciques invocaban el nombre de la comarca para hablar de sus propias comarcas miserables. Las Hurdes eran todo aquel pueblo aislado y perdido al que el estado no llegaba. Sitios por descubrir, territorios salvajes en los que a veces ni siquiera se hablaba castellano porque nunca habían tenido un maestro. Se instaba a evangelizarlos, a incorporarlos a la civilización española y cristiana. En 1932, el mismo año en que se rodó el documental, se desbarató un complot contra la República. El doctor José María Albiñana, conocido ultraderechista, fue procesado como sedicioso. Su castigo, el destierro. ¿Dónde? En Las Hurdes. Todavía en 1932, el propio gobierno (de izquierdas, con un peso fuerte del Partido Socialista) se resistía a considerar esos valles parte del territorio nacional y los trataba como una especie de Siberia peninsular donde podía mandarse a los enemigos políticos. Sólo un español tocó una nota discordante.

El andariego Miguel de Unamuno, que salía "a restregar la cara en verdura" en cuanto el calendario escolar le dejaba tres días libres, tenía que visitar Las Hurdes. Su amigo Maurice Legendre, futuro director de la Casa de Velázquez de Madrid y el más pertinaz experto en la comarca, le insistía mucho en hacerle de guía y acompañarlo. Don Miguel no podía ignorar por más tiempo que, casi a las puertas de su Salamanca doctoral y civilizadísima, fermentaba un reducto de barbarie. No hacía falta animar mucho al señor rector para que se echara al monte. A pie o a lomos de mula, Unamuno estaba encantado de sentir en su cuerpo el santo suelo de su patria. En agosto de 1914 escribió una crónica sobre una de sus varias excursiones a la zona, y la conclusión fue: no era para tanto. O sí lo era, pero no le sorprendía. A él, que había caminado por los parajes más empinados y rústicos de la Península, no le asustaban cuatro alquerías con niños harapientos. De niños sucios estaba el país lleno, y hambre se pasaba también en otras montañas. Cuando se calzó las alpargatas tenía la cabeza hinchada de leyendas, misterios y advertencias. Estaba preparado para lo peor. Por eso no es extraño que le quitase hierro. Sobre todo, porque su costumbre era quitar hierro. Se las daba de gran excursionista y de hombre sin remilgos, hecho a todo. Presumía de comer lo que hubiere y de dormir sobre cualquier suelo. Abroncaba a los señoritos de ciudad que se quejaban de la oferta gastronómica y de la incomodidad de los pajares. ¿Qué querían? Aquello era el campo.

Empieza el viaje desde el sur, por Las Hurdes Bajas, que él siente que no son las verdaderas: "¡Y con impaciencia de entrar en las verdaderas Hurdes, es decir, en aquellas de que se nos ha dicho tantas veces que los hombres casi ladran, que se visten de pieles y huyen de los... civilizados!".[72] Dicen que en Las Hurdes no había un solo libro, pero don Miguel duerme una noche en una habitación decorada "con portadas en colores de novelas por entregas". A un lado del camino entre Cabezo y Las Mestas encuentran unas heces humanas con trozos de papel de periódico al lado. ¡Periódicos y libros en Las Hurdes! Aunque fueran en versión detrito, desguazados como adornos de pared o reciclados como papel higiénico, pero había, alguien había llevado libros y periódicos al corazón de las tinieblas.[73] Y de incomodidades, subraya Unamuno, las justas: "Mas yo las cuatro noches que dormí en Las Hurdes dormí en cuatro diferentes camas y buenas, mullidas y limpias".[74] A él le gustaba dormir sobre el santo suelo de su patria. Aquellos refinamientos estaban de más. Ni leyenda, ni hombres que ladran, ni madres que asesinan a sus hijos. Unamuno no encontró allí casi nada que no hubiera visto ya en cualquier otra comarca montañosa de España. Cuando se encontraban un grupo de niños, presumían de lo bien que leían, tal y como les había enseñado el maestro. Cuando algún paisano reconocía el acento extranjero de Legendre, se interesaba por Francia y, para sorpresa de los excursionistas, sabía ubicarla en el mapa del mundo. "¡Pobres hurdanos! Pero... ¿salvajes? Todo menos salvajes. No, no, no es una paradoja lo de mi amigo Legendre, el inteligente amador de España; son, sí, uno de los honores de nuestra patria".[75]

Era el año 1914. Aún no había ninguna carretera y el estado estaba del todo ausente de la comarca. Ningún rey había pasado por allí. Las Hurdes que conoció Buñuel en 1932 eran muy distintas, con ciertas infraestructuras y diez años de inversión pública. Y, sin embargo, Unamuno dice que no hay para tanto y Buñuel dice que hay para mucho.[76]

Nadie escapa a la leyenda de Las Hurdes. Es un espíritu que posee a quienes escriben sobre ellas. Todos sienten que se encuentran ante algo que no pertenece a la civilización y se resiste a dejarse influir por ella. Ni el propio Maurice Legendre, en su estudio insuperable y seminal, lo consigue. "En cualquier otro lugar, la tierra espera a que el hombre muera para apoderarse de sus despojos, aquí la tierra lo atrapa vivo",[77] escribe en un momento de inspiración tenebrista. Y sigue: "Así, cuando después de haber atravesado las soledades de Las Hurdes, se llega de repente a algún lugar habitado, en ese pueblo típico o en sus proximidades, nunca se ven directamente los hombres, únicamente se intuye su presencia: porque el hombre aún no se ha liberado ni emancipado de la tierra".[78] Como en un filme de terror. El explorador blanco se adentra en las tinieblas, acompañado por indígenas amigos. Persiste la amenaza en el aire. Algo inaprensible, como en una novela de Stephen King. Algo atávico que está en la tierra y que devora a los hombres, los convierte en zombis. El viajero suda, desconfía. Viaja en compañía de su informante, el Tío Ignacio, un vecino de La Alberca que le guía por la comarca y le traduce al español normativo los parlamentos dialectales de aquellos salvajes. El Tío Ignacio interpreta el papel de indio bueno, el indio parcialmente civilizado que vive con un pie en el mundo europeo y otro en su mundo natal. Gracias a su habilidad, se gana la confianza de ambos. Cuando Legendre se deja vencer por el terror al contemplar a un "ser pálido con la tez verdusca a causa del paludismo, cubierto con los harapos de su ancestral miseria, y tan silencioso y mudo como el paisaje prehistórico que aplasta su pequeñez",[79] se arrima al protector Tío Ignacio, de quien depende para todo en sus viajes hurdanos. Cuentan que el Tío Ignacio se aprovechó, quizá sin quererlo, de esta relación. El Tío Ignacio era de La Alberca, un pueblo que tenía dominio político y económico sobre Las Hurdes. Al menos, hasta 1833, cuando el nuevo mapa administrativo español lo deslindó de la comarca, dejando esta en la provincia de Cáceres y al otro en la de Salamanca.[80] El Tío Ignacio, como muchos otros albercanos, tenía colmenas que dejaba en invierno en Las Hurdes. Como muchos otros albercanos, fue educado en el desprecio a sus vecinos del sur, con sus aldeas podridas, sus ropas harapientas y sus costumbres bárbaras. El Tío Ignacio pensaba que los hurdanos eran la hez de la tierra. Y, por mucho que Legendre quisiera imbuirse de la objetividad del geógrafo o de la dignidad científica del antropólogo, hubo instantes en que sintió que aquella tierra perdida y aquellos seres verdes y deformes se lo iban a tragar, y entonces se arrimaba al cuerpo reconfortante y familiar del Tío Ignacio, que le convencería, aunque él lo negase, de que esos indios eran malos. Hay muchos estudiosos convencidos de que el Tío Ignacio contaminó la mirada de Legendre, quien transcribió en términos de ciencia social todos los prejuicios clasistas (y casi racistas) que las gentes de La Alberca habían acumulado oralmente a través de siglos y siglos de dominación y desdén. Es como si un antropólogo o un periodista quisieran conocer a los tutsis de la mano de un guía hutu. O a los croatas de la mano de un guía serbio. O a los palestinos de la mano de un israelí.

Unamuno y Legendre compartían una misma pasión andariega. Maurice encontró en don Miguel a un compañero de excursiones perfecto e incansable. Ya en 1909 recorrieron juntos Peña Francia y el sur de la provincia de Salamanca, y alguien le habló entonces de Las Batuecas y de una región mitológica escondida entre pliegues montañosos. Al año siguiente, en cuanto asomó la primavera, se lanzó a la conquista de ese lugar. Desde 1910 hasta la publicación de su obra, en 1927, viajó muchas veces a Las Hurdes. Unas pocas, en compañía de Unamuno. Las Hurdes fueron desplazando en su cabeza todas las demás preocupaciones intelectuales. Se convirtió en un hurdanófilo pasional, superando en fervor a todos los hurdanófilos que ya abundaban en España. Le fascinaba que una comarca así, tan primitiva y tan buensalvajista, estuviera a un día de viaje de la Salamanca de su amigo.

Legendre describe varias veces la orografía de Las Hurdes como un mar petrificado. Las montañas serían olas en el momento de romper, congeladas como si algún dios hubiera pulsado el botón de pausa del mando a distancia. Esa imagen no es suya. Es de Unamuno y también de Azorín y Machado, y aparece hasta en Neruda, en un boca a boca poético y persistente. El interior de España, la meseta, es un océano o un mar de tierra. El símil persiste y funciona porque se refiere a un paisaje muy seco y muy alejado de cualquier mar. Pero habla también de la distancia que siente el marinero. La soledad del que sólo ve agua a su alrededor. Legendre, Unamuno, Azorín, Machado y tantos otros, al situarse en medio del paisaje, se sienten solos. Dolorosamente solos. En medio de una barbarie infinita que no tiene orillas civilizadas a la vista en ningún punto cardinal. Así se siente un apóstol o un misionero, solo en su predicación. Y Legendre podía tomar prestados (sin quererlo, probablemente) los símiles de su amigo Unamuno, pero la iluminación redentora, la soledad del predicador y la fuerza evangélica las traía de sus años de joven intelectual católico en París.[81] Legendre vino a España a salvar almas, y en Las Hurdes encontró una veta inagotable.

Las Hurdes, estudio de geografía humana fue, durante mucho tiempo, la última palabra sobre la cuestión hurdana. Compilaba todo lo que se sabía en la época del problema y su comarca y ofrecía algunas soluciones. Descartada una de las clásicas, desplazar a la población a otras tierras más salubres y echar el candado al lugar, Legendre, que había acompañado a Alfonso XIII en su viaje de 1922, creía, con sus amigos krausistas de la Institución Libre de Enseñanza, que el estado debía intervenir para ayudar al desarrollo de la región. Publicado en 1927, su libro no planteó nada que no estuviera ya haciéndose y no descubrió grandes cosas sobre una cuestión que ya era sobradamente conocida, pero tuvo dos virtudes innegables: resumir en un solo volumen todo el saber disperso e internacionalizar el problema. *Las*

Hurdes fue publicado en francés con el título de *Les Jurdes*. Fue un libro francés pensado para lectores franceses, como se aprecia por las explicaciones y el manejo de las referencias geográficas (cuando habla de los lados de los Pirineos, sitúa siempre al lector en la cara norte). Buñuel lo leyó en francés. Algunos ejemplares circularon entre los hurdanófilos españoles. Es indudable que Unamuno y Marañón lo leyeron, quizá incluso en manuscrito o en galeradas, y que ha sido muy estudiado por todos los expertos que, durante el siglo XX, se han acercado al tema de Las Hurdes. Sin embargo, al margen de esas lecturas académicas, tengo mis dudas de que circulara más allá. *Las Hurdes, estudio de geografía humana* es un libro muy citado. Aparece hasta en los manuales de bachillerato. Si se atiende a las veces que se menciona en otros libros y se compila en bibliografías, hay que concluir que fue una obra muy influyente en su tiempo. Entonces, ¿por qué permaneció inédita en español hasta el año 2006? ¿Por qué tardó setenta y nueve años en ser traducida? Y con una edición a cargo de la Editora Regional de Extremadura, ni siquiera en un sello comercial. Mi hipótesis es que a este libro le sucedió algo parecido a la película de Buñuel: influyó mucho en su tiempo, pero por poderes. Nadie vio la película de Buñuel, como nadie leyó en España el libro de Legendre, pero ambos, película y libro, se convirtieron en soportes de un mito. De la misma forma que la mayoría de los católicos no ha leído los evangelios y conoce su contenido por lo que han aprendido en catequesis, en sus clases de religión escolares y en la liturgia de los domingos en la que se leen unos pocos fragmentos y se ignoran otros, se formó en España una imagen nítida de Las Hurdes como una tierra monstruosa. Se citaba a Legendre y a Buñuel como si todo el mundo hubiera leído el libro y visto el documental. Se creó un enorme sobreentendido. Aún hoy, la película apenas se ha emitido por televisión ni proyectado en salas comerciales, más allá de ciclos específicos en filmotecas y museos, y el libro no ha agotado ni una edición en nueve años y nunca llegó a distribuirse en el circuito de librerías convencional.

Como sucede con el evangelio, el mensaje caló, si no en su letra, sí en su espíritu. Ha tenido suficientes catequistas y vulgarizadores para hacerse notar en la cultura y en la política españolas de todo el siglo xx y parte del xxi. Y si hubo alguien que entendió bien su importancia fue Franco. No Franco en sí, sino parte de la *intelligentzia* franquista de segundo orden, la que armaba de propaganda el *Nuevo Estado* impuesto tras la guerra. Por intuición, comprendieron que Legendre y Buñuel habían llegado a la misma verdad. El primero, desde su catolicismo intelectual, y el segundo, desde su militancia comunista. Salvar Las Hurdes era salvar España misma. Si funcionaban como metáfora del país, tenían que funcionar también como sinécdoque. La parte por el todo. Unas Hurdes redimidas y civilizadas darían la razón a un régimen que se proponía salvar a España de España misma. Además, permitía subrayar la incapacidad y la anarquía de la República que había hecho de la comarca leitmotiv de su propaganda pero había sido incapaz de sacarla de sus miserias atávicas. Los monárquicos y los conservadores más convencionales que sostenían el régimen (es decir, los que no renegaban del todo de la democracia parlamentaria y les costaba levantar el brazo para hacer el saludo fascista en los desfiles) se sentirían aliviados de retomar una empresa de la que fue abanderado Alfonso XIII. Sin muchas fanfarrias, pero sin abandonar nunca el propósito, durante el franquismo se fue limando la leyenda negra de Las Hurdes.

En 1964, un librito del Servicio Informativo Español, aparato de propaganda del ministerio de Información y Turismo, se proponía dar epitafio a la leyenda negra. Bajo el título de *Las Hurdes, leyenda y verdad*,[82] su autor, Leandro de la Vega, da cuenta de los éxitos del régimen. En un tono triunfal pero comedido y con esfuerzos de asepsia y rigor, se insiste en que la miseria, el bocio, los hombres verdes, los niños muertos transportados río abajo, los expósitos usados como mercancía y los lactantes que maman de los pechos de madres muertas, si alguna vez existieron, ya no se encuentran bajo las nuevas Hurdes del Caudillo.

La fecha de 1964 no es casual. En ese año, el franquismo celebró los Veinticinco Años de Paz. Un cuarto de siglo tras el final de la Guerra Civil, hasta el Partido Comunista había desistido de combatir el régimen y abogaba desde el exilio por una nueva política de reconciliación nacional. Desde dentro, la dictadura se empeñaba en demostrar que esa reconciliación era innecesaria porque ya se había producido. No quedaban en el país cicatrices de la guerra. Los pueblos bombardeados habían sido reconstruidos, los turistas extranjeros llenaban las playas y los españoles de bien compraban coches de la Seat y televisores Telefunken a plazos. El país prosperaba sin rencores ni insidias, sin meterse en política, como recomendaba Franco. Y al frente de ese discurso soleado y plácido se encontraba un ministro joven y con mucho talento para la propaganda audiovisual (algo en lo que Franco, pésimo orador y actor de presencia acartonada, fallaba): Manuel Fraga. Hablaba inglés, se entendía con los americanos y representaba las aspiraciones de las clases medias emergentes del país, que soñaban para sus hijos una carrera como la suya, diplomático y ministro a fuerza de codos y esfuerzo, desde su escondida aldea natal de la provincia de Lugo.

Fraga era hijo de un alcalde de pueblo y entendía mejor que los militares y que los señoritos del barrio de Salamanca de Madrid la importancia de una oficina de correos o de una estación de ferrocarril. Sabía que el estado no podía ser una abstracción ni un poder oscuro hecho fuerte en la capital. El estado debía hacerse ver en todos los rincones del país. Especialmente, en los más aislados. La España vacía, la que había sostenido sociológicamente el franquismo y la que sostendría a los gobiernos conservadores en el caso en que el país, como él preveía, se convirtiera en una democracia europea, merecía una atención especial, y él, como encarnación del estado, estaba dispuesto a dársela. Político amante de las cámaras, recorría muchos kilómetros visitando muchos pueblos, como si estuviera en una campaña electoral constante. Se preparaba para las campañas electorales del futuro. Era el hijo que toda madre soñaba cuando mandaba al suyo a la universidad, pero también ese hombre paternalista y de aires caciquiles que parecía entender mejor que nadie a la gente de los pueblos. Porque, ¿saben?, les recordaría en un momento de la visita, mientras compartía un vino de la tierra o aceptaba un poco de chorizo con pan del lugar, yo soy de pueblo, yo soy como ustedes.

Por eso no se olvidó de Las Hurdes. Por eso puso buen cuidado en que parte de los fastos de los Veinticinco Años de Paz enseñaran unas Hurdes modernas, con escuelas nuevas, cables eléctricos, viviendas de protección oficial gestionadas por los sindicatos y hospitales limpios. Unas Hurdes de hurdanos rollizos, bien alimentados, con muchas sonrisas para la cámara. Y por eso también, cuando murió Franco y él se postuló al fin como presidente y líder de un gran partido de derechas en una España democrática, volvió a Las Hurdes.

Franco murió el 20 de noviembre de 1975. Tras su muerte vino un invierno de zozobra y cambio, pero, en cuanto asomó el deshielo, Manuel Fraga se lanzó de nuevo a los caminos de la España vacía, a presentarse como el amigo de los pueblos. A finales de febrero de 1976, visitó Las Hurdes Altas: Caminomorisco, Martilandrán, Aceitunilla, La Fragosa y Asegur.[83] El no-do, el noticiario cinematográfico del régimen que se proyectaba obligatoriamente en las salas antes de las películas, narró el viaje con unos planos cortos y veloces en los que asoman algunas pancartas reivindicativas con leyendas como "Las Hurdes tienen sed de cultura" o "Queremos trabajar, no queremos emigrar". Todos los españoles que fueron al cine en la primera semana de marzo de 1976 vieron a Fraga abrazando a hurdanos y besando a hurdanas. De acuerdo que muchos espectadores esperaban a que terminara el no-do para entrar en la sala. De acuerdo que no se le prestaba mucha atención a ese parte rancio lleno de ministros franquistones largando discursos, pero la audiencia que consiguieron esos dos minutos sobre Las Hurdes supera con mucho a la del documental de Buñuel. Y lo que vieron los españoles en aquella primera semana de marzo de 1976 fueron unos planos panorámicos y de detalle de unos pueblos que podían ser de cualquier lugar de España. Que podían ser de sus propios pueblos.

Pero ni siquiera Fraga Iribarne con los ancianos felices y rollizos ni las fotos de postes de la compañía hidroeléctrica acallaron la leyenda negra. Incluso bajo el franquismo, la sombra de Buñuel burlaba la propaganda y persistía en las conciencias. Todavía en 1960 se publicaron unos pocos fotogramas de *Tierra sin pan*. Se usaron para ilustrar un librito de viajes, *Caminando por las Hurdes*, escrito por Antonio Ferres y Armando López Salinas en una colección de Seix Barral que seguía la estela del éxito del *Viaje a la Alcarria* de Cela con pequeñas crónicas de paseante por lugares de la España vacía. En su prefacio se lee:

> Contrariamente a lo que dicen algunos escritos, por ejemplo la edición abreviada del diccionario enciclopédico Espasa, el atraso de Las Hurdes no ha terminado. En nuestro entender, el problema de esa pequeña comarca está tan pegado a su miserable tierra que ni el Patronato de Las Hurdes, ni todas las instituciones creadas con tan noble propósito, pueden resolver rápidamente, tal como fuera de desear, el dolor de sus escondidas alquerías.
>
> Como ya han señalado otros viajeros que nos precedieron en este viaje, y nosotros mismos hemos comprobado, tras cruzar La Alberca, en la raya de Salamanca, al llegar al Portillo de la Cruz se traspasa una frontera, se da un salto en la historia. Hacia las Batuecas y hacia las altas lomas que se alzan sobre los valles hurdanos se abre un gran silencio, un callar angustioso para los que saben que hay hombres viviendo entre las angosturas de las sierras de la alta Extremadura; en la tierra sin tierra, en la triste tierra de Jambri.[84]

Persiste el mito de la frontera, la conquista, las sombras blancas en los mares del sur.

En el fondo, se trata de una lucha entre quienes creen en el estado y quienes aspiran a destruirlo o a cambiarlo por otro. Marañón, hombre de estado o prohombre, no tolera el tratamiento casi zoológico de Buñuel. No es que su mirada sea más compasiva o más puritana que la del director de cine, es que no está dispuesto a admitir que aquella barbarie es culpa de esta civilización. Una parte del país ha quedado fuera del progreso, pero eso tiene remedio. Basta con un poco de voluntad política, obligar al estado a mirar donde tiene que mirar. Pero no cree, como insinúa Buñuel, en un Leviatán perverso que mata de hambre a sus súbditos deliberadamente. Para el cineasta, en cambio, Las Hurdes son *casus belli:* un estado que permite aquello no merece obediencia ni respeto.

Ganó Marañón. El cine de monstruos y aventuras exóticas pasó de moda, pero el reformismo ha seguido vigente porque los políticos nunca han perdido el gusto de hacerse fotos inaugurando cosas. Es verdad que entrar en Las Batuecas impresiona incluso tras el parabrisas de un Citröen C4 como el que conduzco, pero no siento que atraviese ninguna frontera. Hay ciclistas, senderos forestales señalizados, papeleras, zonas de picnic. Decenas de objetos que me recuerdan en cada curva que avanzo por un paraje natural de Europa. En Las Mestas, el primer pueblo, hay restaurantes y mucha publicidad del negocio del Tío Picho, un apicultor que ha patentado varios productos y licores hechos a base de miel. La tienda parece una boutique gourmet del centro de Madrid o de Barcelona. Aire acondicionado, música suave, un lugar agradable para la degustación y productos expuestos con elegancia y embalados con diseños modernos. El Tío Picho, el mismo señor rústico que sale en las etiquetas de los frascos, está sentado en una mesa, charlando con unos vecinos. Parece que le van muy bien las cosas. Yo contribuyo a ello y me dejo treinta y cuatro euros en regalos de comer y de beber. Me asusto de la cuenta y pienso en renunciar a algo. Es demasiado dinero para cuatro caprichos y, en realidad, no me gusta la miel, pero el Tío Picho me mira de reojo. Pago sin rechistar. No seré yo quien devuelva Las Hurdes a su estado hambriento.

El triunfo de la civilización sobre la barbarie está representado mucho mejor en la hospedería Hurdes Reales, en lo alto de un cerro junto al pueblo de Las Mestas. Construida por la Junta de Extremadura en la década de 1990 sobre las ruinas de una antigua factoría que sirvió de alojamiento al rey Alfonso XIII cuando viajó a la comarca en 1922, es un monumento al socialismo extremeño de Juan Carlos Rodríguez Ibarra y a los fondos Feder de la Unión Europea. Un hotel de cierto lujo, con piscina, *spa* y restaurante, en el corazón del que llegó a ser el lugar más miserable de Europa. Uno de los pasillos está decorado con fotos del viaje que Juan Carlos I hizo a Las Hurdes en 1998. *El País* tituló su crónica: "Los Reyes ponen fin a la 'leyenda negra' de Las Hurdes con su visita".[85] El abuelo de Juan Carlos recorrió a caballo el lugar con la tasa de mortalidad más alta de Europa. Su nieto visitó escuelas, institutos, centros de salud y pequeñas empresas agrícolas. El restaurante del hotel, donde disfruto de vinos y quesos extremeños deliciosos, se llama Alfonso XIII.

En 1984 ganó las elecciones al parlamento de Extremadura un joven profesor socialista que sabía esconder sus modales universitarios para mostrarse como un hijo carismático de su tierra, orgulloso de su acento. El populismo en España siempre se ha vestido de chico de pueblo que triunfa en los estudios y vuelve a su tierra para beber vino del porrón de sus abuelos. Juan Carlos Rodríguez Ibarra se hizo con una mayoría absoluta y se convirtió en lo que pronto se llamaría un *barón:* un líder territorial con mucha fuerza y apoyo en su comunidad que le permite influir en el partido nacional. Fue presidente de la Junta de Extremadura durante casi veinticinco años. Fue el barón de los barones, y hay quien sostiene que, durante su baronesado, diseñó (quizá sin quererlo, por la propia inercia del poder y el carisma) un sistema clientelar no muy distinto al de muchos caudillos de Latinoamérica.

Para la nueva Extremadura, la que tenía una bandera, la que había descubierto una identidad, la que vindicaba su habla, había varios estigmas que eliminar. Rodríguez Ibarra triunfaba con sus promesas de modernidad. A finales de la década de 1980 empezó a sonar un grupo de rock de Plasencia llamado Extremoduro. Hacían un rock muy bronco, de inspiración punk, con cantos a la politoxicomanía y a la desinhibición sexual, asuntos muy lógicos si se conoce Plasencia y se sabe que es una de esas ciudades-catedral tan propias del interior de España (como Sigüenza, Tarazona, Segorbe o Calahorra), dominadas durante siglos por la curia y con una vida social vigilada y dictada por la iglesia. Extremoduro era la catarsis que un burgo como Plasencia necesitaba en una década en que las catedrales de la España vacía empezaban a caerse a pedazos. El propio nombre de la banda era un chiste genital a propósito del nombre de Extremadura, y su primer gran éxito se tituló *Extremaydura,* un retrato de la región en términos como estos: "Tenemos el agua al cuello / con tanto puto pantano; / las bellotas, radioactivas, / nos quedamos sin marranos". Es decir: una tierra que sufrió las dos grandes manías de Franco de inaugurar embalses y centrales nucleares, con mención especial a la destrucción del sector ganadero que había sido el sustento tradicional de la zona. Es un poco ridículo traducir en términos sociológicos y cultos una canción de Extremoduro que se explica sola, pero entiendo que no todos los lectores conocen el lugar, el grupo o las referencias, y merecen unas notas. Ruego paciencia.

Otra estrofa de la canción dice: "Tierra de conquistadores, / no nos quedan más cojones, / pues si no quieres irte lejos, / te quedarás sin pellejo". En Extremadura nacieron Pizarro y Cortés, los conquistadores de Perú y México, que el autor relaciona con la emigración laboral de los extremeños a Cataluña y a Latinoamérica en el siglo XX. La canción es una parodia escatológica del Génesis: "Hizo el mundo en siete días; / Extremaydura, el octavo. / Pa ver qué coño salía, / y ese día no había jiñado". El estribillo es lógico: "Cagó Dios en Cáceres y en Badajoz".

Al barón Rodríguez Ibarra, allí donde otros pequeños neocaciques autonómicos se escandalizaban y se ponían cursis con soflamas belicosas contra todo lo que consideraban un delito de lesa patria chica, le dio por presumir de Extremoduro. Que una región tan rural y tan tradicional, venía a decir, haya sido capaz de engendrar algo tan urbano y moderno como Extremoduro era un orgullo para todos los extremeños. Una demostración de que habían dejado atrás la miseria y el estigma, un ejemplo de europeidad. Extremadura ya no era ese territorio aislado y silencioso, sino parte medular de la cultura contemporánea. Refinando un poco el discurso histórico, había algo que unía el monasterio de Yuste, donde pasó sus últimos años el emperador Carlos (y donde se instaló una Academia Europea) y el rock de Extremoduro, pasando por la parte más presentable de la conquista de Latinoamérica: un espíritu cosmopolita, un ansia de modernidad, un deseo de proyectarse al mundo desde la dehesa. Así era Rodríguez Ibarra, un artista de la demagogia, capaz de presentar una crítica como si fuera un mérito suyo.

Ese mismo espíritu fue el que terminó por transformar la leyenda negra de Las Hurdes en una alegoría de éxito social a los sabios mandos del barón Rodríguez Ibarra. La comarca fue una obsesión propagandística que, paradójicamente, siguió la misma línea del franquismo de Fraga, aunque con más medios y más querencia por la honestidad intelectual. La tienda del Tío Picho en Las Mestas (integrado en el municipio de Ladrillar, 197 habitantes) cumple la misma función que Extremoduro. La Junta de Extremadura está muy presente en forma de logotipos por toda la comarca. Todos los servicios básicos llevan su escudo, en cada curva hay carteles con detalles de inversiones y obras. Parece que Las Hurdes están a medio hacer, pero quien las visita se lleva la sensación de que el gobierno regional las atiende bien. No queda rastro de Buñuel. Una recepcionista de la hospedería Hurdes Reales me indica un punto en el mapa donde hay un centro de interpretación de la casa hurdana. Es el pueblo donde se rodaron las escenas más famosas de la película de Buñuel, me dice. No lo apunto, y al rato me doy cuenta de que no recuerdo el nombre del pueblo, al que quiero ir. Me acerco a la recepción, pero han cambiado el turno y lo atiende otra chica. Mira, le digo, tu compañera me ha indicado un sitio donde hay una casa hurdana tradicional, pero no recuerdo el nombre del pueblo, me ha dicho que fue donde Buñuel rodó algunas secuencias. La chica se excusa: no sé, no tengo ni idea de dónde rodó Buñuel. Me doy cuenta de que nadie sabe o nadie quiere saber. No es algo que interese. Junto a la información turística, en la hospedería se venden algunos libros sobre la comarca, incluido el de Legendre, con el que viajo (hago una estampa rara cuando lo leo al final de tarde, subrayando con un lápiz, en una tumbona de la piscina, rodeado de familias con niños que gritan y salpican). Ninguno de los libros hace referencia a Buñuel. No me atrevo a hablar de *omertà*, pero se nota que el gobierno regional procura obviar toda referencia al documental maldito. Nadie más me hablará de Buñuel durante el viaje.

El pueblo se llama El Gasco y está en lo más hondo de Las Hurdes Altas. Cuesta llegar incluso hoy, por una carretera muy estrecha y curvosa que termina en la plaza. Se sale del lugar por el mismo sitio por el que se entra, es un culo de saco. El periodista Luis Carandell contaba que, a comienzos de los años 90, cuando Extremoduro ya reinventaba los himnos extremeños, el agua corriente aún no había llegado allí, por unos litigios con el dueño de unas tierras por las que debían pasar las tuberías.[86] Tomo café en un bar oscuro y muy sucio, de una suciedad difícil de creer en 2015, y pregunto por la casa hurdana. Nadie me da razón. En la plaza, un anciano que podía haber salido como niño figurante en *Tierra sin pan* me señala vagamente una cuesta y me dice que cree que está por allá, pero que hace mucho que nadie la visita. Al encontrarla, lo compruebo. Está cerrada. Desde fuera puede verse algo del interior a través de las ventanas, que tienen mucho polvo y telarañas. Y es verano, temporada alta.

La casa hurdana, por mucho que se edulcore en términos museográficos, es una casa miserable. Una choza de piedra. Recuerda con demasiada viveza la miseria no tan olvidada, los fríos que los viejos de la plaza aún sienten en los huesos. La casa recuerda a Buñuel. La calle recuerda a la película. El Gasco entero parece un plano del filme. Quizá por eso la han dejado caer en el olvido. Nadie la va a echar de menos, como nadie echa de menos los tiempos de los monstruos, los enanos y el bocio.

En el terreno académico, la Junta también ha hecho un esfuerzo grande por borrar el último hollín de la leyenda negra. En 1988 se dio el primer carpetazo con el II Congreso Nacional de Hurdanos y Hurdanófilos, que se celebró en Casar de Palomero. La cita quiso emular el primer congreso, que tuvo lugar en Plasencia en 1908, ochenta años antes, con dos notables diferencias: que se celebraba en Las Hurdes y no en una ciudad cercana, y que incorporaba en el nombre a los hurdanos. El primero se llamó Congreso Nacional de Hurdanófilos. Los hurdanos, objeto de la discusión, no estaban invitados a participar en ella. Se trataba de un asunto filantrópico entre obispos, intelectuales católicos y catedráticos. En términos narrativos, el cambio es muy drástico y equivale al paso de una tercera persona falsamente omnisciente a un narrador en primera persona. En 1988, los hurdanos iban a contar ellos mismos su historia, algo que se ratificó en 1994, cuando la revista *Alcántara*, editada por la diputación de Cáceres, publicó un denso monográfico de más de cuatrocientas páginas donde se compilaba todo el saber sobre el tema desde la historia, la geografía, la economía, la literatura, la antropología y la demografía. Aún hoy, ese número es una fuente de información más rica que el propio estudio de Legendre, que refuta casi en su totalidad.[87] En diciembre de 2006 se celebró el tercer congreso en Caminomorisco, mucho más adentro de Las Hurdes, y montado ya desde organismos de la propia comarca: "Con el congreso queremos mostrar Las Hurdes de la normalidad. Nuestra comarca con nuestras dificultades pero orgullosos de lo que hemos sido capaces de hacer en los últimos veinte años y que estamos al nivel que cualquier comarca de Extremadura", dijo entonces a la prensa Gervasio Martín, presidente de la Asociación para el Desarrollo de la Comarca de Las Hurdes.[88] El número especial de la revista *Alcántara* se abría con un texto titulado "Las Hurdes *no* son diferentes". El mensaje queda claro.

Cuando el relato pasa de la tercera a la primera persona se disuelven las sombras blancas en los mares del sur. Ya no hay indígenas, ya no hay tierras olvidadas por descubrir, porque los hurdanos nacieron descubiertos. El cambio de narrador es una cuestión moral, pero la moral rara vez tiene que ver con la verdad. Sí con la dignidad y con la legitimidad de adueñarse de la propia historia, lo que en jerga feminista se diría *empoderarse*. La diferencia entre contarse y ser contado es la misma que hay entre la de ser dominado y dominarse uno mismo. Pero las primeras personas adolecen de otras flaquezas que tienen que ver con el embellecimiento y la idealización. Los autorretratos tienden a la condescendencia, no son espejos, y los relatos de miseria suelen parecerse.

Lo aprendí con una historia hermosa que me sucedió con mi novela *Lo que a nadie le importa*.[89] Una parte central del libro transcurre en el barrio de Embajadores de Madrid. La calle Embajadores es una cuesta muy larga cuya cima está en Lavapiés y cuya base está casi en Vallecas. Todos los que vivían en ella en las décadas de 1950 y 1960 eran pobres, pero unos eran más pobres que otros. Cuanto más cerca del final, más pobres. En la cima había corralas y viviendas modestas. En la base, chabolas. Mi familia vivía en el Portillo, después de Lavapiés, junto a una tapia que separaba su barrio del de más al sur. Pues bien, un día comí en un restaurante del norte de Madrid con los músicos Víctor Manuel y Ana Belén. Víctor me había presentado el libro un tiempo atrás y Ana lo acababa de leer. Estaba entusiasmada porque ella había crecido en la calle Embajadores, pero en el tramo alto, el de Lavapiés, y recordaba que su madre le prohibía jugar con los niños del Portillo. Es decir, con los que vivían en el siguiente tramo de la cuesta. Porque eran más pobres y, por tanto, gente de poco fiar, chusma. Es decir, que mi madre y Ana Belén no jugaron juntas por una prohibición materna, pero crecieron muy cerca la una de la otra. Cuando se lo conté a mi madre me confesó riendo que a ella le sucedía lo mismo, pero con los niños que vivían más abajo, al otro lado de la tapia. Mi abuela le prohibía mezclarse con ellos. Y así me imagino que sucedería con cada tramo de cuesta, en una estratificación perfecta. Incorporé la anécdota a las charlas y a los clubes de lectura que daba sobre el libro, pues comprobé que gustaba.

Me dispuse a contarla en un encuentro con lectores en un centro cultural en Getafe, al sur de Madrid, cuando me vi interrumpido por la mirada severa y dolida de una anciana. La mujer rondaría los ochenta años. Me habían prevenido. Se había sentido muy ofendida por algunos pasajes de la novela, pero no me habían dicho cuáles. Le cedí la palabra con miedo, pero intentando sonreír mucho. La mujer habló con un punto de rabia que me conmovió. Vamos a ver, me dijo, ¿a ti quién te ha dicho que los que vivíamos al sur de la tapia de Peñuelas éramos gentuza? ¿Quién eres tú para decirnos eso? Éramos trabajadores pobres, gente honrada que venía de Andalucía a ganarse el pan, ¿a ti quién te ha dicho que llevábamos navajas y robábamos?

Tragué saliva, sentí en mí las miradas impacientes de todo el grupo, unos veinte o treinta lectores. La animadora sufría más que yo, me miraba avergonzada, como pidiéndome perdón. Busqué el tono de voz más cariñoso que pude encontrar y procuré explicarle con mucha calma que yo no escribí eso, que estaba proyectando el miedo que sentía el personaje, a quien otros personajes le decían que no debía mezclarse con esa gente. Le expliqué que intentaba reflejar cómo los prejuicios y los terrores inculcados llevan al clasismo y, a veces, a la violencia. Que las ciudades se estratifican y que los ricos temen a los pobres y buscan protegerse de ellos no sólo con tapias y alarmas, sino con leyendas en las que los pobres hacen el papel de lobos y ogros. Sentí que la mujer se ablandaba. Me entendió. Dejé de sudar, aliviado.

Historias como esta me han enseñado que a los pobres no les gusta ser contados por extraños y que, cuando consiguen contarse a sí mismos, escoran el punto de vista hacia la dignidad, el esfuerzo y la honradez. Los pueblos y los barrios pobres están llenos de gente esforzada que se ayuda y se quiere, son casi églogas en las que el mal, cuando entra, irrumpe desde fuera (¿de un barrio más pobre, tal vez?). Eso ha pasado con Las Hurdes. El relato ha cambiado del género de aventuras y de terror a la autobiografía edulcorada. Ambas aproximaciones, sin duda, tienen sus defectos y faltan a la verdad intencionadamente. A la verdad entendida como una forma de mirar que aspire a ver lo que se encuentra ante los ojos y no lo que se espera encontrar. Pero, de las dos formas de acercarse, la segunda es moralmente muy superior, por muy imperfecta que sea. Aunque produzca señoras que se ofenden en los clubes de lectura por injurias que sólo están en su imaginación. Pero es preferible un pueblo susceptible a un pueblo que no tiene forma de responder al relato que otros hacen de él.

La paradoja de Las Hurdes es que la narración autobiográfica coincide con la franquista. En casi nada se distinguen los alegatos del Servicio Informativo Español de las inauguraciones triunfales de Rodríguez Ibarra con sus visitas reales que ponen fin a la leyenda negra. Apenas hay diferencias entre la filmación del no-do con la visita de Fraga en 1976 y las fotos de la prensa regional de cualquier visita de Rodríguez Ibarra. La comarca ha hecho suya esa historia no porque sea más real, sino porque le sienta mejor.

Un ciclomotor baja entre los pinos hasta el azud. Lo conduce un labriego mayor. Sesenta años, quizá cincuenta. El campo envejece. Es grande y gordo, pero ágil. Entre sus piernas, la vespino parece de juguete. Vehículo y conductor hacen una figura cómica, como de autos locos. Los veo desde mi orilla, en la provincia de Cáceres. Él está en la de Salamanca. El río marca la frontera entre Castilla y Extremadura, una línea más imaginaria que cualquier otra. Nadie le concede importancia. Hasta los letreros que marcan los límites en el puente parecen oxidados, indiferentes. Nominalmente, el hombre está en Salamanca, pero está en el mismo sitio que yo. Se apea del ciclomotor, traba la pata de cabra y, con un ansia que sólo he visto en la escena sexual de *El cartero siempre llama dos veces*, se quita la camiseta, se arranca los vaqueros, lanza lejos las zapatillas deportivas y se tira al río, que en realidad es una especie de piscina muy quieta creada por el azud. Parece que al hombre le quemaba algo. Aunque no alcanzo a ver su cara, la adivino aliviada, como si se hubiera quitado de golpe un calor de siglos.

Yo, que me he levantado friolero y no me atrevo a meterme en el agua, siento de inmediato la necesidad de sumergirme. Me quito la camiseta, dejo las gafas junto a la toalla y me lanzo también al río Ladrillar. Hago el muerto, floto con las orejas dentro del agua. Mis oídos oyen el río y mis ojos ven los pinos de la orilla, el puente y un cielo con nubes algodonosas. No se puede estar mejor. No hay sitio más bello. No hay baño más fresco que este. Oigo un ciclomotor. Me vuelvo. El labriego se ha montado en él, sin secarse y sin ponerse la camiseta, y huye ladera arriba. Ha dejado en el río todo su calor y toda su angustia y ahora se marcha ligero. Yo también me siento leve. Es verano. Hay niños bañándose, las terrazas están llenas de gente tomando cerveza, jubilados en forma hacen senderismo por el camino que lleva al meandro del Melero. Todo es amable, todo es suave. Me contagio de una forma muy sencilla de felicidad que respiro en el aire. Una prosperidad moderada, como de vacaciones sindicales de balneario.

Luego comeré cabrito en una terraza junto al río Ladrillar. Lo preparan al horno, especiado, con la piel crujiente. Lo acompañaré de un vino que embotellan cincuenta o cien kilómetros más al sur, y la gente a mi alrededor comerá cosas parecidas con vinos similares. Nada especial. La normalidad de un valle hermoso de un rincón de Europa visitado por unos pocos turistas corteses y bienhumorados. Si me parece excepcional es porque, hace sesenta años, las gentes de estos pueblos sólo comían cabrito cuando un animal se despeñaba. En 1922, el doctor Gregorio Marañón recorrió la comarca y apuntó en su cuaderno, al paso de cada pueblo: "hambre crónica". El bocio y el paludismo eran endémicos. Registró decenas de patologías relacionadas con la desnutrición, aquí, en este mismo sitio donde como cabrito. Yo puedo devorar mi plato sin que un niño raquítico me interrumpa para pedirme una perra chica. Marañón, después de detallar la dieta miserable y las enfermedades de los vecinos de un pueblo, anotó en su diario: "Comida con cochifrito magnífica".[90] No había más que patatas y mendrugos de pan duro en el pueblo, pero para el doctor y sus amigos sí que había cochifrito. Marañón no hace ningún comentario. Le sentó bien la comida. A mí también me sentará bien, pero entre las dos digestiones hay dos países extranjeros que, aunque ocupan el mismo lugar en el mapa, no se parecen en nada.

V

MARINEROS DEL ENTUSIASMO

> ¡El día que España esté a la altura de su paisaje!
>
> FRANCISCO GINER DE LOS RÍOS

Cabeceo mientras escribo y apenas me doy cuenta de que caigo en el pensamiento mágico, que vuelvo a jugar al narrador omnisciente, al demiurgo. Porque una cosa es deducir y conectar puntos, estableciendo antecedentes y consecuentes, explicando el hoy por el ayer, como hacen los historiadores, y otra muy distinta encontrar señales esotéricas y contagiarse de la mística hurdana, como me está sucediendo. Resulta que la primera misión pedagógica española tuvo como destino Las Hurdes. Cuando los pedagogos modernos se propusieron rescatar al campo español de su ignorancia, empezaron por la comarca maldita. Y yo lo veo como una señal que da sentido a todo.

En realidad no fue en Las Hurdes, pero a mi historia le conviene que lo sea. La primera misión pedagógica fue la de Ayllón, en la provincia de Segovia, donde los misioneros llegaron en diciembre de 1931. Sin embargo, el año anterior se había celebrado una expedición a Las Hurdes. Nada oficial. Aún no existía el Patronato de las Misiones Pedagógicas, no había ningún apoyo del estado, fue poco más que una excursión de las muchas que se organizaban desde la Institución Libre de Enseñanza, pero en la historia quedó como el primer viaje de aquellos señoritos de ciudad que se empeñaban en llevar la cultura a las aldeas y demuestra, además, que no fue un proyecto exclusivamente republicano, sino que llevaba décadas planeándose. La República sólo aceleró y organizó algo que ya estaba en el ambiente de la época.

Rebobino. Necesito irme unas décadas atrás para coger perspectiva. Me marcho al año 1875, crucial de la historia de España. Galdós empieza a publicar la segunda serie de los *Episodios Nacionales* mientras termina de pulir *Doña Perfecta*. Aún flota en el aire el polvo que el caballo del general Pavía levantó al entrar en el congreso de los diputados y finiquitar la Primera República. Tras seis años de revueltas, griteríos y generalazos, hace más de un año que no pasa nada. Los borbones vuelven a sus palacios, y los caciques a sus pucheros. Hasta el catolicismo quiere volver después de unos vaivenes ateos. El nuevo ministro de Fomento, Manuel Orovio, resucita un decreto que suprime la libertad de cátedra y prohíbe impartir en la universidad lecciones contra la doctrina cristiana. Un grupo de catedráticos liberales se niega a acatar la orden y el nuevo gobierno, con tolerancia exquisita, los destituye y los manda a la cárcel. El país está en calma gracias a unos ministros que usan las celdas como sedantes sociales.

Uno de esos profesores era un joven catedrático de Filosofía del Derecho nacido en Málaga llamado Francisco Giner de los Ríos. Tras su paso por la cárcel, reunió a algunos librepensadores afines y propuso montar en España una universidad al estilo de la Universidad Libre de Berlín. Un año después empezó a funcionar en Madrid la Institución Libre de Enseñanza, el proyecto de renovación pedagógica más importante de la historia contemporánea del país. Los vientos gubernamentales soplaron a su favor. El sistema oligárquico diseñado por Cánovas dio a España una estabilidad, reforzada por una insólita fase alcista de la economía mundial, que se recuperaba de la crisis de 1873 y enfilaba un periodo de riqueza que sólo se interrumpió con la guerra de 1914, y esa tranquilidad permitió que el centro trabajase sin sobresaltos y fuera creciendo y afianzándose hasta convertirse en un pilar cultural. No se entiende nada de lo que sucede en la literatura, el arte y el cine españoles de la primera mitad del siglo XX sin la Institución y todo el entramado pedagógico que inspiró. Sobre todo, sus dos ramas principales, la Junta para la Ampliación de Estudios, que becaba a profesores para que se formaran en el extranjero, y la Residencia de Estudiantes. Es paradójico que Giner de los Ríos tuviera que agradecer el éxito de su plan a los mismos que lo habían metido en la cárcel, pero, sin esa larga etapa de paz y prosperidad que los libros de texto llaman la Restauración, muchas de las instituciones básicas del estado moderno español no habrían podido implantarse, incluyendo al Partido Socialista, fundado en 1879, y el primer sindicato obrero, la UGT, en 1888. A la sombra de la paz corrupta y cleptómana de esos señores con barba que se alternaban en el gobierno a base de pucherazos y negocios con caciques casi feudales, creció lo mejor, más moderno y necesario de la España que hoy conocemos.

Creció, claro, en las ciudades. Entre 1875 y 1923, o quizá 1930, los campesinos españoles contemplaron cómo algunas ciudades crecían prodigiosamente (aunque sin el desborde de los peores años del éxodo posterior), mientras sus villorrios seguían aislados y sometidos a los mismos nobles que habían expulsado a los moros en la Edad Media. Barcelona rompió las murallas y se desbordó en el Ensanche de Cerdá. Madrid sufrió su primera fiebre de especulación inmobiliaria. En *Fortunata y Jacinta*,[91] Galdós cuenta cómo se construye Chamberí y los campos del norte se convierten en calles burguesas mientras en el sur, más allá del Rastro, se amontona la mugre pobretona de las primeras fábricas. Unos campesinos dejan de serlo para empezar el primer éxodo rural. Otros se quedan en sus pueblos a matar el hambre con pan negro. Ambos aprenden a odiar esas nuevas babilonias donde su forma de hablar, de moverse y de vestir son despreciadas. Esto no es nuevo, está en la mitología milenaria del campo. Está en la Biblia. Dios castigó a los babilonios que se creyeron tan soberbios como para construir una torre en Babel. Las ciudades son el mal. El mismo cura insiste en su carácter satánico cada domingo en la iglesia. No es nuevo que los pueblos miren con desprecio, miedo y odio a unas ciudades que, cuanto más crecen, más desprecio, miedo y odio inspiran. El cambio que se produce en 1876 es que algunos de los habitantes más refinados y urbanitas de esas torres de Babel van a empezar a mirar el campo. Y lo van a mirar como si lo contemplaran por primera vez. En muchos sentidos, lo van a descubrir.

Se ha escrito mucho sobre la afición excursionista de Giner de los Ríos. Venía de Alemania, donde se había empapado del romanticismo y de esa forma de nacionalismo que consiste en amar el país a través de la suela de los zapatos. Desde principios del siglo XIX estaba de moda entre los ilustrados europeos tocados por lo romántico, especialmente por los académicos iluminados por la gracia de Alexander von Humboldt. Cuando llegó a España hacía décadas que era algo común y muy desarrollado en Francia, Alemania y, especialmente, Gran Bretaña, donde lo refinaron hasta hacerlo arte. Lo que tuvo Giner a su disposición y no tuvieron otros aficionados españoles al paseo campestre fue la oportunidad. Si los alumnos de la Institución Libre de Enseñanza pudieron echarse al monte fue porque los que se habían echado al monte con armas antes que ellos ya no estaban. En los sesenta y ocho años que van de 1808 a 1876 España sufrió una invasión con guerra de liberación, otra invasión para reponer el absolutismo, tres guerras civiles, doce golpes de estado militares, una revolución liberal y otra cantonalista. Las ciudades eran seguras, pero nadie podía garantizar la vida de quienes se adentraban por unos caminos malos (apenas había ferrocarriles) frecuentados por partidas de bandoleros, carlistas, soldados que volvían del frente a favor de uno u otro general, revolucionarios de todo tipo y guerrilleros en armas contra cualquier gobierno. La Restauración terminó con eso e hizo que, por primera vez en muchos años, pasear por el campo fuera seguro. Hasta 1936 no hubo otra guerra en el territorio metropolitano[92] y, salvo algunos atentados políticos, bombas anarquistas, huelgas reprimidas con violencia y algún que otro fusilamiento bárbaro de disidentes, como el del pedagogo catalán Ferrer i Guardia, en España no pasó nada que no sucediese en cualquier otro país europeo o en la Nueva York de aquellos mismos años.[93] Giner de los Ríos conoció España porque la situación de calma y prosperidad permitió que se conociera a pie o a caballo, con medio queso y una hogaza en el morral y toda la despreocupación del mundo. Cuando uno sabe que es poco probable que a la vuelta del camino le rajen el cuello, el paseo se hace mucho más agradable e instructivo y se puede apreciar la flora, la fauna, el perfil de las montañas y las pequeñas sorpresas arquitectónicas que salen al paso en los pueblos.

No es casual que los dos promotores del excursionismo en España apareciesen en el mismo año, 1876. La ya citada Institución Libre de Enseñanza y el Cercle Excursionista de Catalunya. Aunque para la primera los paseos eran una herramienta pedagógica y no un fin, como sí lo eran para el segundo, ambos coinciden en una idea muy parecida de esta moda que importaron de Europa. Se trataba de descubrir el paisaje para construirlo después e incorporarlo a una visión nacional. Se trataba, como dicen en Cataluña, de hacer país. La paradoja es que el país tenía que estar hecho para poder caminar por él. La enseñanza peripatética fue un rasgo fundamental de la Institución Libre de Enseñanza. En el programa de estudios de 1930 se decía: "Cursos completos hay, verbigracia, los de historia del arte, que se dan a veces, casi exclusivamente ante los monumentos y los museos".[94] Con el tiempo se fue refinando el plan de excursiones que se exigía a los alumnos, que no podían amodorrarse en el aula y salían cada dos por tres con los profesores a gastar suela por España. Según los archivos de la institución, sólo en un año, 1880, se programaron doscientas veinte excursiones.[95] Nada mal, si se tiene en cuenta que un curso escolar rara vez supera los doscientos días lectivos.

Había un utilitarismo directo y muy fácil de entender: ¿para qué aburrirse una mañana cualquiera explicando en la pizarra las características del arte románico o el soplado del vidrio cuando se podía visitar una iglesia o ver a un soplador de vidrio en plena faena? Eso era obvio, no hacía falta insistir en las ventajas didácticas del excursionismo. Pero había un trasfondo mucho más sutil que quizá no todos los alumnos percibían aunque sin duda terminaba calándoles. El patriotismo.

Las excursiones eran un acto de amor, una peregrinación a lugares santos. Toda la retórica del peregrino cristiano se traslada sin esfuerzo al discurso laico y modernizante de Giner de los Ríos. En 1886 escribió: "Jamás podré olvidar una puesta de sol, que allá en el último otoño, vi con mis compañeros y alumnos de la Institución Libre desde estos cerros de las Guarramillas... No recuerdo haber sentido nunca una impresión de recogimiento más profunda, más grande, más solemne, más verdaderamente religiosa".[96] La Jerusalén y La Meca de estos devotos se llamaba Guadarrama.

España se fue descubriendo en círculos concéntricos en torno a Madrid. Cada vez se atrevían a alejarse más en sus excursiones, pero nunca abandonaron su primer amor, la sierra que convirtieron en santa y a la que dieron nombre. Fundaron incluso un refugio en Navacerrada, El Ventorrillo, y en 1932 levantaron un templete o una imagen mariana para venerar, la Fuente de los Geólogos. El culto tenía incluso su curia, la Sociedad para el Estudio del Guadarrama, presidida por el propio Giner, con su delfín Manuel Bartolomé Cossío al lado. Como los miembros de una tribu paleolítica, los institucionistas se postraban ante las diosas montañas.

Sin embargo, nadie expresó tan bien el sentimiento de la nueva religión excursionista como un profesor que no fue de la Institución, pero mantuvo siempre relaciones íntimas con su entorno y fue instruido en los mismos ideales pedagógicos leídos en la obra de Karl Krause. Es un viejo conocido de este libro, que me obliga a volver a él una y otra vez, Miguel de Unamuno. Se me aparece hasta en sueños. Ya he dicho que al filósofo le gustaban mucho dos cosas: pisar el "santo suelo" de su patria[97] y otra, un poco más estrafalaria, "restregar" la vista "en frescor de verdura".[98] No me imagino a don Miguel frotándose plantas en los ojos, por muy frescas que estuviesen. Quizá no fue la imagen más acertada de su obra, pero expresa la pasión de una vida con una mezcla curiosa de zafiedad y cursilería.

"No, no ha sido en libros, no ha sido en literatos donde he aprendido a querer a mi Patria: ha sido recorriéndola, ha sido visitando devotamente sus rincones".[99] La patria entra en el cuerpo como una comunión que no se toma por la boca, sino por los ojos, con la vista restregada en frescor de verdura. Es una prueba de fe, una iniciación y, finalmente, una conversión. A la vuelta del camino, al excursionista no le queda más remedio que sentirse patriota. Ha tragado el polvo de la patria, se ha dejado los pies en el santo suelo de la patria, lleva agujetas de la patria y seguramente también estiércol y mugre de la patria. Todo él está cubierto de patria. La patria y el excursionista son una misma cosa, inseparable e indistinguible: "Para conocer una patria, un pueblo, no basta conocer su alma –lo que llamamos su alma–, lo que dicen y hacen sus hombres; es menester también conocer su cuerpo, su suelo, su tierra. Y os aseguro que pocos países habrá en Europa en que se pueda gozar de una mayor variedad de paisajes que en España. Costas llanas y mansas y costas bravas de rocosos acantilados, vegas y llanuras, páramos desiertos, montañas verdes y sierras bravas..., de todo, en fin".[100]

Unamuno había leído *Oberman*, una novela de Étienne Pivert de Senancour escrita en 1804. La trama, un amor romántico no correspondido en la estela del *Werther* de Goethe, es lo de menos. Lo importante son sus descripciones, sus largos remansos poéticos y reflexivos y sus meditaciones frente a las montañas. *Oberman* es una novela alpinista. Su protagonista escala montañas altas, se pierde en los picos y termina consolando su inconsolable soledad en otra forma de amor, el amor al paisaje. Antecedente europeo de Thoureau, abrió a los lectores del siglo XIX una nueva mirada al desierto, al escenario de la barbarie. Unamuno no sólo había leído esa novela, la llevaba a todas partes, la citaba con frecuencia, la releía en sus excursiones solitarias, sentado en un risco o tumbado en el santo suelo de la patria. Unamuno se creía Oberman, pero sin amor desdichado. Otros hubieran disfrutado de la novela o la hubiesen recomendado a sus amigos o propuesto para un club de lectura. Unamuno, que era un prohombre o aspiraba a tal, la utilizó para aconsejar al gobierno. *Oberman* hace patriotas. *Oberman* tiene el secreto para incendiar los corazones de amor nacional: "Por razones de patriotismo deberían fomentarse y favorecerse las sociedades de excursionistas, los clubs alpinos y toda sociedad análoga".[101]

"¡El día que España esté a la altura de su paisaje!",[102] suspiraba Giner. Sánchez Barbudo, un gran discípulo de la Institución, hablaba de conocer la "dolida, profunda España", y el pintor Ramón Gaya encontraba en los pueblos perdidos una "pureza de España" que se había perdido en las ciudades. La cita de Giner en la que expresaba su emoción "verdaderamente religiosa" ante las soledades del Guadarrama seguía con una reflexión en ese sentido: "Y entonces, sobrecogidos de emoción, pensábamos todos en la masa enorme de nuestra gente urbana, condenada por la miseria, la cortedad y el exclusivismo de nuestra detestable educación nacional a carecer de esta clase de goces, de que, en su desgracia, hasta quizá murmura, como murmura el salvaje de nuestros refinamientos sociales; perdiendo de esta suerte el vivo estímulo con que favorecen la expansión de la fantasía, el ennoblecimiento de las emociones, la dilatación del horizonte intelectual, la dignidad de nuestros gustos y el amor a las cosas morales que brota siempre del contacto purificador de la Naturaleza".[103] El viejo tropo, la alabanza de aldea y el menosprecio de corte mezclado con ese misticismo tan de andar por casa de fray Luis de León y los pocos sabios que en el mundo han sido. En el fondo, otra vez el mito de Babilonia. La soberbia de las ciudades merece un castigo de Dios si los enloquecidos urbanitas no se enmiendan pronto y vuelven a la vida sencilla y verdadera del campo. El contacto con la naturaleza, que Giner escribe con mayúscula (y la mayúscula es la forma ortotipográfica que tiene el castellano de sacralizar las palabras), es "purificador", pero tiene unos riesgos de contacto humano que no calcularon.

Vuelvo a Las Hurdes. La comarca extremeña estaba envuelta en leyendas de monstruos y gigantes, al menos, desde el siglo XV. Quien se adentraba en esos valles lo hacía cargado de prejuicios de siglos. Pero los excursionistas que empezaron a recorrer el país a pie o a lomos de mula en los últimos años del siglo XIX descubrieron muchas Hurdes. No me refiero sólo a los institucionistas, sino a los clubes alpinos y andariegos que surgieron en las principales ciudades del país. Les animaba la búsqueda de ese contacto "purificador" con la diosa naturaleza, pero pronto descubrieron que la España vacía no lo estaba tanto. Aquí y allá había pueblos, villorrios y aldeúchas. En los montes más inverosímiles y en los yermos más feroces había gente rústica que vivía en condiciones medievales. Sin agua corriente, sin electricidad, sin una sola de las comodidades que ya eran comunes en Madrid, Barcelona, Valencia o Bilbao. Trabajaban unas tierras miserables, a menudo arrendadas en condiciones de esclavitud feudal. Eran siervos no muy distintos a los de los libros de Gógol. Harapientos, brutales, desconfiados. Niños sin escolarizar rodeaban a los excursionistas pidiéndoles una perra chica o un trozo de queso. Ancianos famélicos sentados en carasoles, madres con mil hijos, labriegos que pasarían mucha hambre si no llovía pronto.

Hay que tomar con prevención las estadísticas de los países que tienen muchos problemas, como era el caso de España entonces. Si el estado no es capaz de garantizar un poco de dignidad a sus campesinos, si ni siquiera llega a los pueblos con una carretera o una escuela, no hay razón para pensar que sea capaz de llevar un control estadístico. Si tuviera medios para evaluar la población, tendría medios también para mantenerla sana y educada. Por eso, la cifra que suele darse de entre el 45% y el 50% de tasa de analfabetismo en la España rural hay que ponerla en cuarentena porque es una especulación. Puede ser incluso superior, según las zonas. Pongamos que lo es, que más de la mitad de la población rural española entre 1876 y 1930 no sabía leer ni escribir. Pongamos que una de cada dos personas del campo no había pisado nunca una escuela ni había tenido un libro en las manos. Pongamos que había pueblos donde no habían visto un solo libro ni un periódico. Y ahora, intentemos meternos en la piel y los ojos de un malagueño culto que ha leído a Karl Krause y tiene el sueño de convertir su país en una nación moderna y europea. O, mejor aún, metámonos en la piel y los ojos y los oídos de su discípulo más dilecto. Un tipo nacido en La Rioja, hijo de un juez ilustrado, criado en una casa llena de libros. De niño acompañaba por los pueblos a su padre, un juez sensible, dicen, preocupado de verdad por impartir justicia y que se sentía desbordado e impotente ante la miseria y el desamparo que contemplaba todos los días en el ejercicio de su cargo. Pongámonos en los ojos y la piel de ese joven que recuerda emocionado los viajes con su padre y que ha sido adoptado por otro padre, Giner de los Ríos, a quien venera con una pasión que va más allá de la relación entre maestro y alumno. Ha recorrido con él los montes del Guadarrama y los rincones de Castilla la Vieja. Tiene una fortísima vocación pedagógica. Mayor que la de su maestro. De hecho, se convertirá en el primer catedrático de Pedagogía de la historia de España. Está, además, enamorado del arte de su país. Conoce como nadie los clásicos, el museo del Prado es su casa, y en sus excursiones se duele de la distancia que hay entre la España de ese museo y la que pisan sus alpargatas. ¿Es posible que sean el mismo país? Una idea empieza a obsesionarle. Una idea que es consecuente con el sentido religioso del patriotismo andariego, que surge directa de su manía excursionista: redención. Hay que salvar a esas gentes. No pueden seguir viviendo sin saber que su país tiene una cultura grande y rica, que son compatriotas de algunos de los mayores genios que ha parido la humanidad.

Aunque la idea de las misiones pedagógicas estaba ya en el espíritu de Giner de los Ríos, quien las propuso por primera vez en 1881 con el nombre de "misiones ambulantes", fue Manuel Bartolomé Cossío, el pedagogo riojano hijo de un juez, quien las ejecutó. El proyecto era de una sencillez y de una ingenuidad propias de apóstoles y cristianos primitivos. Consistía en llevar la cultura a los rincones más aislados y remotos del país. La cultura a lo grande: la poesía, el teatro, la música, la pintura y el cine. Pero no de la mano de cualquiera, sino con la guía esforzada y cariñosa de los propios poetas, actores y artistas, transformados en misioneros.

El Patronato de las Misiones Pedagógicas, una de las primeras instituciones que se crearon al proclamarse la Segunda República en 1931, tenía unos mandamientos para quienes aspirasen a ingresar en la orden: "Él [el misionero] podrá divertirse y gozar de la obra que realiza y con todo lo que a ella necesaria y legítimamente acompaña, pero se guardará muy y mucho de que pudiera producirse en el pueblo la sensación desmoralizadora de que ha ido allí a divertirse. Rompiendo los hábitos urbanos, pocas veces en concordia con los lugareños, debe amoldarse a éstos, sin hacer nada que pudiera, no ya servir de escándalo, mas ni siquiera llamar con rareza la atención o ser chocante. Conducta ni de afectada austeridad ni de despreocupación indiferente".[104] Hasta aquí, consejos prácticos llenos de sentido común. Se quiere evitar que unos aldeanos desconfiados y celosos de sus tradiciones apaleen o arrojen al pilón al misionero porque lo perciban como un señorito frívolo que ha ido de visita al zoo o que no ha podido reprimirse y ha mancillado la honra de alguna muchacha. Tacto, sutileza y sensatez al tratar con las gentes de los pueblos. Pero las órdenes no se quedan en este llamamiento a la prudencia. También había épica y mística: "Soldado de choque mientras dura la misión, ha de considerar, con el profeta, que aquél no es lugar de descanso ni de ahorro de energías y que puede hallarse en ocasiones en constante tensión de cuerpo y alma. Así se comprenderá que el oficio de misionero sea duro y de sacrificio".[105] Monjes y guerreros a la vez, como los templarios. Cruzados de la cultura. El texto quiere ahuyentar a los flojos y a quienes creen que aquello puede ser una forma exótica y original de gastar unas vacaciones.

Rafael Dieste, uno de los más abnegados apóstoles pedagógicos, director del *Retablo de fantoches*, un teatro de títeres que triunfaba muchísimo en todos los pueblos, explicaba que "lo más necesario era una especial disposición, sinceramente fraternal, para comunicarse con el pueblo".[106] Es un terreno resbaladizo que conecta con los precedentes soviético y mexicano de las misiones (hay una inspiración clara en los planes bolcheviques de socialización del legado cultural entre los campesinos). Los campos semánticos con palabras como "fraternal" y "pueblo" llevan el discurso a sus raíces utópicas y cristianas. En otras palabras: evangelizadores. La cultura es un evangelio, y los misioneros, sus predicadores. Así lo vivían, y así nos querían hacer creer que lo vivían los aldeanos, como una experiencia religiosa. Muchos años después, el propio Dieste seguía recordando sus días de misionero pedagógico como una revelación digna de ser narrada por san Pablo. En una conversación con Eugenio Otero, quizá el mayor estudioso de las misiones pedagógicas, el dramaturgo recordó una arenga que hizo a unos campesinos dolidos y humillados por las palabras de un inspector escolar. Para consolarles, dijo que los campos que labraban "de una manera maravillosa" eran "el tapiz más hermoso" que había visto en su vida. Se refirió a ellos como "los depositarios de la lengua que hablaron Cervantes y las gentes que antaño la esparcieron por el mundo", y alabó sus canciones populares y sus "buenas mozas" y su bondad. "No recuerdo con exactitud lo que dije, pero les hice una descripción de toda su cultura, de todos sus saberes, y al terminar de hablar se vino la gente hacia mí y quería tocarme. Hubo un viejo que extendió su mano sarmentosa hasta que consiguió agarrar la mía y me la besó".[107] La imagen del viejo de "mano sarmentosa" besando la del misionero es la sublimación del ideal institucionista.

Cossío instaba a los miembros de las misiones a impartir "el santo sacramento de la palabra", y la revista de la Residencia de Estudiantes, en sus crónicas y memorias sobre las misiones, publicaba fotos robadas durante las funciones de teatro y de cine. En ellas, los vecinos de los pueblos aparecen sorprendidos en un instante de maravilla. Abren la boca, sonríen, les brillan los ojos. Están asombrados y felices ante su primera película o su primera función teatral. Las fotos exhiben a los campesinos en el instante de la revelación. Son muy hermosas porque capturan un entusiasmo espontáneo. No hay pose, no se dan cuenta de que los están retratando. Cuando los misioneros enseñen su trabajo al gobierno y al público de la ciudad, enseñarán esas fotos. No aparecen ellos recitando versos, ni los cuadros del museo ambulante (con copias de obras del Prado pintadas por artistas de primera línea), ni los actores en plena representación. No quieren decir al mundo *mirad lo que hemos hecho*, sino *mirad lo que hemos conseguido*. Es decir, no pintan a Jesús haciendo un milagro, sino al beneficiario del milagro disfrutando de él, con Jesús fuera de plano. La demostración, para fastidio de escépticos y señorones, de que la cultura puede hacer feliz a cualquiera, y que la felicidad es tan importante como el pan y las patatas. El propio Cossío intentaba a veces dejar de lado la imaginería verbal de las órdenes religiosas y describía a los misioneros como juglares que iban de pueblo en pueblo llevando alegría.

Mucho más exaltado fue Juan Ramón Jiménez cuando celebró, en 1931, la constitución del Patronato de las Misiones Pedagógicas. El 6 de octubre de aquel año, en un ditirambo titulado "Manuel B. Cossío. Héroe español" y publicado en *El Sol*, escribió: "Pocos hombres me han parecido tan paisaje". Halagaría mucho los oídos del discípulo de Giner de los Ríos, él, que tan paisaje quería volverse, que aspiraba a fundirse con las nieves del Guadarrama y que se identificaba tan místicamente con el campo y el suelo de su patria. Lo prueba que murió en 1935 en Collado Mediano, en medio de la sierra de sus amores. Juan Ramón, que ha echado a correr su ditirambo y no puede bajar el tono, sigue escribiendo que, cuando Cossío habla, "la tierra olea bajo nosotros como un mar sólido y somos todos marineros del entusiasmo".[108]

Como ya he dicho en otra parte de este libro, la imagen no es original. Era un lugar común referirse a la meseta y a la España interior, que aquí llamo vacía, como un mar de tierra. Si el campo español es un océano, quienes viajan por él son marineros. Los misioneros, al mando del capitán Manuel Bartolomé Cossío, surcan las olas de polvo y arbustos secos a la conquista de islas que son pueblos perdidos, remotísimos. Lugares donde hace siglos que no pasa nada. Se necesita mucho optimismo para llegar hasta ellos, por eso los misioneros son "marineros del entusiasmo". Jóvenes educados en los ideales peripatéticos de la Institución, amantes esmerados de su patria, andariegos del Guadarrama y del llano de Castilla la Vieja. Se mueren de ganas de surcar los mares mesetarios. A todos los jóvenes intelectuales de la época les sucede. Cuando Rafael Alberti ganó el Premio Nacional de Poesía por su poemario *Sobre los ángeles*, se gastó el dinero del premio en un automóvil con el que recorrió las tierras de Castilla.

Un vicio de los entusiastas es su tendencia a exagerar. Sucede a menudo en España, donde los entusiastas han sido pocos pero casi siempre se han colocado cerca de los micrófonos. Cuando se habla de las misiones pedagógicas que funcionaron entre 1931 y 1937 amparadas por el gobierno republicano, se suelen glosar como un proyecto revolucionario de alcance muy hondo. La participación de nombres fundamentales de la mitología cultural, como Antonio Machado o María Zambrano, contribuyó a engrandecerlo todo, por no mencionar el teatro de La Barraca que, de la mano de otro mito, García Lorca, hizo un trabajo muy parecido. Algunos autores dicen que las misiones llegaron a cinco o siete mil pueblos de menos de cinco mil habitantes de casi toda España. Los archivos de la propia Residencia de Estudiantes hablan, sin embargo, de 122 misiones organizadas por el patronato y otras 62 a cargo de las delegaciones territoriales. Es decir, 184 en total. Hubo misiones en treinta y cuatro de las cincuenta provincias, lo cual da la impresión de que cubrieron una gran parte del país, pero la distribución es muy desigual. Cuarenta y cinco misiones (es decir, casi un 25%) tuvieron como destino pueblos de las provincias de Madrid y Segovia. En el ámbito de la provincia de la capital y todas sus limítrofes (Segovia, Ávila, Guadalajara, Cuenca y Toledo) hubo sesenta y siete misiones. Es decir, que el 36,4% de todas las misiones pedagógicas se celebraron dentro de un radio de unos ciento cincuenta kilómetros en torno a la capital. El entusiasmo tiene poca autonomía. Estos marineros fueron de bajura.[109]

Otra cuestión es la duración de las misiones. Entre tres días y una semana de media. Las había de un mes (cuando afectaban a toda una provincia) y las había de un fin de semana. Por muy intensa que fuera la agenda de actividades, por muchos marineros entusiastas que desembarcasen en cada pueblo cargados con proyectores de cine, copias de cuadros y tablas para montar escenarios de teatro, ¿qué impacto duradero podían tener unos pocos días de fiesta cultural? Apagadas las risas y los gritos de asombro por las locomotoras del cinematógrafo, ¿qué quedó? Lo mismo se puede decir de las exposiciones ambulantes y de las giras del Teatro y Coro del Pueblo. Visitaron los pueblos una sola vez, unos pocos días. A veces, una sola noche, una función. Y después, silencio. Tenemos numerosos testimonios de los misioneros, desde Antonio Machado a María Zambrano pasando por Rafael Dieste, pero apenas queda memoria en los pueblos. Como sucede con los evangelios, no conocemos la versión de Lázaro sobre su propia resurrección.

Otros aspectos del proyecto de redención rural fueron más penetrantes, decisivos y duraderos. El apoyo a los maestros y la creación de bibliotecas. Las misiones enviaban a los pueblos cuyos maestros lo requerían una pequeña biblioteca muy seleccionada (cuyos títulos eran objeto de discusión parlamentaria, por lo que debían escogerse con mucho tiento para que no fueran vetados por ningún partido conservador: las derechas sospechaban que las misiones eran una forma de adoctrinamiento marxista). El paquete básico incluía cien volúmenes con lecturas para niños, jóvenes y adultos, pero, especialmente, para los niños. La idea era inocular el vicio de la lectura a través de los niños. Si ellos leían, los adultos, por saber lo que leía el niño, acabarían leyendo. Las bibliotecas tenían un espíritu comunitario y estaban llenas de conminaciones cariñosas a cuidar los volúmenes, a devolverlos en el mismo estado en que se tomaron prestados y, en general, al carácter sagrado de los libros. Al principio, eran los maestros quienes estaban a cargo de la biblioteca, pero María Moliner descubrió que, cuando el docente cambiaba de destino y era sustituido por otro menos entusiasta, la biblioteca se deterioraba o se cerraba. Para garantizar la continuidad del servicio, se nombraron bibliotecarios voluntarios entre los vecinos. Fue un éxito. Se estima que, entre 1931 y 1936, las pequeñas bibliotecas de las misiones prestaron medio millón de libros, en una época en la que apenas existían bibliotecas públicas y la ratio de préstamo de las mismas en España era inferior a un título al día. Muchos lugares remotos donde no había llegado más papel impreso que la cartilla escolar recibieron clásicos de la literatura castellana en ediciones modernas, poesía contemporánea y novelas juveniles. Los maestros podían pedir más títulos si consideraban que el paquete de cien era insuficiente. El patronato estudiaba su solicitud y, si los libros contaban con su aprobación y no creaban problemas con la oposición parlamentaria, se mandaban. Buena parte del presupuesto de las misiones se gastó en libros que, de no haber mediado una guerra, seguirían diseminados por los pueblos.

Las bibliotecas de las misiones triunfaron gracias a su sencillez y modestia. No era un proyecto ambicioso ni grandilocuente y no costaba mucho dinero enviar paquetes de cien libros, cuyos títulos y ediciones fueron propuestos por Antonio Machado y María Moliner, que se preocupaban personalmente de que no faltaran "en los envíos el papel para forrar los libros ni las fichas para evitar las pérdidas".[110] Pero también triunfó porque, a diferencia de otras parcelas de las misiones, implicó a los vecinos. El propósito era que los campesinos gestionasen sus propias bibliotecas. Que, al leer, descubrieran otras lecturas y ellos mismos las reclamasen. Los lectores de esas bibliotecas se sentían escuchados. Debía de ser una maravilla y una sorpresa saber que podían pedir algo y que ese algo era atendido con amabilidad y diligencia. No es casual que la parte de las misiones que más se acercó a la posibilidad de provocar un cambio social a partir de la cultura fuera precisamente la parte en la que aquellos que iban a ser salvados podían intervenir en su propia salvación y no eran sólo sujetos pasivos, espectadores de teatro u oyentes de poesía.

Pero fueron apenas cinco años. La guerra estalló cuando el proyecto empezaba a afianzarse y cuando sus gestores, muy en especial María Moliner, empezaban a aprender algo de esa experiencia y podían aplicarla a perfilar y mejorar los planes. Porque las misiones, como todo lo que salió de la casa madre de la Institución Libre de Enseñanza, eran un laboratorio y un proyecto de transformación social a larguísimo plazo. No era una evangelización planificada desde el origen, sino que se iba modificando y adaptando a lo que los propios misioneros aprendían. Por eso su radio de acción empezaba a pocos kilómetros de la capital, porque se trataba de afianzar territorios poco a poco. Se frenó cuando los misioneros notaban que comenzaba a funcionar algo, y ese algo era débil, tenue y había llegado a un puñado de pueblos. No se les puede culpar de no haberlo intentado. El contexto limitó brutalmente el alcance de las misiones, pero no explica su exageración posterior.

O quizá sí. Porque hay más paralelismos con la predicación cristiana. Al igual que los apóstoles devinieron santos, muchos de los misioneros pedagógicos sufrieron tormento y se incorporaron al santoral alternativo español. Un santoral laico, aunque tan venerado y divulgado como el católico. García Lorca no fue un misionero, pero la compañía de teatro La Barraca, de la que formaba parte, hacía básicamente lo mismo que las misiones y tenía muchas afinidades y personas que participaban indistintamente en ambos proyectos. Antonio Machado es, junto con Lorca, el mártir literario más importante de España. Y, en la nómina misionera, decenas de nombres que, si bien no sufrieron pasiones ni calvarios, sí acabaron en ese santoral republicano del exilio, como los de Rafael Alberti o María Zambrano. La Fundación Francisco Giner de los Ríos censó en 2006 a más de setecientas personas que se sabe que participaron de una forma u otra en las actividades de las misiones. Una parte considerable de ellas tomó partido por la causa republicana o fue represaliada por sus simpatías democráticas. El franquismo liquidó con su victoria todo el asunto, que consideraba parte de la propaganda comunista. Cuando, años después, ya saqueada y completamente destruida la Institución Libre de Enseñanza, retomó parte de la idea (sí, hubo misiones durante el franquismo), lo hizo desde una evangelización ortodoxa, llevando catequesis y libros piadosos a las aldeas.

Como tantos otros proyectos reformistas de la República, el de las misiones fue terriblemente modesto en sus resultados si se los compara con sus ampulosas declaraciones de principios. Planes pensados para transformar el país y llevarlo a la democracia, la prosperidad y el estándar de vida de Europa se quedaron en unas cuantas excursiones a pueblos de las cercanías de Madrid donde grupos de jóvenes cultos montaban funciones de teatro y leían romances castellanos. Era poca cosa, pero muy poco era también muchísimo en un país donde nadie había ido nunca a un pueblo perdido a llevar un paquete de libros. Fue el desastre posterior, la devastación de la guerra y la inquina con la que Franco aplastó todos esos embriones de cambio lo que propició su exaltación e hipérbole. Las memorias de los exiliados magnificaron aquellos días, que se convirtieron en días de redención y paraísos perdidos. Las misiones fueron copiadas en Argentina, en Brasil, en Uruguay y en otros lugares de Latinoamérica (en México ya existían), extendiendo su mito. El impacto real de las misiones es anecdótico, pero el simbólico es enorme y se ha pegado al ideal democrático de la República. Su espíritu está detrás de todas las aproximaciones que se han hecho a la escuela rural. Y persiste hoy.

Vuelvo al año 2015, al tiempo de escritura de este libro. A las siete de la mañana de un día cualquiera de octubre. Estoy en mi ciudad, Zaragoza, pero puedo estar en Valladolid o incluso en Sevilla, Valencia o cualquier capital de comunidad autónoma que rebase el medio millón de habitantes. No descarto Madrid ni Barcelona como posibles escenarios. Son las siete, pero a lo mejor son las seis. O las cinco. Todo depende de lo lejos que esté el destino. Hace frío. Cuatro jóvenes de entre veinticinco y treinta años se suben el cuello del abrigo, se frotan las manos y esperan bostezando en una esquina. Un coche para. Se suben. El coche arranca y enfila las salidas de la ciudad. Cada día es un coche distinto. Se turnan para no tener que conducir todos los días. Son cinco, así que pueden conducir un día a la semana y dormitar durante el viaje los otros cuatro. El coche se desvía varias veces de las carreteras principales. Busca rutas secundarias y terciarias, circula solo por carreteras estrechas y rectas que cortan llanuras pardas. De vez en cuando adelanta a un tractor o al ciclomotor de un labriego o a un camión que transporta piensos o ganado. Poco más.

Llegan al pueblo recién amanecidos. Se desperezan y empiezan su jornada. Son los profesores del colegio. No viven en el pueblo porque no merece la pena. Son interinos, no han ganado aún su plaza y es probable que el curso siguiente tengan que dar clase en otro pueblo de la provincia o de la comunidad. Mantienen su casa en la capital no sólo porque lo prefieren a mudarse a localidades minúsculas donde apenas trabajan unos meses, sino porque su plan, a medio plazo, es conseguir una plaza en la ciudad. Acumulan puntos, hacen méritos.

El diseño aparentemente meritocrático de reclutamiento de profesores para el sistema educativo público español propicia que los más jóvenes, los que empiezan en la docencia, a menudo no tengan más remedio que aceptar sustituciones e interinidades en pueblos remotos de su comunidad. Van allí porque los veteranos ya han copado las plazas buenas, así que se toman esos años como una penitencia necesaria antes de que un nuevo concurso-oposición o una carambola los lleve de vuelta a su casa. Entre esos jóvenes profesores que cada mañana comparten coche para viajar setenta, cien o ciento cincuenta kilómetros hasta su puesto de trabajo hay muchos vocacionales y enérgicos. El rodillo de los años no les ha mellado la voluntad ni las ganas de levantarse cuando suena el despertador. El contador de decepciones está casi a cero y la vitalidad, al cien por cien. Creen en lo que hacen, están convencidos de la importancia del magisterio y unos cuantos han ido más allá de la formación convencional, han leído mucha pedagogía y les apetece innovar dentro de los límites del sistema (que pueden ser estrechos). En la escuela rural encuentran un campo de intervención prodigioso. Quizá muchos pueblos no tengan docentes veteranos y curtidos, porque nadie aguanta en ellos una temporada larga, pero, a cambio, disponen de jóvenes que se toman su trabajo muy pasionalmente y se parecen mucho a los marineros del entusiasmo de Juan Ramón. Sin entusiasmo, sin un entusiasmo extasiado y rayano en la demencia, casi nadie sube a un coche a las cinco de la madrugada para viajar dos horas al medio de la España vacía a cambio de un sueldo muy bajo y un futuro sin asegurar.

Algunas innovaciones pedagógicas se han ensayado en España en la escuela rural, entre otras razones, gracias a estos docentes jóvenes y receptivos. El centro escolar de Ariño, un pueblo de Teruel de 775 habitantes, fue el primero en España en enseñar con pizarras digitales. En otro lugar de Aragón, Alpartir (574 habitantes), se implantó un modelo en el que se enseñaba jugando al ajedrez y con piezas de Lego, sin usar ni un solo libro de texto. No son experiencias aisladas ni laboratorios de escaparate, sino avanzadillas de unas mejoras pensadas para extenderse por todo el país.[111]

Ya no son setecientos voluntarios apoyando a un cuerpo de maestros de escuela muy pobres y aislados, sino todo un sistema con miles de funcionarios. Quizá no se llamen Rafael Alberti o Antonio Machado, pero, en términos pedagógicos, están mucho mejor formados que cualquier joven misionero de los años 30 y tienen muchas más aptitudes y herramientas para enfrentarse a su trabajo. Ya no es una semana de funciones de teatro y un modesto lote de cien libros. Ahora hay un trabajo continuo e intensivo. Pero, en el fondo, subyace un espíritu parecido. Es difícil que muchos de estos docentes jóvenes no se sientan un poco misioneros. Están de paso, al fin y al cabo. Llevan la cultura y la educación a los pueblos como un bien importado porque ellos mismos no se quedan. Al terminar las clases, vuelven a sus ciudades. Persiste, débil aunque rastreable, una idea de redención. Llevan al campo un reflejo de la vida urbana, una pequeña muestra, como viajantes de comercio, pero son pocos los que se sienten parte del lugar. Los pueblos siguen siendo un terreno de trabajo, un territorio en el fondo un poco extranjero al que les une un compromiso temporal. Son doctores en Alaska,[112] una especie descafeinada y esnob de exiliados que, en el fondo, tienen que convencer a los vecinos (y convencerse a sí mismos) de que llegan de fuera para salvarles. Son o creen ser la avanzadilla de la civilización, por mucho que ese pensamiento les repela, la cuerda que une la tradición con la modernidad de la ciudad.

Quizá con otro sistema de reclutamiento del profesorado, con mayores facilidades para conseguir una plaza y menos interinidades, se producirían muchas epifanías como la de *Doctor en Alaska*. El urbanita reticente que se enamora del pueblo y hace de él su casa. Tal vez así se acabaría con todo resto de la idea redentora y misionera. Pero, mientras muchos docentes estén de paso, el espíritu de redención seguirá latente.

VI
LA BELLEZA DE MARITORNES

> Este señor es de los que ponen las cosas en leyenda.
>
> AZORÍN, *La ruta de Don Quijote* (1905)

Hay en la puerta de Veruela una cruz de piedra sobre un pedestal escalonado. Se llama la Cruz de Bécquer porque el mito ha pintado al poeta Gustavo Adolfo reclinado sobre aquellos escalones a la espera de las musas. O rodeado de ellas y garabateando en un cuaderno de hule unos textos que luego se convertirían en rimas, leyendas y cartas desde su celda. La cruz medieval junto a un viejo camino arbolado, el páramo, el viento y el poeta. Enfrente, el monasterio desamortizado que a punto estuvo de ser ruina y que volvió a santificarse con el arte de los hermanos Bécquer.[113] Es difícil imaginar una postal romántica más completa y más ibérica, con el Moncayo al fondo prometiendo mil atavismos tribales y hechiceros.

La cruz actual no es de la Edad Media, sino una réplica muy reciente. En agosto de 2007 un rayo derribó un olmo seco que, al caer sobre ella, la partió en varios trozos. Me sorprende que nadie viera la victoria de Antonio Machado sobre Gustavo Adolfo Bécquer. Un poema del primero destruyó la inspiración del segundo. Para honrar la victoria de Antonio sobre Gustavo Adolfo, lo justo habría sido dejar las piedras en el suelo, pero la comarca aragonesa que hay a los pies del Moncayo lleva demasiado tiempo viviendo de los mitos asociados a su paisaje y no se podía permitir perder el monumento que protagonizaba uno de los pasajes más exitosos de las visitas guiadas, así que lo erigió de nuevo. Para que los turistas siguieran imaginándose a Gustavo Adolfo desgreñado por el cierzo, en pleno arrebato de creación.[114]

Varias sospechas estropean la postal. Al parecer, a Gustavo Adolfo Bécquer no le gustaba reclinarse en esas escaleras por amor al tópico romántico, sino porque era el lugar más cómodo para esperar la diligencia que llevaba el correo y la prensa de Madrid. Mientras aguardaba, quizá enfadado por la lentitud de los caballos o lo retorcido y agreste de los caminos, se preguntaba qué estaría pasando en la capital. Hay indicios en las *Cartas desde mi celda* que así lo sugieren. No parece un poeta absorbido por el paisaje, sino un exiliado ansioso por volver a los pasillos del congreso de los diputados para escribir crónicas parlamentarias y dejarse ver por los salones de las señoras. Al poeta no le gustaba estar allí, tan lejos de todo.

Los hermanos Bécquer, Gustavo Adolfo y Valeriano, llegaron al monasterio de Santa María de Veruela en octubre de 1863. Gustavo Adolfo había recaído en su tuberculosis y el cenobio era uno de los lugares de retiro que los médicos aconsejaban a sus pacientes adinerados. Fue un contratiempo grave. Bécquer (en adelante, por Bécquer me referiré a Gustavo Adolfo) había conseguido un puesto muy bien remunerado en *El Contemporáneo*, un periódico de relumbrón pagado por la chistera sin fondo del marqués de Salamanca, y vivía un momento dulce de reconocimiento social y periodístico. En lo personal, sin embargo, el retiro era oportuno, pues le permitía alejarse de su mujer, Casta Esteban, a quien no soportaba. Encerrarse con su hermano querido en los confines de los viejos reinos cristianos parecía un buen plan, pero la forma en que aguardaba cada día, a los pies de la cruz, la llegada de la diligencia con la prensa de Madrid delataba su fastidio por vivir aislado en aquel páramo. Por eso, Bécquer, que ingenuo era sólo cuando rimaba, le dio la vuelta a la situación y convirtió su exilio terapéutico en una forma de hacerse presente en Madrid. A través de esa misma diligencia, envió a la redacción de *El Contemporáneo* unas crónicas en formato epistolar bajo el título *Cartas desde mi celda*. El público de la capital leyó con emoción las reflexiones, descripciones y suspiros del romántico más romántico que España ha dado, y mientras las leía, Bécquer, tan ausente, se colocaba incorpóreo en el centro de la escena madrileña. Como una de esas ánimas que tanto le gustaban.

Se basaba en un principio elemental de la seducción: la distancia acrecienta el deseo. A través de las cartas, los lectores percibían un Bécquer espiritual mucho mejor que el Bécquer mundano. Un Bécquer depurado, oxigenado, esencial, exótico y misterioso. Un Bécquer, al fin, enamorado, pero del paisaje: "En el fondo de este valle, cuya melancólica belleza impresiona profundamente, cuyo eterno silencio agrada y sobrecoge á la vez, diríase por el contrario, que los montes que lo cierran como un valladar inaccesible, me separan por completo del mundo. ¡Tan notable es el contraste de cuanto se ofrece á mis ojos; tan vagos y perdidos quedan al confundirse entre la multitud de nuevas ideas y sensaciones los recuerdos de las cosas más recientes!", escribió en su primera carta desde su celda.[115] En ella, el poeta saborea "en silencio" una taza de café, único exceso que se permite en aquellas "soledades". Silencio y soledad son palabras que aparecen ya en el segundo párrafo de las prosas que Bécquer escribe en Veruela, marcando el tópico del *beatus ille* que mancha todo el libro. Lo contrapone al bullicio matritense, a la tribuna parlamentaria, al griterío del café, a las discusiones de las redacciones, a todo ese mundo del que huye pero al que quiere seguir ligado.

Uno de los becqueristas más clásicos, el profesor de Princeton Edmund L. King, dijo que en las cartas se narraba "un progreso paso a paso de lo archicivilizado y moderno a la naturaleza casi primordial".[116] En realidad, es una forma de resignación. El poeta se adapta y se mimetiza con el paisaje que le ha tocado, echa mano de su bagaje de lecturas alemanas y decide secar todas las vetas de aquellas "soledades" en una obra que le devuelva a los salones de Madrid por la mismísima Puerta de Alcalá. "De la matriz del Moncayo nace la quintaesencia de las rimas de Bécquer", dice King.[117] Yo lo diría al revés: de las rimas de Bécquer nace la quintaesencia del Moncayo. La frase del profesor King expresa una ingenuidad muy clásica y *demodé* que toma por bueno el principio de inspiración romántica. Pero del paisaje no puede salir nada porque el paisaje no es nada. En tanto que mirada, el paisaje no está en lo contemplado, sino en quien lo contempla. En el Moncayo no hay nada más que piedras calizas jurásicas. Es el poeta quien inventa el paisaje y son los lectores, desde Madrid, quienes le dan el acabado mitológico que necesita.

Escribo el Moncayo, pero la gente de la comarca dice Moncayo, sin el artículo. Dicen: subo a Moncayo o hay nieve en Moncayo.

Creo que esa supresión es ya un dibujo literario del paisaje. Expresa una apropiación, pero es también una forma de prosopopeya. Sin artículo, Moncayo se hace un poco carne. Me costó acostumbrarme, pero ya llevo unos cuantos años de paseos por el lugar y hasta yo me sorprendo hablando de la mole como hablan en Tarazona y en los pueblos del piedemonte. Con artículo, el Moncayo es algo ajeno a mí. Sin él, lo siento parte de mi vida. Una presencia, una compañía, no un decorado.

No se puede negar que Moncayo tiene una belleza que desafía y antecede cualquier construcción cultural, por eso se entiende la tentación de King y de todos los estudiosos de hacer el camino del paisaje al verso, cuando lo lógico es ir del verso al paisaje. Sus 2.314 metros destacan sobre toda la cordillera y se ven desde más de cien kilómetros de distancia en algunos puntos cardinales. En su cima confluyen tres reinos históricos de la Península, de donde nos enseñaron que nació la actual España: Navarra, Castilla y Aragón. Desde su cumbre (que, con buen tiempo, se alcanza en una caminata agradable de pocas horas sin necesidad de heroísmos de alpinista), se domina parte de la meseta, inmensa y plana, casi toda Navarra hasta los primeros Pirineos, y el ancho valle del Ebro. Como es una singularidad geográfica y destaca muchísimo entre las cumbres discretas de la cordillera, los romanos ya dejaron dicho que algunas tribus ibéricas consideraban que la montaña era una especie de dios al que rendían culto, como ha pasado con muchos otros accidentes geográficos singulares a lo ancho del mundo. El poeta Marcial, que era un gran excursionista, también sintió algo parecido al sobrecogimiento ante la silueta nevada y gris del Moncayo.[118] Se puede ver y sentir como *axis mundi* de lo hispánico, una confluencia mágica en la que los tres grandes reinos cristianos se fundían en una ceremonia pagana que los ataba a las raíces ibéricas, a esas tribus prerromanas en cuyas leyendas cimentó Menéndez Pidal la esencia del eterno español.

En el combate entre el poeta y el Moncayo, venció el poeta. Lo redujo a su arquetipo, lo explotó, le dio forma, lo domesticó en estrofas de pie quebrado. Desde Veruela, Bécquer diseñó la primera cartografía romántica de la España vacía. Con él empezó el mito. Desde las elegantes páginas de *El Contemporáneo*, los madrileños empezaron a contemplar su propio país como un continente exótico y atávico, una tierra de brujas, paganos y ruinas donde no funcionaban las leyes del mundo.

Porque el primer imaginario de la España vacía es sobrenatural. Desde las formulaciones románticas, el campo español es un lugar de misterios. Las ruinas tienen fantasmas. Eso es evidente, no puede haber ruinas sin apariciones y espectros. Pero hay mucho más. En los pueblos hay brujas. Hay lobisones, hombres lobo. Hay conjuros y brebajes. Hay criaturas mitológicas escondidas en el bosque. Hay machos cabríos y demonios menores. Hay santos que parecen dioses de otra religión. Y hay, también, palabras antiguas que dan nombres únicos a plantas y cosas. Palabras pronunciadas por gentes que apenas hablan castellano, que se comunican en una lengua romance detenida en una Edad Media pagana. La España vacía no parece tanto un país extranjero como una dimensión desconocida. Bécquer, que no quiere estar allí, sabe explotarlo. Ofrece a un público urbano, que no viaja por el país y que tiene una imagen rústica y amedrentada de él, una razón para fascinarse. La primera mirada moderna al paisaje es mitológica y esencialista. El poeta sevillano ignora todo el contexto económico y social. No mira realmente a las personas, sino lo que cree su substrato. Algo elemental y verdadero que no existe en las ciudades pero que se preserva puro y salvaje en las neveras del Moncayo. Bécquer, que conoce bien Madrid y domina el arte de la seducción, sabe que puede asustar y emocionar a sus lectores urbanos con un folclore administrado en la posología adecuada.

Aunque el romanticismo más genuinamente folclorista busca una reconexión del ser humano con el espíritu de su patria, preservado en el folclore, su éxito se explica por un oportunismo comercial que alcanzó su expresión más acabada en la novela victoriana. Se trataba de vender algo familiar y tradicional como si fuera exótico e inédito. El mensaje caló porque cumplía el equilibrio entre redundancia e información que establece la semiología de Umberto Eco.[119] Por una parte, era información nueva, ya que aludía a regiones y épocas desconocidas muy distantes de la realidad urbana que los lectores palpaban a diario. A la vez, esas historias apelaban a un imaginario presente y aún vivo en la memoria de abuelos y padres. No tan difuso como para que sonara ajeno, pero tampoco tan sólido como para que la reescritura profesional del folclore rebotase en él. A alguien para quien las mitologías siguen vigentes como médula de su arquitectura del mundo no se le pueden contar esas mitologías desde fuera. Sería como si alguien viniera a contarnos nuestra propia vida con palabras y narradores que no reconocemos. Sólo desde la posición del arqueólogo podían lograr que sus lectores contemplasen su propio país desde la extrañeza y desde la familiaridad al mismo tiempo. La fascinación que temblaba en esas leyendas tenía que ver con su exotismo y con lo lejos que quedaban de una tarde cualquiera en la Puerta del Sol, pero también con su cercanía, con algo íntimo e innombrable que despertaba en los lectores. Algo que tenía que ver con una lengua, con unos abuelos, con un paraíso arrebatado. Si la ruptura entre la sociedad urbana y la rural hubiera sido completa o insalvable, esa literatura no habría encontrado eco. Lo encontró porque había tantos cables desconectados como puentes transitables.

Así, un *Zeitgeist* urbano y tecnológico vuelve la cabeza, como un dragón perezoso, al país que ya no es pero sigue siendo. Eso es lo que entiende Gustavo Adolfo Bécquer una tarde cualquiera del otoño de 1863 mientras espera que lleguen los periódicos de Madrid, sentado a los pies de una cruz de piedra. No llegó a entenderlo ni la mitad de bien que los escritores victorianos. No hay en España nada tan perfecto y penetrante como *Drácula* o como *Peter Pan*. Ni siquiera como los cuentos de Andersen o Grimm. El romanticismo y sus secuelas comerciales no tuvieron en España fuerza suficiente para crear sus propias mitologías sobre las ruinas de los mitos rurales ni alcanzaron a tanta gente como la industria del libro londinense. Pero, a otra escala y con otros ritmos, también sucedió. Por supuesto, no fue un cálculo estratégico de Bécquer. Todo debió de darse según los mecanismos de la intuición. El escritor, con su sentido poético bien afinado, intuyó que aquel páramo ventoso, aquellas soledades, como las llama una y otra vez, anticipándose cuarenta años a Machado (y ciento cincuenta años antes de que el olmo seco se vengara destruyendo la cruz), eran un territorio literario virgen. Algo que gustará en Madrid, una novedad rústica y estimulante. Hay quienes viajan a París y se traen las últimas modas textiles y literarias. Él llevaría en la maleta otros souvenirs más exóticos: brujas, trasgos, ánimas y rayos de luna. Recién recogidos de lo más profundo de Iberia.

La construcción romántica del paisaje es uno de los ejemplos más bellos y acabados de profecía autocumplida que tenemos en España. Bécquer, Hartzenbusch,[120] pero también Zorrilla[121] y el resto de autores que picaron en la mina de la tradición ibérica para exaltar sus carboncillos, partieron de la premisa del tiempo detenido. En aquellos parajes de la España vacía encontraron lugares donde el reloj no marchaba. Los antropólogos acuñaron la expresión *sociedades primitivas*, que les permitía suponer que muchos indígenas de América y África vivían estancados en un estado evolutivo similar al paleolítico. Por tanto, podían estudiarse como fósiles vivos. No hacía falta levantar hipótesis ni emprender suposiciones audaces para reconstruir las condiciones de vida de nuestros antepasados prehistóricos, porque los bosquimanos y los pigmeos permitían observar esas condiciones en vivo. Del mismo modo, los románticos creyeron que habían encontrado trozos de una Edad Media sublimada, e incluso de tiempos más lejanos, una especie de esencia ibérica, en los montes pelados del Moncayo o en las momias de una iglesia de Teruel. Con el tiempo, los habitantes de aquellos desiertos hicieron suyos esos relatos y empezaron a vivir conforme a ellos. El turismo lo propiciaba. La gente que quedaba en unas tierras en las que apenas se podía ganar el pan encontró el pasado rentable. Sobre todo, desde que Franco instituyó el ministerio de Turismo y puso en marcha la red de paradores nacionales. La Edad Media se volvió rentable. O, al menos, un recurso financiero digno y solvente. Si los turistas viajaban a esos lugares en busca de las leyendas de Bécquer y Hartzenbusch (aunque no las hubieran leído), ¿por qué no dárselas? Hoy, el monasterio de Veruela está a punto de convertirse en parador nacional. En los pueblos de alrededor se celebran fiestas en torno a la brujería, especialmente en

Trasmoz, un lugar que ha hecho de las brujas su identidad. En la cercana Tarazona, los novios quieren celebrar el banquete de bodas en un hotel llamado Las Brujas de Bécquer.

El pasado literario y estilizado se ha convertido en la mayor promesa de futuro en muchas zonas de la España vacía. Ya sucedía en 1905. En ese año Azorín recorrió La Mancha por encargo del periódico *El Imparcial*, que quería celebrar el tercer centenario de la publicación de la primera parte del *Quijote* con una serie de crónicas de viaje en las que el escritor visitaba algunos escenarios de la novela. En Argamasilla de Alba, donde Cervantes ubicó una Academia (parodia rural de los cenáculos literarios de Madrid), Azorín conversó con el cura Don Cándido, que le preguntó su parecer por los hitos históricos del lugar:

–Don Cándido –me atrevo yo a decir–, he estado esta mañana en la casa que sirvió de prisión a Cervantes, pero...

Al llegar aquí me detengo un momento; don Cándido –este clérigo tan limpio, tan afable– me mira con una vaga ansia. Yo continúo:

–Pero respecto de esta prisión, dicen ahora los eruditos que...

Otra vez me vuelvo a detener en una breve pausa; las miradas de don Cándido son más ansiosas, más angustiosas. Yo prosigo:

–Dicen ahora los eruditos que no estuvo encerrado en ella Cervantes.

Yo no sé con entera certeza si dicen tal cosa los eruditos; mas el rostro de don Cándido se llena de sorpresa, de asombro, de estupefacción.

–¡Jesús! ¡Jesús! –exclama don Cándido, llevándose las manos a la cabeza, escandalizado–. ¡No diga usted esas cosas, señor Azorín! ¡Señor, señor, que tenga uno que oír cosas tan enormes! Pero, ¿qué más, señor Azorín? ¡Si se ha dicho de Cervantes que era gallego! ¿Ha oído usted nunca algo más estupendo?[122]

Es un ejemplo clásico de esa malicia ingenua de Azorín. Se burla de un cura para provocar la sonrisa de los señores que leen *El Imparcial* en el café. No quiero imaginar el escándalo de don Cándido si hubiera vivido lo suficiente para leer el libro de Lluís Maria Mandado, *El Quixote va esborrar el Quixot*, donde se sostiene que Cervantes fue un señor que nació en Jijona, se llamaba Servent y escribió el *Quijote* en catalán.[123] En realidad, el sofoco de don Cándido es el sofoco que agita a todos los vecinos de la España vacía cada vez que la filología, la historiografía o cualquier cosa terminada en *-ía* pone en duda los mitos sobre los que se ha construido la prosperidad turística de la comarca. O su identidad y su autoestima. Puede que Villanueva de Sigena, un pueblo de 434 habitantes en mitad de la estepa monegrina, no se haya enriquecido ni siquiera un poco por tener abierta al público una casa-museo en la que se dice que nació Miguel Servet, pero cada vez que una nueva teoría cuestiona este hecho natalicio, los sigenenses responden indignados. No se dejan arrebatar a su Miguel Servet tan fácilmente.

Hay algo peor que decirle a los don Cándido de España que la batalla épica, la historia de amor trágica o el hijo ilustre nunca sucedieron o nacieron: decirle que sucedieron o nacieron en el pueblo de al lado.

Mitad negocio, mitad religión, o mezcla indistinta de ambas cosas, el pasado se ha convertido en algo sacro que resiste con fiereza cualquier envite de la ciencia. Es lógico que así sea, desde el momento en que la España vacía asumió que no le quedaba nada más que pasado. Este, por fuerza, tiene que ser real. Incluso el *Quijote* ha de serlo. Se buscan en las partidas de bautismo vecinos del Campo de Montiel que inspiraron a Cervantes su personaje y hay toda una corriente de erudición sobre la toponimia y los lugares del *Quijote*. El comienzo "en un lugar de la Mancha" y la identidad del hijodalgo han inspirado una de las bibliografías más delirantes y ricas de todos los estudios de la literatura. Tiene hasta nombre de resonancias teológicas: la doctrina de los modelos vivos. Son unos estudios que los cervantistas más eminentes, como el profesor Francisco Rico, responsable de la mejor edición del *Quijote* de nuestro tiempo, no se toman en serio ni se molestan en ir refutando: "Hoy, con el altavoz de la prensa, la tal doctrina [de los modelos vivos] reaparece cada vez que un benemérito archivero local se tropieza en un legajo con un Quijano, un Panza o un cura de nombre Pedro Pérez, y, deslumbrado, no se contenta con señalar una coincidencia que ilustra el ambiente verista del *Quijote*, sino que concibe una nueva teoría sobre la génesis del ingenioso hidalgo",[124] escribió Rico en 2014, ante la última teoría sobre la identidad real del *Quijote*.[125]

Pero ni los cervantistas más finos y persistentes consiguen frenar a quienes, siguiendo el ejemplo de Heinrich Schliemann con las ruinas de Troya,[126] están convencidos de encontrar en los pueblos de La Mancha pruebas arqueológicas y documentales de la verdad del *Quijote*. A los ojos de un lector medio que comprende los mecanismos de la ficción y de la literatura, todas estas doctrinas y proyectos pueden ser ingenuas o groseras. Nada espanta más a un buen lector que la literalidad. Es lógico que Cervantes, como cualquier otro escritor, se basara en sus conocimientos y experiencias para escribir su novela, pero no pintó al natural. Es posible que jamás pisara algunos de los escenarios del libro y que escribiese sobre ellos de oídas y de segundas, con la licencia que otorga siempre la literatura y que los buenos lectores conceden con gusto. Sin embargo, yerran los cervantistas oficiales al ridiculizar con demasiado énfasis estos empeños (a menudo, financiados por instituciones públicas y patronatos de turismo, deseosos de colocar en sus pueblos placas conmemorativas de episodios de la novela). No entienden que los habitantes de la España vacía necesitan una confirmación continua y actualizada de sus mitos. Los cervantistas se centran en el texto y obvian el contexto de un libro que trasciende con mucho los márgenes de la literatura y que hace tiempo que devino seña de identidad y razón de ser para una parte extensa de la meseta sur ibérica. Hay un sustrato religioso, en tanto que mito fundacional, que la filología moderna, como buena ciencia descreída, desprecia, pero que tiene mucha importancia en la configuración y la autoestima de unas sociedades frágiles que se perciben a sí mismas como insignificantes y marginadas. Francisco Rico, Martín de Riquer y toda la élite del cervantismo hacen muy bien su trabajo, pero me pregunto, con Azorín, si don Cándido merece que le den tantos disgustos. Así como los nietos ateos dejan a su abuela bendecir la mesa y rezar un poco en la cena de Nochebuena, aunque se burlen de ella a escondidas, quizá sería saludable y digno dejar que los manchegos crean que los molinos de Campo de Criptana son los que salen en la novela, que las gentes del Moncayo sigan estremeciéndose con leyendas de brujas y que los turolenses se emocionen con sus amantes. Es condescendiente, pero un poco de condescendencia es preferible a la altanería del nieto que le dice a la abuela que no pierda el tiempo rezando, porque Dios no existe.

Quienes vimos la serie de televisión *Expediente X* sabemos que el agente especial Fox Mulder tenía un póster en su despacho (que estaba en un sótano sin ventanas, marginado y ridiculizado por todo el FBI) con la foto de un platillo volante y la leyenda *I Want to Believe*. Su compañera, Dana Scully, médico de profesión y científica de actitud, intentaba rebajar sus ilusiones y delirios, tratando de explicar desde la razón todos los fenómenos paranormales a los que se enfrentaban. Era la enésima encarnación del quijote-sanchopancismo, idealismo *versus* sensatez. Y, como en el clásico cervantino, el transcurrir de las aventuras provoca cierta simbiosis: el idealista Mulder va descreyéndose, mientras la descreída Scully va creyéndose algo. Pero no se produce la inversión de papeles del final del *Quijote*. Mulder conserva el afiche con ese lema, quiero creer, expresando una voluntad que exige un respeto. Es el mismo lema que sostienen los habitantes de la España vacía. Hay un interés económico evidente, pero va mucho más allá. Porque el turismo que quiere amparar es escaso y apenas deja ingresos para mantener a unas pocas familias. No protegen ninguna gallina de los huevos de oro porque, si existe esa gallina, es vieja y apenas pone un huevo raquítico cada mes. Protegen algo más indefinido y hondo: la voluntad de creer en una tierra a la que quieren seguir enraizados. Una tierra que muy a menudo les expulsa y que les ha expulsado, de hecho, siglo tras siglo. Protegen la construcción mítica del paisaje, la deificación de llanos y montañas, la convicción de que allí pasó algo alguna vez. Algo deslumbrante, misterioso y único, tal y como certificaron las leyendas. Como Mahoma y como Jesús, los románticos codificaron un mensaje divino, ejercieron de portavoces de Dios entre los humanos, y su palabra es sagrada porque es la divina. La construcción literaria del paisaje se ha leído como una revelación, y sus libros, como textos religiosos. Por eso hay tanta exégesis y tanta erudición que aspira a confirmar la literalidad de las leyendas. Es pura teología que sólo puede mover a risa a los filólogos modernos, pero contra los creyentes no cabe ciencia. Hay que dejarles creer en paz porque nada les va a desarmar. Ni Fox Mulder va a perder su fe en los extraterrestres, ni don Cándido va a dejar de pensar que Cervantes estuvo preso en su pueblo, ni la abuela va a dejar de rezar en Nochebuena. Alguien inteligente y compasivo, en vez de burlarse y refutarles, intenta comprender por qué quieren creer con tanta vehemencia.

En cuanto se mira bien, la identificación de la España vacía con sus propios mitos románticos se parece mucho a la identificación que mucha gente tiene con los romances del cine. Las grandes historias de la pantalla han educado sentimentalmente a varias generaciones en una idea del amor, y han intentado que sus propias relaciones se parecieran a las películas, de tal modo que la frustración se mide en la distancia que hay entre su vida y los romances cinematográficos, una distancia que se puede salvar con el autoengaño. Del mismo modo que muchas personas han exigido a sus parejas que se comporten como manda el canon del romance peliculero, los habitantes de la España vacía esperan que los datos históricos corroboren las leyendas. Quieren que la historia sea como tiene que ser. Y, si no lo es, se la coloca en el lecho de Procusto hasta que encaje bien. "Este señor es de los que ponen las cosas en leyenda", dice Martín, labriego de Argamasilla de Alba, ante el periodista Azorín cuando este visita el pueblo por encargo de *El Imparcial*.[127] Los habitantes de la España vacía sabían bien lo que hacían esos escritores: poner las cosas en leyenda.

A menudo, ha sido la propia academia la que ha alentado esta teología del paisaje. En 2005 (coincidiendo, como casi siempre, con una nueva efemérides; esta vez, el cuarto centenario de la edición príncipes del *Quijote*), un equipo interdisciplinar liderado por nueve investigadores publicó, bajo el paraguas de prestigio de la universidad Complutense, un estudio titulado *El lugar de La Mancha es... El Quijote como un sistema de distancias/tiempos*.[128] Durante trescientas páginas llenas de mapas, croquis y cálculos más o menos delirantes que incluyen estimaciones de tiempos de viaje en varios tipos de asnos y monturas con climas variados (cuesta más recorrer una legua en invierno que en verano, por la mañana que por la tarde, con lluvia o con sol, etcétera), acotan una zona del Campo de Montiel que reduce a tres posibilidades el nombre del lugar de la Mancha: Villanueva de los Infantes, Alcubillas y Fuenllana. Nueve profesores, recursos académicos y miles de horas de trabajo universitario dedicadas a resolver un enigma que cualquier lector sensato sabe que no es tal. Las imprecisiones, omisiones y vaguedades del *Quijote* no son pistas para resolver una incógnita, como si la novela fuera un tratado. Son, simplemente, literatura. La Mancha es el escenario de una ficción, un decorado, un espacio imaginado por el novelista para situar a sus personajes. El *Quijote* es, además, una novela de mucha acción, que no pierde nunca ritmo y en la que suceden muchas cosas. El narrador sólo se detiene a describir paisajes y a enumerar toponimias cuando las descripciones y las enumeraciones son funcionales y ayudan al avance de la trama. Las omisiones y las citas responden a criterios de eficacia narrativa.

Desde el siglo XVIII, que es cuando se empieza a estudiar en serio el detalle del *Quijote*, se sabe que Cervantes es un escritor muy descuidado, algo lógico si se tiene en cuenta que el libro fue escrito en una prisión y bastante deprisa ("redactado sin someterse a las constricciones de la escritura", a decir de Francisco Rico).[129] "Son proverbiales los 'olvidos' cervantinos. La mujer del escudero se llama a ratos Juana y a ratos Mari Gutiérrez, Teresa Panza, Cascajo o Sancha; los huéspedes del mesón cenan dos o tres veces; don Quijote no ha visto nunca y ha visto cuatro veces a Dulcinea; Ginés de Pasamonte se le lleva y no se le lleva la espada..., y así a cada paso. No menos celebrados han sido los anacolutos, los ejemplos de ambigüedad no deseada y las impropiedades lingüísticas: 'Pidió las llaves a la sobrina del aposento' (I, 6); 'escribir las cartas a Teresa de la respuesta' (II, 50); 'un libro en las manos que traía su compañero' (II, 59), etcétera, etcétera".[130]

Incluso los cervantistas más conscientes y defensores del carácter literario del *Quijote* citan sus pasajes con unas convenciones numéricas que recuerdan a los versículos de los libros sagrados (I, 6, etcétera). Porque, transcurridos cuatro siglos de culto y evangelización escolar, nadie puede ignorar el carácter religioso que la novela tiene en la cultura española. De ahí que haya tanto erudito a la violeta que, transido de fe y entrega sacerdotal, se la tome tan absolutamente en serio que acaba dando risa. Los esfuerzos ímprobos del equipo de la Complutense por marcar en un mapa el lugar de La Mancha se parecen a los esfuerzos de los tomistas por demostrar la existencia de Dios mediante operaciones de lógica aristotélica. Ambos están inspirados en la necesidad de creer. Quieren creer. Fox Mulder es el modelo. La vivificación de los mitos fundacionales de la patria requiere que sean verdad. Necesitan ser verdad. La estructura de la razón precisa de lo irracional para existir. Los estados, que son la expresión más eficiente y fría de la razón, no pueden existir sin la irracionalidad de los mitos. El libro tiene que ser verdad. Si no, La Mancha no existe.

El estado español (no España, sino el estado en el que se organiza el país) fue construyéndose poco a poco a partir de mediados del siglo XVIII desde la calle de Alcalá, donde aparecieron las primeras instituciones propias de un estado moderno (el Banco Central, Correos...), hasta alcanzar la última aldea de la última montaña ya empezado el siglo XX. Fue un avance muy lento, pero imparable, de lo que los liberales clásicos llamaban el progreso y que nosotros, educados en otra terminología, preferimos llamar modernidad. Desaparecieron todas las sombras medievales, los fueros, la omnipresencia clerical, muchos caciquismos, algunos irredentismos y casi todos los bandolerismos, así como el analfabetismo, el aislamiento y el hambre. También muchas lenguas peninsulares y tradiciones e instituciones que fueron sustituidas por la gramática castellana y el código civil. Pero, mientras ese estado avanzaba comarca a comarca, con estaciones de tren, puestos de la guardia civil, bancos provinciales, escuelas y oficinas de correos, se extendía sobre la inmensidad de la España vacía una capa mitológica que se impregnó en el paisaje. Esa es la paradoja, que la modernidad fue simultánea a la construcción y codificación de los mitos sobre el paisaje, porque la segunda era impensable sin la primera. Desde mediados del siglo XIX hasta la guerra de 1936, coincidiendo con la difusión y consolidación del poder del estado sobre todo el territorio que nominalmente administraba, se levantaron y fijaron todas las mitologías sobre el pasado, las leyendas, los tópicos y los lugares de España. El logos, encarnado en el Leviatán, permitió la construcción y permanencia del mito. Sin la vida literaria de Madrid, sin sus periódicos y sin su opinión pública (es decir, sin un estado con los atributos propios de la modernidad), Gustavo Adolfo Bécquer no habría podido dar forma al imaginario ventoso y otoñal del Moncayo.

Una tarde de 1840, en París, el poeta alemán Heinrich Heine coincidió con su amigo, el también romántico Théophile Gautier, en un concierto de piano. El segundo había anunciado que planeaba un viaje a España. Un periódico iba a enviarle como corresponsal para que contara la guerra carlista. Heine, malicioso, le preguntó a Gautier: "¿Cómo se las va usted a componer para hablar de España una vez que la conozca?".[131]

Hernani, de Victor Hugo, se había estrenado en París en 1830. Prosper Merimée editaría *Carmen* en 1845, un poco después del viaje de Gautier. En 1832 se publicó la primera versión de los *Cuentos de la Alhambra*, de Washington Irving, pronto traducidos a todos los idiomas occidentales. En 1836 se estrenó en Madrid *El trovador*, zarzuela de tema aragonés que se convirtió en un éxito. Hoy conocemos la adaptación operística que compuso Giuseppe Verdi y se estrenó en 1853. La ópera *Don Giovanni*, de Mozart, basada en el mito de don Juan, era representada a menudo en el París de la época, y un romántico como Gautier conocería también el mito del galán español a través de la versión inacabada de lord Byron. Muchos grandes literatos traducidos y leídos en Francia, como el ruso Alexandr Pushkin *(Los gitanos)* o el polaco Jan Potoki *(Manuscrito encontrado en Zaragoza)* habían escrito obras de tema español entre 1790 y 1840. Para los románticos, España era un tema vivo y de moda. Cualquier romántico podía escribir sobre España sin visitarla. De hecho, la mayoría escribía sobre España sin visitarla, pues se divulgaban suficientes tópicos sobre el país para que cualquier europeo tuviera una imagen nítida con la que jugar estética y argumentalmente. Por supuesto, muchos habían leído el *Quijote*, que, en 1863, el mismo año en que Bécquer descubrió el Moncayo, conoció en Francia una de sus ediciones más bellas y apreciadas por los libreros anticuarios, la ilustrada con grabados de Gustave Doré. La pregunta de Heine a Gautier es más que una broma maliciosa. Contiene una reflexión honda sobre la construcción de los mitos y la forma en que el contacto con la realidad que los sustentan los destruye. España, como sabían los románticos más perspicaces, no era tanto un país como una idea. No era un lugar, sino un escenario donde ubicar tragedias. Pero a algunos la curiosidad les pudo más que el ideal y, aunque sabían que toda esa mitología de la que estaban enamorados no resistiría el cruce de la frontera por Hendaya o La Junquera, se atrevieron a montarse en diligencias tiradas por mulas y atravesar la meseta tórrida o helada. Fueron tan numerosos estos viajeros románticos que sus libros crearon un subgénero literario y muchos, siguiendo el ejemplo del inglés Richard Ford, que escribió la primera guía práctica del país para turistas británicos, una *Lonely Planet* primitiva, se intitularon "curiosos e impertinentes". Casi nunca les gustaba la comida, les repelían los olores fuertes, se asfixiaban de calor y tiritaban de frío, pasaban miedo entre bandidos, se empachaban desayunando jícaras de chocolate, se estremecían ante las procesiones de Semana Santa y vomitaban o se exaltaban en las corridas de toros. En cada página viajaban del espanto a la sorna, pasando por algún lirismo contenido en el que reconocían noblezas atávicas y rasgos de carácter que se corresponden con libretos de ópera y frases del *Quijote*. Narraban una España bárbara, pero con una barbarie y un atraso distintos a los que habían imaginado. Sin épica, sin versos de Victor Hugo. Alexandre Dumas tuerce el gesto cuando le dan a probar un guiso de conejo, que para su paladar es lo mismo que comer ratas (que también se guisaban en comarcas paupérrimas).[132] Hans Christian Andersen, un poco más tarde, en la década de 1870, apenas se atreve a alejarse de las casas en las que se hospeda, intimidado por el gentío que se mueve por calles viejas y oscuras.[133] La tradición viajera y romántica, resumida por Richard Ford, que es quien aporta más datos porque su propósito es ser útil a otros viajeros, encuentra el país incómodo, sucio, destartalado, inculto y con una gastronomía pobre, antipática y mal cocinada. También peligroso, con caminos infestados de bandoleros. Gautier dice que la reina Isabel II se pasea en un carruaje que no destacaría en una calle de Londres, mientras los nobles circulan en calesas medio podridas, mal pintadas y rotas, acentuando la imagen de que todo el país está torcido, en ruinas o a medio hacer.

"En España –escribe Richard Ford hacia 1840–, excepción hecha de algunas grandes ciudades, faltan notoriamente bibliotecas, periódicos, cicerones y, en general, esos recursos que tan útiles suelen ser al viajero en otros países europeos".[134]

Madrid es un poblachón polvoriento lleno de vagos y prostitutas, el paisaje es de una ingratitud bárbara y no ofrece un solo árbol contra el sol que lo achicharra. En las ventas y en los pueblos a menudo no tienen nada que ofrecer a la hora de cenar más que un vaso de agua fresca de un botijo o un trago de Valdepeñas que se puede cortar con navaja. Sólo unos pocos ilustrados hablan francés, y casi nunca bien, por lo que los viajeros se encuentran perdidos en una jerigonza de mímica y palabras monstruosas y a merced de los muchos estafadores que les rondan. Todo eso se lee en los dietarios, cuadernos y memorias de viaje de los románticos europeos, sobre todo franceses, que cruzan España en pos de sus mitos. Germond de Lavigne escribió en 1859 que España "es todavía uno de esos países que no se pueden visitar sin haber hecho testamento".[135] Y entre tanta queja y desgracia de señorito bien criado se adivina algo que es común a todos los libros: un enorme disfrute. Se nota que el viaje está gozado intensamente y que encontrar una cultura tan peculiar e irreductible al lado mismo de su casa, nada más cruzar los Pirineos, les provoca una sensación muy parecida a la de las drogas. Los viajeros románticos se mueven por la Península colocados por el sol y el ajo, y se sienten privilegiados por disfrutar de algo así.

Richard Ford condensó con elegancia el imaginario de la España soñada por los románticos y sentimentales de toda Europa:

> Los que aspiran a lo romántico, lo poético, lo sentimental, lo artístico, lo antiguo, lo clásico, en una palabra a cualquier tema sublime y bello, encontrarán en el actual y el antiguo estado

de España material suficiente si vagan con lápiz y cuaderno en ristre por este curioso país, que oscila entre Europa y África, entre la civilización y la barbarie; ésta es la tierra del valle verde y la montaña desnuda, de la llanura ilimitada y la sierra abrupta, ya de jardines elíseos de viña, olivo, naranjo y aloe, ya de silenciosos y vastos páramos sin sendas ni caminos, dominio de la abeja salvaje. Aquí volamos de la uniformidad aburrida y la civilizada monotonía de Europa a la frescura chispeante de un país original que no ha cambiado, donde la antigüedad se da la mano con el hoy, donde el lujo y el exceso están junto a la privación y la pobreza, donde la falta de todo lo que es generoso y misericordioso se mezcla con las virtudes más heroicas y afectuosas, donde la crueldad más fría se encuentra al lado de las fogosas pasiones africanas, donde la ignorancia y la erudición se encuentran en violento y sorprendente contraste.[136]

El contacto con el país refuta su mito. "Pronto perderé Francia –escribió Gautier antes de cruzar la raya– y quizá pierda también una de mis ilusiones. Tal vez se disipe para mí la España del ensueño, la España del Romancero, la de los poemas de Victor Hugo, la de las novelas de Merimée y los cuentos de Alfred de Musset".[137] Como le previno Heine a Gautier, ya no se podía escribir de España después de conocerla. Pero la España que conocían era mejor, en barbarie e intensidad, que la que habían imaginado en óperas y poemas. A fuerza de componer libros de viaje que, a su vez, invitaban a otras personas cultas a cruzar los Pirineos y a dar a la imprenta sus propias visiones curiosas e impertinentes, entre 1840 y 1870 sedimentó una nueva mitología de España que acabaría asentándose sobre España misma, después de viajar por las capitales de Europa.

Lo que más llama la atención de los franceses que se adentran por la Península hacia el sur (hacia una Andalucía moruna llena de Sherezades) era lo poco poblada que estaba. En cuanto abandonaban los montes vascos y entraban en Castilla por el puerto de Pancorbo, se estremecían por la soledad del paisaje. "La despoblación en España es terrible. En tiempo de los árabes tenía treinta y dos millones de habitantes, ahora no tiene más que diez o doce",[138] escribió Gautier, que acierta al estimar los habitantes de 1840. Según el último censo, el de 1833, vivían en España 12.338.283 personas. Sin embargo, no sé de dónde se saca esas cifras de "tiempos de los árabes". Los cálculos más actuales (muy imprecisos, basados en estimaciones gruesas) dicen que no había más de cinco millones de habitantes en toda la Península en torno al año 1000. Es un tópico que se repite: muchos viajeros románticos creen que España está vacía porque se vació, y divulgan la especie de una edad de oro que suele coincidir con Al-Ándalus. La Alhambra, Córdoba, Sevilla y el esplendor perdido de las ciudades árabes, contemplado desde la tristeza del siglo XIX, les hacía soñar con un país populoso que nunca existió.

Me detengo en el libro de Théophile Gautier por la influencia que tuvo en los escritores españoles. Su *Voyage en Espagne* conoció varias ediciones en castellano y fue material de reflexión e impulso para que autores tan fundamentales en la construcción del paisaje como Miguel de Unamuno pensaran sobre su propio país. La insistencia en el yermo de Castilla y en la ingratitud de un llano despoblado influyó en la visión apocalíptica y redentora que la literatura española desarrollaría en el siglo XX. Cuando se acerca a Madrid, el romántico francés escribe: "No hay ni una gota de agua, ni una gota verde, ni un árbol; sólo arena amarilla y peñascos de color de hierro. Al alejarse de la montaña ya no se ven rocas, sino pedruscos, y luego de tarde en tarde alguna venta polvorienta o algún campanario de color parduzco, que recorta su perfil en el horizonte".[139] La sufijación es responsabilidad del traductor, Enrique de Mesa, que adopta un modo despectivo muy peninsular: *peñascos, pedruscos, parduzco*. En la morfología de las palabras se adivina un desprecio atávico por el paisaje que no está tan acentuado en el original francés. Donde Enrique de Mesa traduce *peñascos de color de hierro*, Gautier ha escrito *roches gris de fer*, cuya traducción menos pasional sería *rocas grises*. El término francés que se correspondería con peñasco sería *escarpé*, que existe también en castellano. Un escarpe o una escarpa es un declive áspero del terreno. Tiene verbo, más usado que el sustantivo, escarpar. Donde Enrique de Mesa escribe *pedruscos*, en el original de Gautier se lee *grosses pierres*, es decir, simplemente rocas, sin la connotación despectiva que el sufijo *-usco* otorga. Finalmente, donde Enrique de Mesa escribe *parduzco*, Gautier ha empleado un elegante y muy decorativo *couleur de liège*.[140] Es decir, color corcho.

Tras unos días en Madrid que a Gautier y a su acompañante se les hacen eternos y agobiantes, vuelven al camino, hacia el sur, donde sienten la emoción de adentrarse en los escenarios del muy citado *Quijote*. El primer pueblo quijotesco que visitan es Puerto Lápice:

> Puerto Lápiche *[sic]* consiste en algunas ruinas, dispersas aquí y allá o suspendidas en la pendiente de algunas laderas agrietadas a fuerza de calor y que se desgarran en extrañas heridas: aquello es el colmo de la desnudez. La miseria es tanto más desconsoladora cuanto que el resplandor de un cielo implacable hace resaltar toda su fealdad. La melancolía, envuelta en niebla de los países del Norte, no significa nada junto a la tristeza de los países luminosos y tórridos. Al ver aquellas casuchas, se siente lástima hacia los pobres ladrones obligados a vivir de su trabajo en una comarca donde no se encuentra con qué hacer un huevo pasado por agua en diez leguas a la redonda.[141]

En este pasaje, De Mesa ha suprimido dos oraciones del original francés (antes, ha omitido dos párrafos). Tras "aquello es el colmo de la desnudez", el texto de Gautier dice: *"Tout est couleur de liège et de pierre ponce. Le feu du ciel semble avoir passé par là; une poussière grise, fine comme du grès pilé, enfarine encore le tableau»* ("Todo es de color corcho y de piedra pómez. El fuego del cielo parece haber pasado por allí. Un polvo fino, como de arenisca, enharina aún más la meseta". La traducción es mía, y pido disculpas por ella). ¿Se saltó unas líneas? Es posible que se trate de un mero descuido, pero sorprende que Enrique de Mesa obvie unas oraciones insertadas en mitad de un párrafo. Son, además, unas de las pocas descripciones poéticas en un libro que no abunda en ellas, y que testimonian una mirada sutil en la que no encaja esa afijación despectiva que el traductor se empeña en colocar en la versión española. Esa forma en que el polvo enharina la meseta, precisamente en Puerto Lápice, junto a los molinos de viento que eran gigantes, es una alusión acertadísima al *Quijote*. El polvo del paisaje arrasado se vuelve harina que sale de las piedras de moler, como si aquella desolación fuera el silencio que dejó el héroe de Cervantes tras embestir los molinos. El polvo evoca un abandono. La harina, el recuerdo reposado de una vida que fue intensa y ya no es más. Sorprende que De Mesa, un poeta obsesionado tanto con la novela cervantina como con el paisaje castellano, no se admirase de estos apuntes casi impresionistas que desmienten el desapego y la repugnancia cínica que transmiten muchas páginas de la crónica viajera de Gautier. Sin embargo, no pierde ocasión, en ese mismo pasaje, de abusar otra vez de la afijación castiza y despectiva. Donde Gautier escribe *cahutes*, De Mesa traduce *casuchas*. Y no es incorrecta la traducción, pero hay otros vocablos en español que contienen ya el matiz de vivienda miserable. Por ejemplo, chozas o barracas. *Casuchas* es una nueva decisión estilística que acentúa el desdén del discurso por los páramos del paisaje. Y, aunque no se puede negar que Gautier cae a menudo en esa forma de mirar los yermos y las soledades, su traductor se encarga no sólo de resaltarla, sino de darle un sesgo hispánico y castizo. La afijación está a punto de convertir al romántico, frívolo, *parisien* e irónico Gautier en un regeneracionista español de brasero y copita de anís.

Enrique de Mesa (1878-1929) fue un poeta madrileño que aparece enumerado en algunas historias de la literatura junto al resto de nombres de la generación del noventa y ocho. Obsesionado con Castilla, fue un paisajista emparentado con el lirismo de Machado, pero sin alcanzar la sutileza y la emoción del poeta sevillano y con un patriotismo más ramplón y cursi en sus referencias a las glorias perdidas de Castilla, siempre con los cadáveres de santa Teresa y el Cid a cuestas. Hoy está olvidado, pero debió de tener cierto eco entre los azorines y unamunos. Su querencia por los temas españoles le llevó a traducir este libro de Gautier, pero también a Richard Ford, otro clásico de los viajes curiosos e impertinentes.[142]

En su poemario *La posada y el camino*, De Mesa publicó *Caminera*, un poema incluido posteriormente en muchas antologías colectivas.

Dice: "Sol de mediodía, Castilla se abrasa. / Tierra monda y llana: ni agua, ni verdor, / ni sombra de chopo, ni amparo de casa. / El camino, blanco. Ciega el resplandor".[143] ¿No es una mirada idéntica a la de Gautier cuando contempla la meseta? A la de Gautier cuando Gautier habla español, porque ya se ve que en francés no suena tan terrible. ¿No se dejó poseer el Enrique de Mesa traductor por el Enrique de Mesa poeta? ¿No puso en la pluma de Théophile Gautier su propia noción del paisaje?

La mirada cruel y desdeñosa hacia el paisaje del interior de la Península es una mirada española. Los extranjeros no han sido tan tremendistas al retratar la aridez y lo estéril. Incluso cuando los españoles han escrito desde un sentido patriótico y contra las visiones de España que se difundían en Europa, han sido más tajantes y duros que los textos que supuestamente refutaban. En 1772 apareció el primer tomo del *Viage de España* de Antonio Ponz, una referencia fundamental en la literatura de viajes ibéricos. Aunque el proyecto nació de un encargo que le hizo el gobierno (inventariar los bienes artísticos incautados a los jesuitas en Andalucía tras su expulsión), el impulso para escribirlo fue lo mucho que le había enfadado la lectura de la *Lettere d'un vago italiano ad un suo amico*, del religioso italiano Norberto Caimo, que caricaturizaba a los españoles y había sido recibida como una ofensa en los círculos de la monarquía. Sin embargo, al poco de echar a andar por los caminos peninsulares, a Ponz se le caen encima todo el sol y el polvo y la sed. Apenas ha escrito diez páginas (de los dieciocho volúmenes que tiene la obra, que recorre todas las regiones del país) cuando empieza a quejarse. Dado que su crónica es en realidad un informe, sus lamentos tienen forma de recomendaciones de funcionario puntilloso. En la primera carta, que narra el viaje de Madrid a Toledo, repite a cada paso que no hay árboles ni cultivos, que las vegas están desaprovechadas y que tanto yermo le apena. Como es constructivo y reformista, señala los lugares que cree propicios para plantar árboles que alivien el sol del camino.[144]

Para mi generación, la obsesión forestal es un estribillo conocido. Crecimos con las primeras campañas publicitarias del Instituto para la Conservación de la Naturaleza (Icona) en las que Joan Manuel Serrat cantaba *Todos contra el fuego*. Crecimos contando hectáreas quemadas año tras año. Crecimos con bomberos que visitaban nuestras escuelas y nos enseñaban a cuidar el bosque para prevenir incendios. También crecimos buscando ese bosque del que hablaban los bomberos, porque desde la ventana del aula sólo se veían cultivos y, un poco más allá, matorrales y yermo. En la clase de naturales, un profesor muy voluntarioso insistía en que aquellos pinos raquíticos y los zarzales donde crecían las moras eran un tipo de bosque llamado *mediterráneo*. Mi generación, que sucedió a la del *baby boom*, se acostumbró a los sucedáneos y a las marcas blancas de supermercado. Éramos la generación de los anuncios de Tulipán, una margarina que se vendía como más sana y rica que la mantequilla y que nuestros padres compraban con la mejor de las voluntades. Si el insípido Tulipán podía pasar por mantequilla cremosa, ¿por qué no iba a ser el bosque mediterráneo un bosque? Eso pensaban en la escuela, pero no nos convencieron porque no estábamos preparados para asimilar algo así.

Nuestros padres nos leían cuentos de los hermanos Grimm y de Andersen en versiones clásicas, y la mayoría de esos cuentos transcurrían en bosques de verdad, con fronda y sombra, donde un lobo feroz y una bruja podían esconderse y acechar. Sabíamos lo que era un bosque, teníamos clara la idea europea del paisaje y no podían engañarnos con sofismas botánicos. Los profesores tampoco creían que el bosque mediterráneo fuera un bosque de verdad, por eso le ponían el adjetivo *mediterráneo*. Pero estaba en los planes de estudio y había que fingir que sí lo era. Aunque tanto los profesores como los alumnos habíamos sido educados en el lamento por el desierto y la falta de árboles. Todos habíamos oído muchas veces el lugar común de que hubo un tiempo muy lejano en que una ardilla (o un mono, según las versiones) podía cruzar la Península de Irún a Cádiz saltando de árbol en árbol. Cada vez que el coche familiar atravesaba la meseta, alguien lo comentaba. Qué lástima. ¿Adónde fueron a parar esos árboles?

Mi generación fue la última en creerse el cuento de la ardilla. Yo no se lo he contado a mi hijo y dudo de que alguien lo haga, pero lo oí en la voz del naturalista Félix Rodríguez de la Fuente en una de las muchas reposiciones de la serie de televisión *El hombre y la tierra:* "En tiempos históricos España fue un paraíso forestal. Un águila imperial, la reina de las aves de nuestros bosques, hubiera podido sobrevolar la península ibérica sin dejar de sobrevolar un infinito manto verde. Hubiera viajado sobre pinares, sobre encinares, robledales, sobre bosques de coníferas, mediterráneos o caducifolios. Hoy, las últimas masas de nuestros bosques, en la cordillera pirenaica y cantábrica, permiten que las águilas puedan aún sobrevivir en un paisaje que debió constituir la generalidad de la península ibérica".[145] Con los nacidos a finales de la década de 1970 se perderá esta versión hispánica y forestal del clásico *ubi sunt tempore* que merecería una reformulación latina. Propongo algo así como *inamabilis sciurus*.

Nadie sabe de dónde sale la maldita ardilla, pues las fuentes históricas, basadas en las descripciones que hace Estrabón de Hispania como una extensión de montañas y bosques, no la mencionan. Sin embargo, Plinio el Viejo, una fuente mucho más fiable por lo prolijo de sus descripciones, dejó escrito que "los montes de las Hispanias, áridos y estériles y en los que ninguna otra cosa crece, no tienen más remedio que ser fértiles en oro".[146]

Por más que a un niño que creció arrullado por la voz antigua de Félix Rodríguez de la Fuente le duela refutar al señor de *El hombre y la tierra*, la verdad es que sólo contribuyó a agrandar un mito. Porque los últimos estudios dicen justamente lo contrario: nunca ha habido tantos árboles como ahora en España.[147] Los escritores españoles se han avergonzado de la aridez de su paisaje y le han dedicado páginas irónicas y despechadas, cuando no crueles. Incluso cuando se han limitado a constatar el desierto de forma somera y notarial, han sonado a burla. Aunque las alusiones pueden remontarse a los epigramas de Marcial y a la literatura de la Edad Media, como el paisaje es un invento muy moderno, la reflexión sobre él es tardía. Está en el *Quijote*, pero de una manera marginal y espontánea. Interesa no tanto por lo que hay en el texto de Cervantes cuanto por la influencia que esa visión descuidada y apresurada tuvo en los verdaderos inventores del paisaje español, de los románticos del XIX a Julio Llamazares.

Justo después del episodio de los molinos de viento, don Quijote y Sancho enfilan el camino a Puerto Lápice. Don Quijote refiere entonces la historia del caballero Diego Pérez de Vargas, conocido como Machuca porque machacó a muchos moros con un tronco que cortó de una encina: "Hete dicho esto –dice don Quijote a Sancho Panza– porque de la primera encina o roble que se me depare pienso desgajar otro tronco, tal y tan bueno como aquel que me imagino; y pienso hacer con él tales hazañas, que tú te tengas por bien afortunado de haber merecido venir a vellas y a ser testigo de cosas que apenas podrán ser creídas".[148] Este parlamento sucede al mediodía, pues Sancho empieza a comer poco después. Unos párrafos más abajo se lee que "aquella noche la pasaron entre unos árboles y del uno dellos desgajó don Quijote un ramo seco que casi le podía servir de lanza".

Es decir, que pasan al menos cinco u ocho horas de camino sin ver ni un árbol y, cuando encuentran unos pocos, don Quijote sólo obtiene un "ramo seco", nada que ver con el recio tronco con el que Machuca zurraba a los moros. No hace falta sacar la escuadra y la calculadora ni formar un grupo de investigación interdisciplinar en la universidad Complutense para entender la broma. Como en muchas otras ocasiones en el libro, el humor es ligero y se desliza casi sin querer entre parlamentos y acciones. Cervantes no midió las leguas de despoblado desde los molinos hasta la primera arboleda. No las recorrió a lomos de burro para asegurar la exactitud geográfica del pasaje. Simplemente indica, como hace en otros momentos, que La Mancha es un lugar pobre, sin sombra e ingrato. Más que eso: dice que La Mancha es un espacio ridículo, la parodia de un paisaje, como Dulcinea del Toboso es la parodia de una dama y don Quijote y Sancho son parodias de caballeros y escuderos. Menciona la ausencia de árboles porque sabe que sus lectores van a asentir. Sabe que a los españoles les avergüenza el erial. Un chiste sobre el páramo desarbolado siempre es bien recibido por los estepeños que se resignan a sufrirlo en una casa encalada y con un botijo a mano.

Que La Mancha era la parodia de un país y tenía un efecto humorístico queda claro desde el principio de la novela: "Pero acordándose que el valeroso Amadís no sólo se había contentado con llamarse

Amadís a secas, sino que añadió el nombre de su reino y patria, así quiso, como buen caballero, añadir al suyo el nombre de la suya y llamarse don Quijote de la Mancha, con que a su parecer declaraba muy al vivo su linaje y patria, y la honraba con tomar el sobrenombre della".[149] Es la última decisión del héroe, la que completa su transformación, y remata una serie de medidas estrambóticas que incluyen un caballo flaco que apenas sirve para nada, unas armas recicladas de aperos y una armadura hecha con trastos. Si hubiera escogido un paraje de Castilla la Vieja, no habría efecto cómico. Don Quijote de los Montes de Oca, don Quijote del Bierzo, don Quijote de Gredos o don Quijote de Zamora no tendrían sentido. La Mancha, en cambio, no sólo es Castilla la Nueva, cuna de nobleza menor y sin pedigrí de cantares de gesta (el propio Quijote es un hijodalgo sin hacienda, el escalafón más bajo de la nobleza castellana), sino que representa lo más ingrato del país, los cruces de caminos, las tierras baldías, las rutas peligrosas. Don Quijote y Sancho sólo se encuentran con malandrines: venteros sucios y timadores, prostitutas, ladrones, columnas de galeotes, cabreros que los muelen a palos, maltratadores de niños... La Mancha es un *finis terrae* inmenso donde sólo pueden suceder hechos terribles o ridículos.

Al principio del libro se insinúa que los delirios del caballero pueden ser culpa de golpes de sol que derriten los sesos. Delirios que rara vez son tan exagerados y están tan bien descritos como en el encuentro con Maritornes, personaje que ha pasado al habla común como sustantivo que significa "moza de servicio ordinaria, fea y hombruna".[150] Conviene detenerse en este pasaje del encuentro nocturno entre don Quijote y la chica asturiana: "Los cabellos, que en alguna manera tiraban a crines, él los marcó por hebras de lucidísimo oro de Arabia, cuyo resplandor al del mesmo sol escurecía; y el aliento, que sin duda alguna olía a ensalada fiambre y trasnochada, a él le pareció que arrojaba de su boca un olor suave y aromático [...]. Y era tanta la ceguedad del pobre hidalgo, que ni el tacto ni el aliento ni otras cosas que traía en sí la buena doncella no le desengañaban, las cuales pudieran hacer vomitar a otro que no fuera arriero; antes le parecía que tenía entre sus brazos a la diosa de la hermosura".[151]

En la distancia entre lo visto y lo imaginado que marca la descripción dual de Maritornes desde los puntos de vista del personaje y del narrador se fija el paradigma que sustenta toda la novelería. El lector toma partido por la visión del narrador porque es el cuerdo. Es fácil identificarse con ese narrador tan resabiado porque busca la complicidad de los que saben de qué va el mundo. Cervantes (o Cide Hamete, o el heterónimo que sea) tiene la mirada recta, y don Quijote, torcida. La dualidad entre delirio y normalidad no se establece entre la pareja de don Quijote y Sancho porque ya desde el principio se dice que el escudero está perdido para la causa de la verdad, pues, aunque ha vivido en el mismo pueblo que el hidalgo, lo conoce de siempre y sabe los detalles de su biografía, cree sus delirios y no los refuta. Aunque creérselos le cueste varias palizas y muchos sufrimientos. El enfrentamiento entre razón y locura se libra entre don Quijote y el narrador del libro, y el público no es neutral. Cide Hamete juega en casa, tiene a los lectores de su lado. Por eso les lanza guiños, los excita, los anima a burlarse del hidalgo ridículo al que vapulea. Esto ha tenido un efecto definitivo y catastrófico en la mirada que los españoles han proyectado sobre el paisaje de la parte vacía de su país. Porque el paradigma de Maritornes afecta a todo lo que don Quijote ve, toca, huele y sufre.

La novela fue un éxito que perduró décadas tras la muerte de su autor. Pero, en el siglo XVIII, el éxito se convirtió en sacralización. Fue durante el reinado de Carlos III, ese borbón que echó los cimientos del estado español. En 1780, al mismo tiempo que Madrid empezaba a dejar de ser el recurrente "poblachón manchego" de Mesonero Romanos para equipararse en mármoles y obras públicas a una capital europea de su tiempo, la Real Academia Española encargó al impresor Ibarra la primera edición erudita del *Quijote*. Con grabados, prólogos, estudios filológicos y biografías cervantinas. El estado español y el *Quijote* quedan unidos desde esa fecha. La novela se convierte en la mirada oficial sobre la patria. Desde ese instante, la literatura española no puede ignorar el libro. No hay escritor o artista que no se sienta interpelado por la obra. En 1780 empieza un diálogo que aún no ha terminado y cuyos efectos aún sufrimos. Desde 1780 nadie puede contemplar España sin el filtro del *Quijote*. Aunque no lo haya leído. De la misma forma que un europeo no puede escapar a la contaminación y el sesgo que impone el cristianismo, aunque no haya pisado jamás una iglesia ni haya recibido doctrina religiosa en el colegio. Está en el *Geist*, se incorpora a la personalidad como el sol broncea la piel. Basta con estar socializado para recibir su influjo. Con el *Quijote* sucede lo mismo. Su condición sacra y oficialista obliga a pasar por él cada vez que alguien piensa sobre España desde cualquier ámbito intelectual o artístico. Ninguna reflexión moderna sobre la historia, el presente, el futuro o la condición misma del país ha podido prescindir de Cervantes. Y esta es la fuente de muchos malentendidos y problemas con el paisaje español. Es el mal de Maritornes.

El influjo del *Quijote* ha hecho que la mirada que el narrador proyecta sobre las cosas se asuma como la mirada normal, correcta, inteligente y apropiada. De ahí que en la cultura española persista un cinismo, una distancia e, incluso, cierta agresividad, que es rara de ver en otras culturas europeas. Porque Shakespeare, Molière o Dante, como autores sagrados en sus respectivas lenguas, no tienen la acidez, la soberbia ni la ironía de Cervantes. Incluso cuando se ponen moralistas, su retrato de costumbres es mucho más amable y condescendiente o está oculto por claves y códigos que tienen que ver con la tragedia clásica y los arquetipos religiosos. Dante eligió la alegoría; Shakespeare, el mito y la tragedia, y Molière, el más parecido a Cervantes, fue un censor de lo que un marxista llamaría la clase dominante. El *Quijote*, en cambio, es un friso de lumpen y marginalidad. La amoralidad y la fealdad están en las clases populares. No hay nada parecido a Maritornes en Molière. Sus preciosas ridículas son señoritas de la nobleza cuya idiotez insoportable se parodia.[152] En el *Tartufo* arremetió contra la curia, y su misántropo es un noble amargado. Cabe una lectura jacobina y marxista de Molière como quintacolumnista del *ancien régime*. Sin embargo, es muy difícil que un propagandista enamorado de la exaltación de las clases populares al estilo de *La madre,* de Gorki, tuerza el texto cervantino hasta que se lea como un alegato contra la tiranía. Se puede hacer y se ha hecho, pero la ironía y el humor socarrón de Cervantes son tan poderosos que anulan cualquier acercamiento bienintencionado. No hay piedad en el *Quijote* para Maritornes.

El mundo posmoderno ha ampliado los círculos de empatía, como los llama el filósofo Steven Pinker.[153] Nosotros, occidentales del siglo XXI, no creemos que la mirada del narrador sobre Maritornes sea la mirada apropiada. Incluso comprendemos que don Quijote encuentre bella a la chica porque no creemos que la belleza sea un ideal objetivo y estamos convencidos de que cualquier persona puede ser hermosa a los ojos de alguien. Burlarse de un feo y de quien cree que su fealdad es hermosa es de mal gusto. El narrador de Cervantes sería hoy un tipo odioso y censurable.

El mal de Maritornes está muy extendido en la cultura española. España ha sido retratada constantemente como una "moza de servicio ordinaria, fea y hombruna", y quienes han querido verla con ojos de Quijote o, simplemente, con una mirada más comprensiva y cercana a la empatía, han sido juzgados como simples, cursis o, ya en siglos cercanos, fascistas. Triunfa el tópico de la patria como madrastra y no como madre. Y no es infrecuente el hiperbólico madrastrona, con esa afijación castellana que en los escritores españoles sustituye a la mayoría de las figuras retóricas. La literatura española pasea por un baldío sin árboles en cuya descripción sólo cabe el desprecio.

Por eso, cuando Bécquer y los románticos empezaron a construir el paisaje español, lo hicieron en escenarios limpios de contaminación quijotesca. Tuvieron que dar muchos rodeos para encontrar parajes que el hidalgo y su escudero habían dejado sin transitar, y eso excluía la planicie central. Bécquer se echó al monte. Subió a Moncayo y desde allí pintó una península menos cruel, delicada, con sombras y matices. La luz de Cervantes es cenital y fuerte, y resalta las arrugas, granos y pelos de Maritornes (como cenitales son las luces de Galdós, Valle, Baroja e incluso Lorca). Bécquer cambia el tono. Orienta los focos con sutileza y baja la intensidad hasta que la silueta de Maritornes, tocada por un rayo de luna, se vuelve misteriosa, deseable, erótica. Donde los lugareños llevan siglos viendo un monte pelado y hostil, Bécquer, usando como gafas un montón de poesía alemana romántica, les enseña que algo de maquillaje, un ángulo adecuado, un poco de luz crepuscular y un vestido bien puesto pueden hacer de Maritornes la reina del baile. Donde Cervantes se pone procaz y busca la carcajada de taberna, Bécquer susurra el cuento de Cenicienta. Para ello tiene que esquivar el influjo de Cervantes. La España romántica se levanta desde los márgenes y, poco a poco, libra una batalla fatigosa contra el *Quijote*.

Los paisajistas españoles (literarios y artísticos) de los siglos XIX y XX trabajaron con una desventaja enorme en comparación con los paisajistas ingleses y franceses. Antes de describir el paisaje, tenían que convencer al público de que merecía ser descrito. En aquella época, un grupo de intelectuales hizo un esfuerzo casi teológico por construir una especie de epistemología del paisajismo español. Los edificios conceptuales que Unamuno, Machado, Ortega, Marañón (en menor medida como intelectual, pero con más influencia como político), Azorín y otros levantaron con tenacidad escolástica en los años anteriores a 1936 son una forma de sobreponerse al mal de Maritornes. En Francia no pierden tanto tiempo. Proust no debe convencer a sus lectores de que los alrededores de Combray son bellos. Unamuno, en cambio, tiene que persuadirnos de que la "moza de servicio ordinaria, fea y hombruna" puede merecer los mismos versos sinceros que la Laura de Petrarca.

Sin dejar a Cervantes, hay dos viajes quijotescos que ilustran cómo las miradas modernas sobre el paisaje han superado el mal de Maritornes. Ambos fueron crónicas periodísticas y ambos se encargaron para celebrar un centenario. La primera es la ya citada *La ruta de don Quijote*, que Azorín escribió para el diario *El Imparcial* en abril de 1905. La segunda es una serie de crónicas publicadas bajo el epígrafe *El viaje de don Quijote* en julio y agosto de 2015 con la firma de Julio Llamazares en el diario *El País*. Azorín y Llamazares son dos de los grandes inventores del paisaje español, y su forma de volver al clásico de Cervantes sobre el propio suelo manchego con más de un siglo de intervalo, un resumen perfecto de la relación intensa, problemática y religiosa de los españoles con su territorio central.

Azorín es, junto a Unamuno y Machado, el inventor de Castilla. No deja de ser curioso que hayan sido un vasco, un valenciano y un sevillano, periféricos y marítimos (que el Guadalquivir es un puerto de mar lo tiene claro todo el mundo), quienes hayan construido el paisaje de la meseta, extraño para ellos. Los tres lo descubrieron de adultos. No hay nostalgias infantiles pegadas a sus piedras, por eso predomina en ellos la actitud del conquistador y descubridor. Castilla es una afinidad electiva. Es probable que la procedencia costera de los tres escritores influyese en su visión del llano mesetario como un océano de tierra. Julio Llamazares, en cambio, es leonés. Su relación con los paisajes de la España vacía es mucho más íntima y germinal. Quizá por eso, cuando a Azorín le encargan unas crónicas de viaje por La Mancha del *Quijote*, se dedica a "atalayar" el paisaje. Atalayar es un verbo de origen castrense que el cronista usa para fines pacíficos de contemplación, pero es una contemplación que tiene que ver con el descubrimiento. Se atalaya para vigilar los movimientos de las tropas enemigas, pero también para reconocer el terreno que se va a conquistar. Azorín se sube adonde puede para mirar la planicie manchega y pintar con sus palabras impresionistas detalles que pasan inadvertidos a ras de suelo. Porque Azorín, en este viaje quijotesco, está empeñado (sutilmente empeñado, implícitamente empeñado) en subvertir el mal de Maritornes. Atalaya el paisaje para ser justo con él, para huir de la mirada cáustica y procaz de Cide Hamete, pero también de la fantasiosa del hidalgo.

Azorín ha leído a Richard Ford y a Théophile Gautier. Ha leído a los viajeros románticos y está acostumbrado a sus descripciones del llano, tan armonizadas con las de Cervantes. Por eso, en sus textos, suaviza la crueldad de la imagen tradicional. Desde lo alto de uno de los molinos de Campo de Criptana (se supone que los mismos que embistió el Quijote), escribe: "Yo columbro por una de esas ventanas la llanura inmensa, infinita, roja, a trechos verdeante; los caminos se pierden amarillentos en culebreos largos, refulgen las paredes blancas en la lejanía; el cielo se ha cubierto de nubes grises; ruge el huracán. Y por una senda que cruza la ladera avanza un hormiguero de mujeres enlutadas, que han salido esta madrugada –como viernes de cuaresma– a besarle los pies al Cristo de Villajos, en un distante santuario y que tornan ahora, lentas, negras, pensativas, entristecidas, a través de la llanura yerma, roja".[154]

La paleta de colores es larga y de contraste. Sobre un fondo rojo hay momentos verdes y trazos amarillos y manchas blancas. Grises en el cielo y manchas negras en movimiento, presencia humana. Aunque el adjetivo *monótono* aparece muy seguido en el libro, sus descripciones no sólo son animadas y coloristas, sino que buscan algo que todo el mundo negaba y niega: el verde. Como en los libros de buscar a Wally, Azorín busca el árbol en el llano manchego. Y casi siempre lo encuentra. No hay fulgor de verdura que escape a su ojo. Anota cada detalle que rompe la monotonía árida de los surcos y el barbecho y lo celebra con fiestas de jerga de herbolario. Así, de camino a la cueva de Montesinos, escribe: "Y sobre las colinas sombrías, hoscas, los romeros, los tomillos, los lentiscos extienden su vegetación acerada, enhiesta; los chaparrales se dilatan en difusas manchas; y las carrascas, con sus troncos duros, rígidos, elevan sus copas cenicientas, que destacan rotundas, enérgicas, en el añil intenso...".[155]

Por supuesto, es Azorín, es el noventa y ocho, es el año 1905. Hay mística nacional y nacionalista. Hay doctrina, hay un programa ideológico y moral bien conocido. Ese que saca de lo árido y vacío del paisaje un carácter original, individualista, anarquista e imperial. Ese que explica la conquista de México por la forma en que una carrasca se inclina en la dehesa de Extremadura, porque tanto la carrasca como Hernán Cortés son hijos de la misma tierra. Aparecen –involuntarios– los mimbres del futuro programa de Falange Española, mezcla de integrismo religioso santateresiano y chulería de soldado sin desayunar: "Hay en esta campiña bravía, salvaje, nunca rota, una fuerza, una hosquedad, una dureza, una autoridad indómita que nos hace pensar en los conquistadores, en los guerreros, en los místicos, en las almas, en fin, solitarias y alucinadas, tremendas, de los tiempos lejanos".[156] Qué remedio. Azorín y compañía no miraban por mirar. Querían demostrar algo. Atalayaban no sólo para descubrir colores, sino un alma eterna que creían dormida y aspiraban a despertar con adjetivos e invocaciones arcaicas. Eran hijos del siglo XIX y creían que el paisaje hacía a los hombres y no al revés. Quizá por los desastres posteriores de la historia española, los estudiosos sólo se han fijado en esta dimensión mística, mucho más fiera en los textos de Unamuno y prácticamente invisible en los de Machado, pero a mí me interesa mucho más la forma sutil y puntillista con la que Azorín suaviza, tirando de verdes y azules, el pardo harinoso de la meseta.

En Puerto Lápice hay, "por este extremo de la campiña, como alegrándola a trechos, acá y allá, macizos de esbeltos álamos, grandes chopos, que destacan confusamente, como velados, en el ambiente turbio de la mañana".[157] Siempre busca árboles y, si no los encuentra, se desespera: "Yo extiendo la vista por esta llanura monótona; no hay ni un árbol en toda ella".[158] Sin verde, se desliga de la tierra, vuela incorpóreo "por las regiones del ensueño y de la quimera". "¿De qué manera no sentir que un algo misterioso, que un anhelo que no podemos explicar, que un ansia indefinida, inefable, surge de nuestro espíritu? Esta ansiedad, este anhelo es la llanura gualda, bermeja, sin una altura, que se extiende bajo un cielo sin nubes hasta tocar, en la inmensidad remota, con el telón azul de la montaña. Y este ansia y este anhelo es el silencio profundo, solemne, del campo desierto, solitario".[159]

Se adelanta Azorín cincuenta años a los *beatniks* y a los *hippies* estadounidenses. El calor, la soledad y la inmensidad plana, en vez de inspirarle sufijos despectivos que en otros autores suenan a escupitajos sobre el polvo, lo llevan a un estado alterado de conciencia propio de un budista californiano que se ha pasado con el peyote. Incluso se puede maliciar que los árboles y colores que ha descrito en otras partes del libro son alucinaciones manchegas. Sea como fuere, el cronista no se siente expulsado, sino atraído hacia el lugar. No maldice su sequedad, su sol y su polvo. No lamenta nada y celebra todo, aceptándolo tal cual se le presenta. Así supera el mal de Maritornes, enamorándose de ella. Aunque para enamorarse haya tenido que ceder a anhelos y ansiedades propias del *Quijote*.

Más que con pluma, parece que Azorín escribe con lima de recortar asperezas. Ablanda y suaviza el paisaje y traslada esa forma de limar a las personas que lo habitan. La galería de personajes que recorren las crónicas es el reverso positivo de la caterva de indeseables y malandrines que se cruzan don Quijote y Sancho por esas comarcas. Especialmente las mujeres: "Juana María es manchega castiza. Y cuando una mujer es manchega castiza, como Juana María, tiene el espíritu más fino, más sutil, más discreto, más delicado que una mujer puede tener".[160] Jamás dijo Cide Hamete algo parecido de Aldonza Lorenzo, de Maritornes o de la mujer de Sancho, aunque bien es cierto que Maritornes no era manchega, sino asturiana. Hay una amabilidad morosa en cada página de la ruta del Quijote de Azorín que borra no las asperezas del terreno o de la gente que vive en el erial, sino las de la prosa de Cervantes. Rompe la distancia irónica (la ironía de Azorín es tan ingenua que apenas puede llamarse ironía) y dibuja un retrato de costumbres que, "a trechos", por usar una expresión azoriniana, roza lo condescendiente y –ay– lo cursi, pero sin llegar nunca a ser ni una cosa ni la otra.

La ruptura no es sólo estilística. Al comienzo del viaje, el director de *El Imparcial* lo citó en su despacho para darle las instrucciones y entregarle un revólver pequeño que guardaba en un cajón. "Ahí tiene usted ese chisme, por lo que pueda tronar",[161] le dijo el director, José Ortega Munilla, padre de Ortega y Gasset. El cronista omitió este detalle. En ningún momento cuenta que viajaba armado. Esta anécdota la refirió muchos años después, en 1941. Si Ortega Munilla le entregó un arma fue porque tenía una imagen peligrosa, salvaje y hostil del campo español. No era un lugar para que un señorito poeta se paseara con traje y sombrero. La omisión del arma y su empeño en resaltar a cada instante lo amable del paisaje y de las personas que lo habitan puede tener algo de desafío hacia los prejuicios de su capitalino director. Como si Azorín rechazase de raíz el mal de Maritornes y quisiera convencer a los ridículos petimetres de Madrid de que aquella parte del país es digna, sutil, hermosa y cándida. "Paz de la aldea, paz amiga, paz que consuelas al caminante fatigado, ¡ven a mi espíritu!",[162] invoca el periodista.

Lo siniestro y lo amenazante no está en los caminos, en el yermo ni en las calles de los pueblos. Lo más triste y terrible que percibe Azorín es el abandono. Las páginas que dedica al Toboso –en las que emula la entrada nocturna de don Quijote y Sancho, en la que se chocan contra el muro de la parroquia y don Quijote dice "con la iglesia hemos dado, Sancho"– son un anticipo de toda la literatura de la despoblación que se escribirá a partir de la década de 1960. El paisaje que rodea el pueblo es monocromo, sin el consuelo de la paleta de colores que pinta en otros sitios. "Las encinas que estaban propincuas al Toboso y entre las que don Quijote aguardaba el regreso de Sancho, han desaparecido".[163] Es una de las pocas veces en que Azorín hace una lectura literal del *Quijote* y cree que las encinas descritas en el libro existieron de verdad. Le conviene creerlo, pues su desaparición sirve de presagio a la tragedia del Toboso. Que los árboles ya no estén indica que algo terrible ha sucedido. La entrada a la población lo confirma: "Un silencio profundo reina en el llano; comienzan a aparecer a los lados del camino paredones derruidos. En lo hondo, a la derecha, se distingue una ermita ruinosa, negra, entre árboles escuálidos, negros, que salen por encima de largos tapiales caídos".[164] Adjetivación y cromatismo tenebristas, "síntesis de toda la tristeza de La Mancha".[165] "¿Cómo el pueblo del Toboso ha podido llegar a este grado de decadencia?",[166] se pregunta el caminante. Le cuentan que la localidad no es ya "ni la sombra de lo que fue", que muchos vecinos han emigrado y han abandonado las casas, que se caen sin que nadie las repare. Describe un cuadro clásico de despoblación que adorna con ribetes mortuorios y crepusculares: "Y es un espectáculo de una sugestión honda ver a estas horas, en este reposo inquebrantable, en este ambiente de abandono y decadencia, cómo se desliza de tarde en tarde, entre las penumbras del crepúsculo, la figura lenta de un viejo hidalgo con su capa, sobre el fondo de una redonda puerta cegada, de un esquinazo de sillares tronchado o de un muro ruinoso por el que asoman los allozos en flor o los cipreses".[167] El ciprés, árbol propio de los cementerios y símbolo recurrente de muerte.

Es cierto que la primera gran ola de despoblación en España se produjo en el siglo XIX debido a un parásito que destruía las viñas, la filoxera, que devastó millones de hectáreas y llevó a la ruina a miles de familias que abandonaron sus pueblos.[168] Pero este mal no afectó al Toboso. He consultado los censos de población entre 1857 y 1910, buscando las cifras que confirmen esa desolación que describió Azorín en 1905 y no he encontrado nada que la justifique. Quizá el censo de 1857 no sea muy fiable, pero los posteriores sí lo son, e indican que la población del pueblo toledano fue muy estable. Siempre lo ha sido, de hecho. Hoy se mantiene en unas cifras muy parecidas a las de comienzos del siglo XX. En 1857 tenía 2.042 vecinos, que habían bajado a 1.895 en 1900. Es decir, que en medio siglo había perdido poco más del 5% de su población. No parece una catástrofe en un país en el que los pueblos se reducen a la mitad o desaparecen en menos de un lustro. En el censo de 1910 volvió a superar los 2.000 habitantes (2.179), lo que indica que, en 1905, cuando Azorín lo visitó, estaba creciendo.

¿Por qué tuvo la impresión de que el Toboso se despoblaba, cuando sucedía justo lo contrario? Nunca lo sabremos y, la verdad, no importa mucho. No es la primera vez que las impresiones subjetivas de un cronista son desmentidas por la ciencia estadística. Al final, un paseo no es más que un paseo. Lo importante es que Azorín hizo aquí una de las primeras crónicas sobre el vaciamiento de la España interior. Quizá no estaba contando un vaciamiento real, pues está claro que no había tal cosa. Quizá, mareado al atardecer, alucinado, afectado por un estado alterado de conciencia, tuvo un presagio del vaciamiento posterior. Una revelación: vio algo que no estaba pasando, pero que iba a pasar.

Julio Llamazares, al reescribir ese viaje de Azorín en 2015, confirma la mirada compasiva. El mito de Maritornes ha expirado, pero se constata otro, el que tiene que ver con el maná del turismo que nunca llegó. Esas apuestas municipales por explotar las glorias del libro sagrado del *Quijote* y que nunca ha movido a las masas. Algunos japoneses llegan en autobús a los molinos de Campo de Criptana, hacen unas fotos y vuelven a Madrid antes de que se haga de noche, pero la mayoría de los turistas no pasa de Toledo.[169]

No quiero abundar en noventayochismos bien conocidos por cualquier lector que frecuente la tradición literaria española. Tan sólo constato, en palabras de un geógrafo ilustrado que ha estudiado la construcción del paisaje ibérico, que la influencia que estos escritores de principios del siglo XX tuvieron sobre la forma en que los españoles vivimos y sentimos nuestro propio paisaje "es de tal vigor [...] que no sería una exageración cultural decir que ver Castilla sin conocer a Machado es como no verla del todo ni esencialmente".[170] Es verdad, pero yo voy más allá. Cuando miramos adormilados por la ventanilla del coche o del tren y nos perdemos unos segundos en el horizonte plano de la meseta, entramos sin querer en un verso de Machado. No se trata tanto de que el paisaje sea incomprensible si no se ha leído a Machado, sino de que no podemos ver el paisaje de una forma distinta a la de Machado, aunque no hayamos leído a Machado. Y esto es porque todos hemos leído a Machado aunque no hayamos abierto un libro suyo en la vida.

En sus cursos de literatura rusa en la universidad de Cornell, Vladimir Nabokov explicaba *Anna Karenina* dibujando en la pizarra el plano de un vagón de primera clase de la línea Moscú-San Petersburgo en la década de 1870. Describía cómo eran los asientos, la disposición de las ventanillas, los colores, la textura del tapizado, la calidad de las maderas y el olor al té hirviendo en el samovar. Sostenía Nabokov, en una de esas *boutades* que sus lectores no sabemos si tomar en serio o como un chiste de aristócrata viejo, que era imposible comprender *Anna Karenina* si no se había viajado en uno de esos trenes. Por eso insistía mucho en que sus alumnos se hicieran una idea, siquiera aproximada.[171] Algo parecido sostienen muchos estudiosos de la literatura española. ¿Se puede entender a Unamuno sin haber visto nunca la meseta? ¿Es la de la generación del noventa y ocho una literatura incomprensible para un extranjero que no haya estado nunca en Segovia?

No hay propiedad conmutativa en estos términos. Sucede al revés: no se entiende el paisaje español sin esa literatura. Porque el paisaje, como ya he escrito más arriba, es una invención. El paisaje es literatura. Y esa literatura ha impregnado la educación sentimental de varias generaciones de españoles. Es un estándar. No hace falta leer a Azorín porque está en el cine, en la televisión, en la cultura popular y en la forma en que los padres enseñan el mundo a sus hijos. Miramos como ellos. No podemos evitar ponernos místicos ante la planicie española, acongojarnos aunque sea un instante desde la ventanilla del AVE. Entre el mal de Maritornes y la exaltación bíblica y redentora,

189

el paisaje español sigue siendo algo fundamentalmente extraño. Para un europeo, el paisaje es un parque. El paisaje se pasea, se disfruta, se contempla. Un español, en cambio, necesita hacer algo más. Necesita salvar a las gentes que se achicharran en el yermo, necesita llenarlo de árboles, modernizarlo con autopistas, irrigarlo con canales y pantanos. Un español tiene que intervenir porque le ha tocado un paisaje que no es paisaje, sino un problema a resolver. Una especie de enigma esotérico que esconde en el polvo la respuesta a lo que se ha sido y se es. En cualquier caso, algo que no forma parte del que observa. Ya sea desde el desprecio del *Quijote* o desde la redención religiosa de Unamuno y los noventayochistas, un español marca distancias con su paisaje. Y eso quiere decir que las marca también con la gente que lo habita. Especialmente, si ellos proceden de allí. No hay desapego más grande y definitivo que el que siente el hijo de la estepa por su cuna o la de sus padres. Frente al deseo de volver que impregna la literatura de Proust, los españoles tienen el deseo de huir. De ahí, en parte, la identificación de la meseta como un mar de tierra, y sus viajeros como marineros. Gentes de paso, sin raíces, que surcan parajes extraños en busca de aventuras, nunca en busca del reconocimiento de sí mismos.

VII
MANOS BLANCAS NO OFENDEN

> Calomarde no era mal parecido ni carecía de urbanidad, aunque hueca y afectada, como la del que la tiene más bien aprendida que ingénita. La humildad de su origen se traslucía bastante.
>
> BENITO PÉREZ GALDÓS,
> *Los cien mil hijos de San Luis* (1877)

*T*enía cincuenta y siete años cuando murió, pero aparentaba más. Quizá por su muy torpe aliño indumentario, por los dos penachos de canas enmarañadas que flotaban detrás de su calva o incluso por su voz, prematuramente anciana, que nunca sonó juvenil. O quizá porque, al menos desde la perspectiva de mi generación, siempre había sonado en compañía de locutores mucho más jóvenes o que aparentaban serlo. Joaquín Luqui era, desde que tengo conciencia, el abuelo de la radio musical española. Un locutor carismático de voz rota y entusiasmo impostado que parecía traer alegrías de otros tiempos. Murió en 2005. Marca de Los Cuarenta Principales, la cadena más comercial, fue una especie de Jimmy Savile español,[172] el rey de las listas de éxitos, el Dios de la industria discográfica, el hombre al que todos los aspirantes a estrella del pop debían cortejar. Y ese hombre tan deseado por chicas yeyé con el pelo alborotado y las medias de color no era un ejemplo de sofisticación. El torpe aliño indumentario del que he hablado no era machadiano. Sus (pocas) greñas blancas no estaban inspiradas en el punk y sus jerséis de rombos y coderas aún no podían ser considerados moda hípster, sino sencillamente lo que eran, la ropa propia de un señor de Caparroso, Navarra.

Porque Joaquín Luqui nunca fue ni fingió ser otra cosa que un vecino de Caparroso, localidad de la Ribera navarra de unos dos mil quinientos habitantes, y esa es la razón principal por la que su biografía es pertinente para este ensayo. Si Luqui hubiera nacido en Kansas, su vida habría sido la enésima realización del sueño americano: chaval de pueblo perdido que sueña con ser locutor va escalando puestos en varias emisoras, hasta que triunfa como señor y estrella del número 32 de la Gran Vía de Madrid, donde están los estudios de Los Cuarenta Principales. Pero en esta España vacía, las vidas tienen otras lecturas en las que el éxito y las metas importan menos que el itinerario. Nacer en Caparroso en 1948 era nacer en un estado dentro de un estado. Navarra era un gueto carlista dentro de la España de Franco, la única región que funcionaba con cierta autonomía e incluso lo que hoy llamaríamos autogobierno.[173] Fue el pago que el régimen dio al favor decisivo que le hicieron los carlistas de obediencia navarra (había otros carlistas en España, pero esos no interesaban tanto) al poner al servicio de los militares sublevados de 1936 cuarenta mil voluntarios requetés armados y perfectamente instruidos en el combate, que resultaron cruciales para el control de algunos territorios en las primeras semanas de la guerra y para la caída del frente del norte, ya en 1937. Navarra era, desde mediados del siglo XIX, el baluarte del carlismo. La única parte de España donde existía como cultura política dominante y con muy escasa oposición. En 1948, el año en que nació Joaquín Luqui, no había una sola institución, entidad, club de fútbol, tertulia literaria, periódico, granja lechera, peña taurina, escuela o club excursionista de Navarra que no estuviera influida fuertemente por el espíritu del carlismo. En el resto de España, el tradicionalismo se había desdibujado o desaparecido bajo el engranaje del estado franquista, pero en la región foral seguía vivo. Institucionalizado, sin beligerancia, sin reclamar el trono (entre otras razones, porque no había ya trono que reclamar) y conformado con su parcela de poder en una geografía familiar y llena de toponimia épica y legendaria. No era exagerado decir que cada navarro que nacía era un nuevo carlista.

Joaquín Luqui, la estrella de la radio pop, nació en un ambiente donde la palabra tradición siempre se escribía con mayúsculas y el credo se rezaba en familia. Fue al colegio de los maristas de Pamplona y no manifestó incomodidad ni rebeldía con el entorno filoteocrático en el que creció. De tal forma que, a los dieciocho años, entró como meritorio en *El Pensamiento Navarro*, el órgano periodístico oficial del carlismo, y de ahí pasó a Radio Requeté, la actual Radio Pamplona. Como su nombre indica, era una emisora orgánica al servicio del poder carlista, y allí empezó Luqui a emular a los famosos pinchadiscos de la BBC, entre boinas rojas e himnos montaraces que recordaban que sus padres murieron por Dios, por la patria y por el rey, y que por Dios, por la patria y por el rey, morirían ellos también. Entre 1966 y 1969 (los más creativos y desbordantes de la historia del pop) presentó varios programas musicales. El más famoso se llamaba *Requeterritmo*. Que la vieja guardia requeté no considerase aquel juego de palabras una blasfemia dice mucho de la capacidad del carlismo navarro para adaptarse e impregnar todos los recovecos de la vida.[174]

En la Europa democrática eso era más difícil. Las pautas vigentes en la década de 1960 identificaban modernidad con transgresión. El conformismo y el apoliticismo eran reaccionarios y caducos. A menudo, había que pagar precios muy altos por vivir en la modernidad. Pienso en Pier Paolo Pasolini y en su asesinato en las afueras de Roma en 1975, pero también en la marginalidad de los situacionistas franceses o en el estado de colisión permanente que los ingleses nacidos después de 1945 mantuvieron con sus padres, llevando el conflicto intergeneracional a extremos nunca vistos. Lo mismo se puede decir de Estados Unidos, donde el relato nostálgico y edulcorado de aquella década esconde a menudo una violencia política que se desataba contra cualquier expresión que cuestionase la normalidad. Todos eran países democráticos y plurales.

En cambio, la cultura pop en España no ha planteado apenas conflictos ni rupturas y siempre ha oscilado entre un apoliticismo conveniente y un oficialismo no menos fructífero. Al margen de unas pocas turbulencias entre los cantautores más politizados de los años 70 y, ya en democracia, algún pequeño escándalo por cuestiones morales y estéticas (como el del grupo de punk femenino Las Vulpess cantando en Televisión Española su único éxito "Me gusta ser una zorra") o ciertos episodios en el avispero de Euskadi (quizá la única música que ha sido verdaderamente incómoda y abiertamente perseguida haya sido el llamado rock radical vasco, vinculado a la política *abertzale* y con coqueteos a menudo algo más que retóricos con ETA),[175] el pop español ha sido un acompañante dócil, festivo y agradable que no ha hecho sufrir a ningún político. No hay en España casos de disidencias incómodas ni de ofensivas moralistas equiparables a los que se veían en la década de 1960 en los países democráticos.

El de Joaquín Luqui es un viaje asombroso si se narra desde parámetros franceses o ingleses. No tanto por el viaje en sí, pues al fin y al cabo es un viaje muy visto, como porque su protagonista no sufriera una metamorfosis, al contrario que otros iconos de la modernidad (si se me permite agrupar a figuras tan dispares en un genérico tan amplio), como Pedro Almodóvar. Él no huyó de una Navarra asfixiante y de boina a un Madrid liberal, sino que fue promovido de una emisora regional en la que se encontraba muy cómodo a una nacional en la que pudo triunfar a placer. Fue un ascenso en el mismo oficio, no una fuga para ser libre. Almodóvar, en cambio, ha hecho de la contradicción de rechazo y amor a sus orígenes y a la memoria rural manchega de su infancia un leitmotiv y una seña de identidad en películas como *Volver* o *La mala educación* y en su propia imagen pública como homosexual que sólo pudo serlo cuando cortó las cadenas que lo ataban a su pueblo de la meseta. Luqui tenía estilo en el micrófono, desplegaba una forma personalísima de hacer radio, y en ese sentido refrescó un panorama lleno de locutores engolados que leían guiones cursis. Pero, más allá de eso, no cultivó una imagen pop. Su carisma, de hecho, derivaba en parte de su apariencia de señor recién llegado de Navarra, lo que lo convertía en un excéntrico muy apreciado. Los personajes sin pose suelen epatar en los mundos superficiales que consisten en una competición de poses.

Luqui no era carlista, pero su biografía ilustra la forma en que el carlismo, la mayor ideología antiurbana de la historia reciente española, se adaptó a la transformación del país y contribuyó, como si fuera una crema lubricante, a hacer menos doloroso el Gran Trauma. Que los mayores propagandistas de las virtudes campesinas y los mayores detractores de la vida de la ciudad tuvieran un sitio de privilegio en el régimen y manejasen un virreinato en Navarra ayudó mucho a disimular la transformación que sufrió el país, y ejemplos como el de Luqui, con sus tránsitos suaves y sin rupturas del campo más tradicional a la Gran Vía más liberal y alocada, escondían un abismo sin fondo ni puentes entre las dos Españas, la llena y la vacía, dando a entender que existían muchos vasos comunicantes entre ambas. En otras palabras: Luqui podía gustar en Madrid, pero gustaba mucho más en Caparroso y en todos los Caparrosos de España, porque transmitía la idea de que todos los chicos de todos los Caparrosos que escuchaban rock and roll los domingos por la tarde en una radio de válvulas podían acabar gozando del éxito urbano en el número 32 de la Gran Vía. Y, más que a los chicos de los Caparrosos, a todos los que habían salido de sus Caparrosos y se amontonaban en los suburbios de chabolas de la capital en espera de que novelistas como Luis Martín-Santos les escribieran una novela o que los falangistas de la rama social los sacasen en un filme neorrealista.

Iba a escribir que el carlismo *fue*, pero, al menos mientras escribo este libro, el carlismo *es*. Entrado el siglo XXI, a punto de cumplir doscientos años, sigue existiendo en España. Hay tres partidos que se autoproclaman carlistas, la Comunión Tradicionalista Carlista, la Comunión Tradicionalista y el Partido Carlista. Son marginales. No sólo no tienen representación en parlamentos y municipios (salvo el Partido Carlista de Euskalherria, que gobierna en algunos pequeños municipios del norte de Navarra), sino que, en las últimas elecciones, ni siquiera aparecen en la lista de partidos con más de tres mil votos. Nominalmente existen, pero su presencia es menos que folclórica. Aun así, era imprescindible anotarla, porque el carlismo es un caso de pervivencia único en el mundo. Ningún movimiento legitimista parecido en Europa lo ha igualado en longevidad. Prácticamente ninguno llegó vivo y con fuerza al siglo XX.[176] El carlismo reformado, desligado del franquismo y transformado en una fuerza democrática progresista tras una de las carambolas ideológicas más desconcertantes de la historia de las ideas, aún fue capaz, a la altura de 1976, de protagonizar uno de los episodios más trascendentes y tristes de la Transición, los sucesos de Montejurra, en los que miembros de una facción reaccionaria del carlismo abrieron fuego contra los asistentes a la romería anual a ese monte navarro, en la que se rendía homenaje a los requetés muertos en combate durante la Guerra Civil.

A comienzos del siglo XIX, España, como toda Europa, vivía entre las ruinas de las guerras napoleónicas y era un avispero de nuevas fuerzas políticas e ideologías confusas que anticipaban una sociedad cada vez más compleja y plural. El congreso de Viena también había ganado en la Península, y los liberales de las cortes de Cádiz habían sido aplastados y mandados al exilio. Reinaba Fernando VII con un absolutismo que complacía a todos los gobiernos que querían enterrar el legado del infausto Bonaparte. Pero Fernando VII estaba enfermo, todo el mundo sabía que no duraría mucho tiempo más, y no dejaba un descendiente para colocarle la corona. Según las leyes de sucesión, esta caería, por la gracia de Dios, en la cabeza de Carlos María Isidro de Borbón, su hermano, mucho más sano y viril y también mucho más contundente en sus ideas reaccionarias. Don Carlos era bravucón, cuartelero y muy católico y, como se veía predestinado a reinar cualquier invierno (en cuanto las primeras nieves se llevasen de una pulmonía al flojo de su hermano), se fue preparando con una corte alternativa. Todos los ministros, nobles, propietarios, obispos y demás gente antidemocrática y con fe en la autoridad y la España pura, se arrimaron al futuro rey. Aunque en la tradición intelectual del país no hubo nadie de la talla de Edmund Burke,[177] sí que había una corriente antiilustrada y antienciclopedista que, desde mediados del siglo XVIII, se oponía a la apertura liberal de los ministros ilustrados anteriores a la Revolución Francesa, empeñados en modernizar el país a base de obras públicas y de reformas más o menos democráticas.[178] Esa corriente encontró mucha fuerza en el patriotismo de la guerra de la Independencia y, más tarde, con Fernando VII, consiguió expulsar a los liberales. Pero fue en Carlos María Isidro de Borbón en quien encontró al fin un rey digno de sus aspiraciones. Firme, sin sombra de oportunismo político, dispuesto a extirpar del cuerpo nacional toda influencia extranjera.

En diciembre de 1829, cuando Fernando VII se casó (en cuartas nupcias, pues ya se le habían muerto tres mujeres) con su sobrina María Cristina de Borbón Dos Sicilias, el carlismo era ya una fuerza política que controlaba o aspiraba a controlar el estado. Parece que la nueva reina convenció a su marido de que debía volver a promulgar un decreto de 1789 por el que Carlos IV había abolido la ley sálica. Si Fernando VII y María Cristina tenían una hija, sería reina, contra la costumbre que excluía a las mujeres del trono de España. La corte de Carlos María Isidro se inquietó, y sus peores miedos se confirmaron en mayo de 1830, cuando se anunció el embarazo de María Cristina. Y fue una niña, Isabel. Las esperanzas de los tradicionalistas se rompieron por una hembra vulgar que ni siquiera tenía derecho dinástico. Aquello no se podía consentir.

Los carlistas empezaron a conspirar antes de la muerte de Fernando VII. Intentaron engañarle para que firmara la restitución de la ley sálica, pero el rey estaba enfermo y, para llegar a él, había que pasar por su esposa, que detestaba a aquella recua de militarotes de brisca y casino y ese aleteo de sotanas con polillas. A María Cristina no le interesaban los fueros, ni la España inmortal, ni las romerías con santos. A María Cristina, joven cortesana de una de las ciudades más liberales de Europa, Nápoles, le gustaba rodearse de otros aires y no quería para su hija Isabel, futura reina, la compañía de semejantes facciosos.

Los dos bandos fueron definiéndose conforme el rey agonizaba. Los ultramontanos, cada vez más apretados en torno a don Carlos. Los monárquicos más moderados y los liberales que esperaban volver del exilio, en torno a la reina, pronto regente (hasta la mayoría de edad de Isabel). Incluso después de la muerte de Fernando VII y la proclamación de Isabel II, las cosas podían haberse reconducido. El carlismo no habría pasado de ser una facción política coyuntural si María Cristina no se hubiese apoyado tanto en la parte más liberal y no hubiera propiciado el regreso de los exiliados y la restitución de ciertas libertades que auguraban una apertura democrática. No fue tanto la cuestión dinástica como la conciencia de que quienes habían tenido la sartén por el mango ya no lo sujetaban ni con la punta de un dedo. Quizá alguien con más habilidad política podría haber jugado con la diplomacia y haberles dejado asir una parte de la sartén, integrándolos en el juego de poder. Pero ni la situación del momento propiciaba el diálogo ni los ultramontanos españoles han sido nunca muy duchos en él. Esta es una constante de la historia de España. Cada vez que los poderosos se han visto privados de poder, han reaccionado con la subversión. Fue así en 1833. Lo fue, a una escala mucho más monstruosa, en julio de 1936.

En la prehistoria del carlismo hay un personaje casi siniestro, una especie de Rasputín borbónico. Nacido en Villel, a dieciséis kilómetros de Teruel, un pueblo minúsculo y pobre, enrocado en un cerro sobre las hoces del río Turia, Francisco Tadeo Calomarde representó, junto a Manuel Godoy (que fue su protector), el arquetipo español del trepa político. Sus manos ásperas y encallecidas delataban un origen labriego. Era un hombre que había trabajado la tierra ingrata de las sierras ibéricas, que sabía cuánta fuerza hacía falta para clavar el azadón en el suelo y trazar un buen surco en él. Gracias a maniobras, favores y casualidades que rozaban la inverosimilitud, tejió una red de relaciones que lo llevaron a ser un personaje influyente en la corte de Carlos IV, poco antes de la invasión francesa de 1808. En una España aristocrática en la que no había ascensores sociales (a lo sumo, algún montacargas que funcionaba con poleas), que el hijo de unos labriegos alcanzara no sólo el puesto de abogado en la audiencia de Zaragoza, tras haber estudiado filosofía en la universidad de esa ciudad con grandes privaciones de estudiante pobre, sino que medrara en política en Madrid, era muy asombroso. Se burlaban de sus modales pueblerinos y de su poco mundo, pero todos acababan debiéndole algún favor. Tras un breve exilio interior durante el llamado trienio liberal, Calomarde volvió a Madrid y se situó como superministro del muy poderoso y revanchista Fernando VII. Desde 1823, Calomarde fue el consejero que susurró al rey.

Se le atribuye apócrifamente la frase "manos blancas no ofenden", que, según la leyenda, le dijo a la infanta Luisa Carlota, hermana de María Cristina, después de que aquella le volviera la cara de un bofetón delante de toda la corte. A mí me parece una respuesta demasiado elegante y ágil para el personaje. Su cinismo sí que es verosímil, pero los retratos que se han hecho de Calomarde lo pintan como alguien un poco más lento de reflejos, sobre todo cuando tenía que ceñirse al protocolo social de la corte, ante el que siempre se sintió cohibido. Calomarde vivía acomplejado por sus orígenes, y sus enemigos políticos aprovechaban esa circunstancia para ponerlo en ridículo y burlarse de sus modales campesinos. Galdós lo retrató en uno de sus episodios, y en su retrato (basado en testimonios de terceros, pues el ministro murió en 1842 y el escritor nació en 1843) fijó la leyenda del personaje: "Calomarde no era mal parecido ni carecía de urbanidad, aunque muy hueca y afectada, como la del que la tiene más bien aprendida que ingénita. La humildad de su origen se traslucía bastante".[179]

El político de Villel dirigió todas las conspiraciones a favor de Carlos María Isidro y llegó a manipular a Fernando VII cuando, estando este postrado muy grave en el palacio de La Granja, lo convenció para que revocara la pragmática de 1789 y restituyera la ley sálica, que estuvo de nuevo en vigor unos meses (esa fue la causa del legendario bofetón), hasta que el rey se recuperó e, instigado esta vez por su esposa, volvió a abolirla. Cuando Fernando VII murió, Calomarde se puso al servicio de los carlistas, pero estos no lo quisieron en sus huestes. Ya no les servía. Era un personaje quemado y sin pedigrí. En la hora de la verdad, la España eterna quería a sus nobles y a sus campesinos orgullosos de serlo, y el desclasado, manipulador y oportunista Calomarde representaba precisamente todo lo que los carlistas querían barrer del país: el politiqueo, la adulación cortesana, la perversión, la corrupción de la gran ciudad y, sobre todo, la traición a la sangre y a los ancestros. El hijo de unos labriegos debía ser labriego también. Y sus hijos, y los hijos de sus hijos. No estaba llamado a susurrar en los oídos de los reyes. Para eso estaban los nobles y la curia. La triste paradoja de Calomarde es que luchó toda su vida por el triunfo de una España que lo detestaba y que no lo quiso a su lado, después de haber sido un actor principal en su levantamiento y emergencia. Murió en el exilio, en Toulouse, repudiado por los que creía suyos y por los otros, y tan pobre como cuando nació en Villel.[180]

Su repudio no importa, porque no borra el hecho de que los orígenes del carlismo estuvieron protagonizados por personas como él. Hay un determinismo histórico, que viene de Hegel y de la filosofía idealista, que cree que las fuerzas de la historia son tan poderosas que se manifiestan y desarrollan al margen de las personas que accidentalmente las sufren y viven. La creencia de que los grandes hechos históricos son inevitables y habrían sucedido del mismo modo con independencia de las vidas y decisiones de sus protagonistas sólo se sostiene desde la fe, pues hay dirigentes que escogen la guerra o el acuerdo, guillotinar al rey o concederle la gracia, apretar el gatillo o evitar que otros lo aprieten. Hay incitadores y apaciguadores. Hay intransigentes y permeables. Al final, los edictos, los tratados y las órdenes estratégicas de los ejércitos las redactan y firman hombres y mujeres con todos esos atributos. A posteriori, la historia se lee como una sucesión diáfana de causas y consecuencias, pero a menudo olvidamos que ese sentido es una construcción, una mirada. Tiene sentido porque somos animales narrativos que necesitamos interpretar nuestro mundo en forma de relato. Por eso, los personajes parecen títeres de un narrador omnisciente que los sitúa como víctimas de un *fatum*. En cierto modo, es una idea consoladora que tiene mucho de sustrato religioso. El azar y lo imprevisible son cuestiones sobre las que difícilmente se puede fundar una ciencia o una narrativa, y la historia quiere ser ambas cosas a la vez. Por eso, los personajes como Calomarde pasan inadvertidos. Apenas son mencionados en una nota marginal y erudita. A lo sumo, se convierten en carne de anecdotario costumbrista. Con suerte, en un leitmotiv chistoso (durante la Segunda República, por ejemplo, las derechas repetían que los gobiernos de izquierda eran los peores que había tenido España desde Calomarde). Pero ningún historiador los considera más allá de lo instrumental, como un dato curioso o engorroso que adorna el relato de los grandes acontecimientos y de las grandes tendencias. En el fondo, tan títere y anodino como sus padres labriegos de Villel.

No me parece una cuestión menor el hecho de que la prehistoria del carlismo y sus primeras conspiraciones estén marcadas por un personaje como Francisco Tadeo Calomarde. Especialmente, porque procede de un territorio montañoso y perdido que se convirtió en la patria mítica del carlismo. ¿Es casual que un movimiento que arraigó en las zonas más montaraces del país empezara a organizarse en torno a un individuo que había salido de aquellas rocas y aquellas hoces? Un desclasado, un resentido, alguien que había cambiado el mundo al que pertenecía por otro que no le aceptaba. Sin su maquiavelismo, sin su capacidad para manipular a los políticos y los poderosos y sin su querencia por la conspiración y por organizar complots, es probable que, a la hora de la muerte de Fernando VII, la facción de don Carlos no hubiera estado tan unida, tan organizada y tan decidida para la batalla. Con otra persona más mundana, más conciliadora o, simplemente, menos ambiciosa, quizá el enfado de los futuros carlistas podría haberse encauzado por otro sitio y España se habría configurado de otra forma. Pensar que el carlismo era algo inevitable es pensar con la misma fe católica y providencial que tenían los requetés.

El carlismo fue montaraz en un sentido no figurado. Fue la argamasa y el podio que dio autoestima a una España que se sentía morir por unas ciudades babilónicas y bárbaras, fue la venganza de una España que empezaba a vaciarse contra la España que empezaba a llenarse, y me parece significativo que una de las personas que pusieron a calentar el horno carlista fuera un fugitivo del arado, alguien resentido y que probablemente deseaba la muerte de aquellos presuntuosos burgueses y condes que se burlaban de su acento y de sus manos ásperas.

Los carlistas se echaron por primera vez al monte en 1833, empezando una larga guerra civil que duró hasta 1839 en el norte, y hasta 1840 en el levante. Volvieron a echarse a las sierras en 1846 hasta 1849, y lo intentaron de nuevo entre 1872 y 1876. Son las tres guerras carlistas, la primera de las cuales fue la más larga y cruenta. Intentaron dos insurrecciones más en 1860 y en octubre de 1900, en la llamada octubrada, cuando pretendieron dar un golpe de estado tomando al asalto un cuartel de la guardia civil en Badalona. A pesar de todos esos fracasos en su empeño por derrocar al rey y restituir los fueros medievales, en el siglo xx el carlismo se transformó en un movimiento político conservador que concurría a las elecciones y se comportaba de manera pacífica. Hasta julio de 1936, cuando salió por última vez al frente, pero no en defensa de su proyecto político, sino del de Franco.[181]

En esos cien años de guerras y paces, se instaló en amplias zonas del país, pero siempre en el campo. Lo más parecido que tuvo el carlismo a una ciudad capital fue Pamplona. En el resto de España, sólo existía en los pueblos. Era muy fuerte en Castilla la Vieja, pero no en Valladolid. Dominaba casi todo Aragón, pero no Zaragoza. Era fortísimo en Euskadi, pero no tenía nada que hacer en Bilbao, la ciudad obrera y socialista. Su influencia era enorme entre los payeses catalanes, pero no existía en Barcelona. Y, aunque el Maestrazgo y las montañas del interior del País Valenciano eran algunos de sus feudos más feroces y resistentes, en la ciudad de Valencia era marginal. El carlismo se convirtió en una cultura política rural, anclada en valores tradicionales y católicos. De hecho, en muchos lugares preferían llamarse tradicionalistas. Comunión Tradicionalista fue uno de los partidos que aglutinaron a los seguidores de esta ideología que, en Europa, se interpretó como la versión autóctona de la reacción y el legitimismo monárquico.[182]

En *Fortunata y Jacinta*, de Benito Pérez Galdós, hay un personaje secundario llamado Nicolás Rubín. Es hermano de Maximiliano Rubín, un desgraciado que vive con su tía y se enamora de Fortunata. Nicolás es un personaje brutal que intimida al apocado Maximiliano. Irrumpe de pronto en la casa que comparte con su tía, porque no vive en Madrid. Se hizo cura y se fue al norte, a servir a la causa carlista. Nicolás es rústico y come por toneladas productos rústicos. Unta de ajo la ensaladera donde prepara la escarola, por lo que le huele luego el aliento. Sus modales son groseros, no tiene la menor educación, es autoritario y tosco y trata de organizarles la vida a todos. Creo que es el único personaje carlista de la novela, y es una caricatura.[183] Desde Madrid, el carlismo se veía como una cosa de paletos y curas de pueblo que no dan los buenos días. Nicolás Rubín ha olvidado las costumbres de la capital y ha adoptado las montañesas. Es una historia universal, casi una parodia del buen salvaje y de Tarzán o de Kaspar Hauser. El hombre civilizado abandonado a la barbarie se vuelve bárbaro. Tarzán se vuelve mono. Kaspar Hauser, lobo. Nicolás Rubín, carlista.

Cuando Ramón del Valle-Inclán quiere escandalizar a los madrileños y proclamar su desprecio hacia la corte y los cortesanos, se reclama carlista. Cuentan que, cuando volvía a casa de madrugada tras cerrar todas las tascas, se paseaba por la plaza de Oriente, blandía su bastón hacia los aposentos reales y amenazaba con derrocar al usurpador y devolver el trono al legítimo rey don Carlos. Se ha discutido mucho sobre el carlismo de Valle-Inclán porque no encaja en el molde de la historia que uno de los mayores revolucionarios de la literatura española profesara una ideología reaccionaria. Muchos han preferido considerar el carlismo de Valle-Inclán como una provocación punk, una forma de irritar al *establishment* madrileño y a los escritores oficiales como Jacinto Benavente. Otros, como Paco Umbral, lo han achacado a un tic de identidad, una forma de construirse un personaje original que no se diluyera en la gran ciudad, usando para ello una retórica aldeana, gallega, esotérica y estrambótica.[184] Para estas interpretaciones, el carlismo sería un adorno estético equiparable a las barbas largas de buhonero que gastaba.[185] Pero, en un escritor que ha dejado títulos como *La lámpara maravillosa* o poemarios como *La pipa de kif*, la apariencia no es adorno y la provocación no es gamberrismo. Hay un significado profundo que no se puede despreciar. No tiene sentido prestar atención a los hallazgos de su teatro y de sus novelas y pasar por encima de sus provocaciones y su aspecto como si no formaran parte del proyecto artístico de Valle. Todo en Valle era arte. Estaba en sus libros, pero también en la forma de editar sus obras, bajo el título global de *Opera Omnia*. En su forma de estar en público. En su conversación. Todo formaba parte de lo mismo: un arcaísmo estético absolutamente anclado en el presente. Una forma de interpelar a lo contemporáneo subrayando todo lo que lo contemporáneo había destruido o quería destruir.

Despreciar la provocación tachándola de simple provocación es una forma eficaz de desactivarla. Lo que podría ser un señalamiento de asuntos o características vergonzosas o incómodas se reduce al chiste bufonesco. Se evita así mirar de frente o reflexionar sobre lo que la provocación propone. En este caso, se busca deshacer la idea incómoda de que alguien crucial para la cultura española, calificado incluso de genio, fuera a la vez parte de lo más embrutecido y montaraz del país. Carlista era Nicolás Rubín. Valle, el refinado Valle, el padre del marqués de Bradomín, el inventor del esperpento, no. Podía usar el carlismo como leitmotiv en las *Sonatas* o en las *Comedias bárbaras*, pero no podía ser él mismo un carlista. No podía identificarse con Bradomín (que era trasunto literario, precisamente, de un general carlista, Carlos Calderón) ni con el salvaje señor de Montenegro. Eso eran letras, ficción, impostura. Pero en Valle la pose no era un gesto para epatar, sino una forma sincera de estar en el mundo. Cuando se declara carlista, conviene tomarlo en serio. Sin embargo, tomarlo en serio implicaría tomar en serio también a Nicolás Rubín. Ir más allá de la caricatura, comprender al otro, explorar la complejidad. En otras palabras, consiste en mirar hacia la España vacía como algo más que un territorio bárbaro, rústico y analfabeto. Si se tomaba en serio la filiación carlista de Valle, había que tomarse en serio todo el carlismo, que dejaba de ser la expresión autoritaria de unos palurdos de pueblo temerosos de la modernidad.

Que el carlismo tuvo su *intelligentzia* y que siempre hubo políticos hábiles y serenos en la dirección del movimiento es algo evidente, como lo fue que sus líderes no siempre fueron militarotes asilvestrados como Zumalacárregui o Cabrera, el Tigre del Maestrazgo. El marqués de Cerralbo, uno de los aristócratas más finos de Madrid, fue jefe de los carlistas durante un largo tiempo.[186] Había propagandistas e intelectuales de talento en la causa tradicionalista, como Jaime Balmes, Juan Vázquez de Mella o Juan Donoso Cortés. No era, ni mucho menos, un mundo iletrado ni falto de ideólogos de altura. Pero Valle-Inclán y el mundillo literario eran demasiado ajenos a lo que el carlismo representaba. El carlismo era orden y familia. El carlismo no escandalizaba a las tantas de la mañana por el centro de Madrid. El carlismo, de hecho, quería destruir Madrid, todo el Madrid del que Valle formaba parte y al que, a la vez, daba forma. La bohemia era un fenómeno urbano, como el de los gatos callejeros, y muy parecido a este. Los bohemios vivían de las sobras de la gran ciudad, del sablazo al amigo rico y de la compasión de los camareros. En un pueblo, un bohemio sólo podía esperar desprecio y un viaje al fondo del pilón. Ellos se cuidaban mucho de salir al campo: "Los bohemios madrileños tenían fobia por todos los países que se extienden más allá del Teatro Real y de la iglesia de San José", escribía Ricardo Baroja.[187] Todos los bohemios, salvo uno.

Un amigo de Valle llevó su carlismo más allá de la retórica. Un escritor menor, hoy casi olvidado, amigo también de los Baroja, que le publicaban sus libros en Caro Raggio, la editorial familiar. Ciro Bayo tiene el honor de ser considerado, junto a Alejandro Sawa, el último bohemio. Nacido en 1859 y con orígenes familiares oscuros, como corresponde a un bohemio (del que nunca se sabe si es hijo de un rey o de una lavandera, o de ambos), era un poco mayor que Valle y Baroja, aunque eran estos quienes lo apadrinaban y lo tutelaban. Más que como a un padre, como a un hermano mayor. Ciro Bayo se escapó de casa a los dieciséis años para unirse voluntario a las tropas carlistas del general Antonio Dorregaray. Participó en la campaña del Maestrazgo en la tercera carlistada, y luchó en la toma de Cantavieja, un pueblo fortificado del sur de Teruel, uno de los hitos de aquella guerra, que permitió a los carlistas dominar toda esa zona montañosa y crear, durante unos años, una especie de estado carlista donde don Carlos reinaba de facto y los fueros viejos eran ley. Aunque aquello, como todas las guerras carlistas, terminó mal y Ciro Bayo fue encarcelado y cumplió condena en Menorca, le quedó un recuerdo orgulloso de aventura que plasmó muchos años después, en 1912, en un libro original y creo que con pocos parangones en la literatura española: *Con Dorregaray, una correría por el Maestrazgo*.[188] Las memorias de un soldado carlista que no se arrepentía de serlo.

El carlismo tenía algo rotundamente romántico. Para los jóvenes aldeanos criados entre sermones de curas como Nicolás Rubín, echarse al monte en una carlistada equivalía a emprender la *yihad* para un musulmán de hoy. Pero, para alguien como Ciro Bayo, el romanticismo tenía más que ver con el ansia de vivir aventuras, con la búsqueda de una emoción auténtica y primaria que la vida urbana y moderna no podía ofrecer. Ciro Bayo admiraba a los carlistas porque eran valientes, insobornables, nobles y viriles.

Ciro Bayo fue, a diferencia de sus otros colegas bohemios, un gran viajero. Por España y por Latinoamérica. Escribió varios libros de viajes por la Península. *Lazarillo español* y *El peregrino entretenido* cuentan sendos viajes a pie por la España interior (el segundo, junto a los hermanos Baroja, de Madrid al monasterio de Yuste), pero también vivió en Argentina y en Bolivia, en la ciudad de Cochabamba, y de aquellos años no sólo dejó crónicas viajeras como *El peregrino en Indias; Por la América desconocida* o *Chuquisaca o la plata perulera*, sino que demostró una gran preocupación por las lenguas y dialectos autóctonos de Sudamérica. Aunque era autodidacta, hizo un enorme trabajo lexicográfico recogido en un *Vocabulario criollo-español sudamericano* o en el *Manual de lenguaje criollo de Centro y Sudamérica*. Además, escribió libros sobre historia latinoamericana, recopiló romances orales del río de la Plata y fue un personaje querido en Cochabamba, donde se le recuerda en el callejero. Todo esto hace de Ciro Bayo un bohemio muy poco bohemio: aventurero, amante del campo y el aire libre, pero, sobre todo, muy poco celebrativo de su propio genio, en absoluto maldito ni oscuro y muy interesado por la vida de los demás. Si algo rezuma la obra de Bayo es empatía. Todos los personajes que se cruzan por sus páginas, ya sean ladrones, pillos, tiranos, gitanillos timadores o caciques indios alcoholizados, desprenden humanidad. Nunca cae en la caricatura ni el esperpento. Es un observador, un paseante, y en sus libros consta lo que ve y lo que vive, pero no tiene ningún ánimo moralista o reformador. Es un filántropo en el sentido etimológico, un amante del hombre. "No hay en el mundo quien desprecie el dinero ni las cosas que el dinero proporciona como don Ciro", dejó escrito su gran amigo Ricardo Baroja.[189] En Latinoamérica, dado que siempre fue pobre, se ganó la vida enseñando a leer a los niños como maestro en los pueblos. Es sorprendente que fuera tan íntimo de dos escritores tan intervencionistas y tan propensos a la denuncia social y a la censura moral como Pío Baroja y Valle.

Creo que fueron esa curiosidad por el otro y esa falta completa de prejuicios lo que le hizo alistarse en las tropas carlistas siendo apenas un chaval. No le importaban el poder ni la gloria. Ni siquiera vencer. No tenía en la cabeza un proyecto teocrático. Simplemente, creía que los carlistas estaban más cerca de una verdad, algo que no podía encontrarse en la ciudad. Pero el mismo impulso o la misma premisa que sirvió a Bayo para salir de Madrid y unirse a una partida de guerrilleros montaraces servía a los carlistas para hacerse fuertes en sus prejuicios. El último bohemio creía que los tradicionalistas no eran una caricatura y que estaban en contacto con algo esencial y misterioso que no podía ser conocido desde la ciudad liberal. Por desgracia, los tradicionalistas estaban también convencidos de que poseían una verdad irreductible que no necesitaba ser contrastada en ningún otro sitio.

Los ideólogos del carlismo buceaban en la Biblia como rabinos aplicados para justificar la superioridad del campo sobre la ciudad. Es fácil encontrar en los textos sagrados del cristianismo y el judaísmo alabanzas a los campesinos y denuestos a los habitantes de las ciudades, fuentes de pecado y decadencia y olvido del culto a Dios, pero en realidad sólo estaban recubriendo de argamasa religiosa una necesidad, convirtiéndola en virtud. El carlismo no estaba en el campo por vocación, sino porque no había conseguido triunfar en las ciudades y había sido expulsado de ellas. Por tres veces se alzó en armas con la idea de vencer a los liberales en todos los frentes. Pusieron cerco a ciudades como Zaragoza y Bilbao, y a punto estuvieron de tomarlas. Si no alcanzaron Madrid fue porque las tropas gubernamentales no les dejaron acercarse, pero su propósito era conquistar todo el país. Al verse relegados al campo, fueron acompasando su ideología tradicionalista con la sensibilidad de los campesinos, y encontraron un filón en el odio a las ciudades. Los campesinos asentían encantados ante cualquier perorata antiurbana, ese lugar lleno de furcias, borrachos y ladrones. Y de políticos ateos y corruptos. Y de cortesanos afeminados. Donoso Cortés escribía: "El cristianismo reveló al hombre la sociedad humana; y como si esto no fuera bastante, le reveló otra sociedad mucho más grande y excelente, a quien no puso en su inmensidad ni términos ni remates. De ella son ciudadanos los santos que triunfan en el cielo, los justos que padecen en el purgatorio y los cristianos que padecen en la tierra".[190] No como en las ciudades, donde no hay santos ni justos ni cristianos.

Una canción de la guerra civil que cantaban los requetés decía: "Viva Navarra valiente, / la provincia noble y brava, / la que abandona los campos / por defender a la Patria".[191] Los tradicionalistas salen de sus tierras para purificar Babel, como si fueran brazos de un dios vengativo que utiliza el fuego para limpiar el pecado. Como se hizo en Sodoma y en Gomorra. Como se hizo con el tirano Nabucodonosor. Y como hizo Jesucristo, un campesino galileo, con el mercado del templo de Jerusalén.

Como España fue haciéndose cada vez más urbana, esta mitología se impregnó de milenarismo, cada vez más débil y más increíble. Conforme Madrid, Barcelona, Valencia o Bilbao crecían y crecían, su conquista por campesinos católicos y su conversión a una especie de teocracia foral sonaba más ridícula. Por eso se convirtió en un mar de fondo, una especie de "melancolía colectiva", como la llama el estudioso navarro del carlismo Francisco Javier Caspitegui, que ha indagado en el sustrato antiurbano de la ideología tradicionalista española y ha concluido que "la moral de derrota es un elemento necesario para conseguir el objetivo último, que no es otro que la recuperación de aquello que se juzga como más positivo de los buenos viejos tiempos. En lo referente a la ciudad, supondría la constatación de que el mundo rural idealizado, perdido definitivamente, sigue constituyendo una utopía que implica el abandono del modelo urbano consolidado a lo largo de los siglos XIX y XX".[192]

Creo que es esa moral de derrota la que atrajo a sensibilidades románticas como las de Valle o Bayo. Desde el esteticismo, sospechaban que había algo misterioso que decía mucho de su país y de su tiempo, algo que no se podía desechar con una caricatura y que merecía una atención. Además, contenía algo perturbador, una fuerza capaz de incomodar al *establishment*, que necesitaba llevarlo al terreno de la fantochada para desactivarlo. El carlismo amenazaba con destruir la ciudad. Invocarlo en el centro de Madrid era mucho más que una provocación, era una invocación poderosa y telúrica. Era sentir el temblor bíblico de los habitantes de Babel. Era rugir como un Dios del Antiguo Testamento y sentir en la piel ajena el miedo al Dios que se encarnaba. Valle lo sabía.

En la paradoja está la grandeza de estos bohemios carlistas. Valle y Bayo eran productos urbanos, la representación más acabada de toda la amoralidad y decadencia que un buen tradicionalista aspiraba a exterminar. No trabajaban, se dedicaban a escribir palabras impías, frecuentaban cafés y tabernas, consumían drogas, se relacionaban con sodomitas, prostitutas y pecadores, vivían del sablazo en buhardillas inmundas, dormían hasta el mediodía, eran vagos y ofendían a Dios y al prójimo con sus indumentarias de vagabundo. Eran lo peor de Babel, la corrupción del arte, el fermento de las cloacas. Es admirable y hermoso que se reclamasen parte de un movimiento que tenía como uno de sus objetivos principales destruirlos.

El carlismo no logró triunfar, pero no porque su proyecto fuera disparatado. Durante sus primeros setenta años de historia fue la mayor amenaza para el estado liberal español, por encima de los revolucionarios socialistas y anarquistas. En los siglos XX y XXI se ha visto cómo sociedades como Irán o Afganistán caían en manos de insurrecciones religiosas equiparables al carlismo. Y, aunque no logró imponerse, su persistencia como cultura política dominante en amplias regiones de España ha dejado una huella honda y perceptible. Buena parte de la retórica de los nacionalismos catalán y vasco es heredada directamente del carlismo, lo cual no es extraño porque el foralismo y la vindicación de una España anterior al siglo XVIII incluía la recuperación de lenguas vernáculas e identidades periféricas. Cuando los nacionalistas vascos y catalanes empezaron a construir sus edificios ideológicos a finales del siglo XIX, se encontraron con que los carlistas ya les habían hecho casi todo el trabajo. En las zonas de influencia carlista se cultivaban el catalán y el vasco. Parte de la prensa carlista estaba escrita en esos idiomas porque iba dirigida a campesinos que apenas dominaban el castellano. Pero no sólo eso. Los carlistas recuperaron instituciones medievales que querían contraponer a la administración moderna y liberal. Frente a las provincias, reinos. Frente a los gobernadores, juntas, generalidades y lehendakaris. Frente a la constitución, fueros.

Cuando se diseñó el estado autonómico en 1982, los resabios carlistas aparecieron por todas partes. De hecho, formalmente, ese estado no podría desagradar a un carlista pragmático del siglo XIX. Si Jaime

Balmes, el marqués de Cerralbo o Vázquez de Mella hubieran podido contemplar un mapa de España de 1982, con los nombres de las instituciones autonómicas, podrían haberlo presentado ante sus militantes como un triunfo de la causa. La mayoría de los parlamentos y gobiernos autonómicos toman su nombre de instituciones medievales extintas en torno al siglo XVIII (algunas, antes, en el XVI o incluso en el XV). En Aragón y en las dos Castillas los parlamentos se llaman cortes, y hay una discusión constante entre historiadores por situar la cuna del parlamentarismo español en uno u otro territorio, buscando documentos que aclaren cuáles son más antiguas. Los gobiernos de las dos Castillas, Andalucía, Extremadura, Asturias y Galicia se llaman juntas, que es el nombre de una antigua institución ejecutiva de la corona de Castilla. En Cataluña y Valencia, el gobierno se llama *generalitat*, que es la institución equivalente en los reinos de la corona de Aragón (en Aragón se llama *diputación del general*, que es lo mismo, aunque en las formulaciones modernas ha perdido el *del* y ahora se llama diputación general). Resucitaron también otras figuras medievales como el *justicia* o el *sindic de greuges* (defensores del pueblo en Aragón, Cataluña y Valencia). En Castilla y León se llama *procurador del común*, otro nombre medieval.

El gusto medievalizante pretende sobre todo anclar las autonomías en una historia anterior a la existencia del estado español, para resaltar su identidad y buscar la legitimidad en el pasado. Tal y como hacía el tradicionalismo. La constitución de las autonomías se escenificó no tanto como un avance hacia un estado moderno y democrático, sino como una restauración de instituciones usurpadas. En realidad, los parlamentos y gobiernos actuales no tienen nada que ver, en su estructura y funciones, con sus homónimos medievales. La diputación del general de los reinos de la corona de Aragón era sobre todo un órgano de recaudación de impuestos, no un gobierno, y las cortes medievales no eran en absoluto cámaras de representación de la soberanía popular ni tenían las atribuciones legislativas que tienen hoy. Esto es, de nuevo, una rareza española. Ni Francia, ni Italia, ni Portugal, ni casi ningún país de Europa occidental ha sentido la necesidad de buscar en cronicones manuscritos ni en códices de monasterio los nombres de sus organismos de gobierno. En ningún lugar de Europa la melancolía o la nostalgia por el *ancien régime* ha sido tan vigorosa y persistente como en España.

Esta persistencia explica quizá también que las lenguas españolas hayan llegado tan estupendas al siglo XXI. El provenzal, la variante oriental de las lenguas de Oc, llegó a ser una de las lenguas cultas más importantes de la Europa medieval, y en ella se escribió una de las mejores tradiciones poéticas de occidente. Hoy, el provenzal es un fósil lingüístico, como lo son el bretón, el occitano del oeste y las variantes francesas del vasco y el catalán. A pesar de las políticas de recuperación lingüística que emprendió el Reino Unido en la segunda mitad del siglo XX, ni el galés ni el gaélico de Escocia tienen implantación fuera de los núcleos rurales apartados. Y, aunque la república de Irlanda proclamó el irlandés lengua cooficial desde la independencia de 1922, los esfuerzos estatales no han conseguido frenar su camino a la extinción. Ninguna de esas lenguas territoriales contaba con el impulso de una cultura política fuerte que potenciara su uso en un ámbito paraestatal.

En las novelas de Vicente Blasco Ibáñez sólo hablan valenciano las sirvientas y la gente más tosca. Los burgueses de Valencia hablan castellano y exigen a los aldeanos que no se expresen en lemosín,[193] que es el apelativo con que los franceses del norte se referían a la lengua de Oc (por la ciudad de Limoges). En el Pirineo, las lenguas romances que se mantenían vivas hasta el siglo XX se llamaban también patués, por el francés *patois*, otra forma despectiva de referirse a las lenguas meridionales. El carlismo proveyó a los hablantes del euskera y del catalán un ámbito de expresión pública y, sobre todo, un contexto de dignidad. Mientras los señoritos de las ciudades, como los de Blasco Ibáñez, censuraban el habla de los pueblos, el carlismo la exaltó. Publicaron periódicos en las viejas lenguas ibéricas, pilares de la tradición; sus curas dieron misas en ellas, y sus soldados marcharon al frente entonando canciones con las viejas palabras de la aldea. Sin el carlismo, es muy difícil que ni el euskera como el catalán hubieran sobrevivido al avance del estado español moderno, con su industrialización y su crecimiento urbano. Las Bases de Manresa que marcan el comienzo del nacionalismo catalán moderno son de 1892, y el Partido Nacionalista Vasco se fundó en 1895. Ambos acontecimientos se produjeron cuando el carlismo había renunciado a conseguir sus objetivos mediante la guerra. Desde 1876, se transformó en una cultura política que aspiraba a influir no sólo en el juego parlamentario, sino a moldear aquella parte de la sociedad española que seguía dominando. Esos casi veinte años que van de la última derrota carlista a la emergencia de los nacionalismos fueron clave, porque coincidieron también con la industrialización de Bilbao y Barcelona, con la primera gran llegada de emigrantes del resto de la Península y con la consolidación del estado centralista. El carlismo pacífico y fuerte fue un refugio y una abrazadera para unos campesinos que veían cómo su cultura se fundía en los altos hornos o desaparecía en los telares de vapor de una Babel procaz e insaciable. Los círculos tradicionalistas, su prensa, sus instituciones y su influencia en muchas esferas de la opinión pública, permitieron a mucha gente seguir aferrada a su lengua, hablándola con normalidad y orgullo, inmunes a los desprecios de la ciudad.

Pasé mi niñez en un pueblo de Valencia donde todo el mundo se expresaba en valenciano. El castellano sólo se usaba como lengua administrativa, pero nadie lo hablaba en la calle. Sólo mi familia y alguna más venida de fuera, funcionarios casi todos. Se les llamaba, con desprecio, *castellanos*. A pesar de su vigor, también había una gran vergüenza entre los hablantes, sobre todo entre la gente mayor. Cuando iban a Valencia capital, no se dirigían a nadie en valenciano, a no ser que fuera un paisano con todos los atributos del paisanaje. Era un problema grave, porque los que más complejo sentían por hablar valenciano tenían también unas habilidades expresivas muy limitadas en castellano, ya que ese idioma se aprendía en la escuela, y muchos de ellos no habían asistido a las clases el tiempo suficiente para aprenderlo. Sufrían con fiereza un estigma que asociaba su lengua materna con el analfabetismo.

Aunque yo era un niño, recuerdo los días en que empezó a emitir Canal 9, la cadena de televisión autonómica. Parte de sus contenidos se emitieron desde el principio en valenciano, entre ellos, los informativos. Todas las noticias se daban en la lengua vernácula. Recuerdo cómo los abuelos de mis amigos contemplaban maravillados al señor del telediario leer las noticias en su lengua. Estaba hablando de política, de presupuestos, de terremotos en países extranjeros y de la bolsa de valores en valenciano. Quizás en las grandes ciudades no se entendió igual o su efecto se perdió en diatribas políticas, pero había que estar en un pueblo rodeado de naranjales y ver la cara de los viejos de blusón negro mientras seguían las noticias en esa tele del bar que siempre les había hablado en castellano para entender la intensidad del gesto.

El carlismo supo halagar la autoestima de gente que se sentía marginada y despreciada. Les dio un relato y la ilusión de dominar sus propios destinos. Mientras los golfos y los liberales se reían de ellos y les exigían que hablasen en cristiano, los carlistas hacían que las palabras antiguas sonasen fuertes, dignas y actuales. Los carlistas los querían como eran, no los trataban de palurdos, no querían vestirlos con levita y perfumarlos. El carlismo pervive en España en todas las estrategias de seducción hacia el mundo rural.

Ya diluido en el siglo XX, recluido en las mitologías familiares y en los ritos de aldea, el tradicionalismo fue permeable a la modernidad. Joaquín Luqui se formó en el mundo carlista y saltó al pop de los Beatles sin rupturas ni contradicciones porque ese carlismo ambiental le había dado seguridad y fortaleza, pero no para enrocarse frente a la modernidad laica, sino para moverse en ella sin diluirse. Luqui podía ir a Madrid, convertirse en una estrella de la radio y no dejar de ser nunca de Caparroso, Navarra. Porque no sentía ninguna necesidad de ser otra cosa.

El carlismo ambiental crea personajes fuertes y sin complejos, que se manejan en el mundo sin que les afecten el esnobismo ni el rencor de clase. La historia empieza con Calomarde, el labriego de Villel que sentía apuro de sus manos y sus modales en la corte de Fernando VII, y termina con Joaquín Luqui, el mozo navarro al que no le preocupa pasear por la Gran Vía con los mismos jerséis que llevaba en Caparroso. Ciento cincuenta años después, triunfó Calomarde. En medio, muchos curas como Nicolás Rubín. Luqui tiene el mismo orgullo montaraz de sus ancestros, pero ha perdido las ansias de destruir Babel. Del carlismo sólo ha heredado la seguridad, pero no el odio bíblico contra la metrópoli. Se ha acomodado a los tiempos como se ha acomodado a la música de los Beatles. Hay una especie de vertebración sutil, una manera de vivir en un mundo sin destruir el de origen, y viceversa. Al educar a varias generaciones de españoles del campo en el orgullo por la tradición (pero no una tradición folclórica o pintoresca, sino una tradición que tenía que ver con todo lo cotidiano), la cultura carlista no sólo evitó que la modernidad se las tragase como se las ha tragado casi toda Europa, sino que prolongó su existencia más allá del campo.

Muchas historias de terror plantean la irrupción de criaturas sobrenaturales en la gran ciudad. *Drácula* fijó el paradigma. Al llevar un vampiro rumano al centro de Londres, Bram Stoker quería aterrorizar a sus espectadores burgueses.[194] Los vampiros y los hombres lobo (y los simios gigantes, como King Kong) proceden de lugares remotos poblados por campesinos que hablan lenguas incomprensibles. Se ha interpretado este leitmotiv en clave xenófoba, pero no hay que despreciar el ingrediente rural. El hombre lobo procede de los páramos. Drácula, de un castillo de Transilvania. En los cuentos tradicionales, los lobos y las brujas estaban en el bosque y amenazaban a quienes se adentraban en él. Es decir, había que salir del mundo civilizado y penetrar en la barbarie. Drácula invierte las tornas. Aunque al principio es Jonathan Harker quien viaja al castillo y, como en los cuentos clásicos, es su propia temeridad la que le conduce al peligro (un vampiro no puede obligar a nadie a entrar en su casa, por eso Drácula usa la fórmula "entre libremente", para asegurarse de que su víctima franquea la puerta por decisión propia), el grueso de la novela transcurre en Londres. La barbarie visita la civilización. Ahí está el terror: la ciudad no protege contra el mundo exterior, no hay nada seguro.

La gente de pueblo puede no dar miedo pero provoca otros sentimientos relacionados con el ridículo y la extrañeza. Drácula, en su forma humana, pide perdón a veces por sus modales rústicos y su acento de bárbaro, como dicen que pedía perdón el ministro Calomarde. Si Drácula hubiera crecido en Caparroso, Navarra, no sentiría necesidad alguna de disculparse. Luqui paseaba por la Gran Vía de Madrid con una libertad que el vampiro rumano no sentía en el Pall Mall de Londres de 1897. El cura Rubín de Galdós es agresivo y tosco por dos razones: se siente acomplejado en la capital y, además, quiere destruirla. También Drácula quiere destruir Londres, en cierta forma. Pero Joaquín Luqui sólo quiere triunfar en Madrid, ser alguien más sin dejar de ser él, sin renunciar ni un poco a su personalidad y a sus orígenes. Quizá sea ese el legado menos evidente, pero más profundo, indeseado y paradójico, de la larga y ya casi olvidada historia del carlismo.

Desde lo alto de La Puebla de Sanabria, en Zamora, muy cerca de la linde con Portugal, la meseta se adivina interminable. El pueblo es de un medievalismo impecable. En parte, porque ninguna revolución industrial ha estropeado la postal. En parte, porque varias generaciones de restauradores se han preocupado por que la postal encaje en las expectativas de los visitantes. Todo en Sanabria quiere ser tradicional. Las autoridades y los vecinos se esfuerzan mucho para que la modernidad no se cuele intramuros. Nada que decepcione al visitante que ha llegado hasta allí en busca del pasado. Es verano y el invento funciona. Los bares, las tiendas y los restaurantes están llenos. Cientos de paseantes se hacen fotos apoyados en la muralla, procurando que la iglesia románica quede dentro del encuadre. Todos consumen pasado y los sanabreses explotan una Edad Media que no se puede cuestionar, que sólo admite ser consumida. El relato del pasado y la certeza de que sigue vivo es lo único que permite la vida en esta villa alejada de todas las rutas principales, en mitad de la llanura que sólo cruza el viento, sin recursos económicos a la vista. Mientras busco un sitio para cenar que no tenga el rótulo en letras góticas, me pregunto si esta prosperidad significa que los sanabreses se han apropiado de su historia. La España vacía nunca se ha contado a sí misma. ¿Es esta ficción caballeresca de nobles, reyes y batallas la apropiación del relato que la España vacía ha buscado? No lo creo. Me parece, más bien, la enésima imposición. El intento de sobrevivir adoptando un caparazón historicista, negándose el derecho a la contemporaneidad. Vender tradición. Eso vendía también el carlismo. En las oficinas de turismo, en todos los planes de desarrollo rural con fondos europeos y en cada menú típico de cada asador hay un carlismo atmosférico que no se disuelve nunca.

Los pueblos con una tradición que inventar para placer del turista son pueblos afortunados. Mucho peor es no tener siquiera unas piedras medievales. La desesperación de muchas comarcas ha llevado a sus alcaldes y vecinos a caer en manos de timadores. Como los aldeanos de la película *Surcos*, que eran víctimas de los estafadores y de los pícaros de Madrid. Estremera, un pueblo de poco más de mil habitantes de la provincia de Madrid, perteneciente a ese llano vacío que se extiende al sur de la gran ciudad, recibió en 2007 la visita de un empresario chino llamado Xiaopeng Chen, que prometió una inversión multimillonaria en el municipio para construir un complejo empresarial de 2,5 millones de metros cuadrados que daría trabajo a siete mil personas. En ese mismo año, el gobierno de Aragón presentó en su sede el proyecto Gran Scala: un *holding* británico planeaba construir un inmenso complejo de casinos en la localidad de Ontiñena (650 habitantes), en el desierto de los Monegros. Más de veinticinco millones de visitas anuales para treinta casinos gigantes, setenta hoteles y dieciocho parques temáticos. Cuando escribo esto, a finales de 2015, nadie sabe nada del señor Chen[195] y los promotores británicos de Gran Scala no tienen ya ni oficina en Londres.[196] Los propietarios de Estremera y de Ontiñena que esperaban hacerse ricos vendiendo sus tierras a los emprendedores siguen esperando al pie de sus campos en barbecho.[197]

Es el argumento de *Bienvenido, Míster Marshall* repetido en bucle. Cientos, tal vez miles de pueblos que reciben entusiasmados a cualquier portador de gallinas de huevos de oro. Los tiempos de la especulación urbanística, a finales de los años 90 y principios de la década de 2000, alentaron una especie de fiebre de hormigón. Cualquier huerta arruinada heredada de los abuelos podía ser fuente de riqueza. Cualquier parcela podía interesar a los constructores de fantasías, aeropuertos y autopistas. En La Mancha hay municipios que han llegado a competir para quedarse con un cementerio nuclear.

Es quizá la última derrota, la desesperación de quienes se han visto despojados de todo tras siglos de miradas de desprecio, burlas, cuentos de terror y salvadores que no llegaron a salvar a nadie. Desde la muralla de Sanabria pienso que quizá vivan un relato impuesto desde la conciencia urbana, que ha asignado a los sanabreses el papel de preservar un pasado como si fuera el patio de recreo del presente. Puede que no sea un triunfo ni la apropiación del relato, pero es mejor que no tener ni un pasado que explotar y quedar expuestos a los estafadores internacionales.

Lugares como Sanabria, pero también Sigüenza o Albarracín o Almagro y todas esas viejas ciudades de interior, en las que los automovilistas paran a comer asado y a comprar miel o berenjenas en vinagre, existen como proyección de un pasado eterno. En sus plazas hay un tiempo distinto, que remite a lo de siempre, a esa eternidad que inspiró los muros de los pueblos abandonados. Quieren actualizar en los visitantes la sensación que duerme en el fondo de su conciencia, ese patriotismo suave, íntimo y familiar que tal vez ni siquiera han explorado, pero que reconocen en la representación que los lugareños hacen para ellos. Es la misma lumbre que calentaba a los carlistas, la seguridad de una identidad. A la España vacía real no le han quedado más que dos caminos: negar y destruir su propia tradición o representarla en una función ininterrumpida al gusto de aquellos que abandonaron hace mucho sus casas y sus calles.

Es el síndrome del hacha del Lincoln. O de las reliquias de santos. Una anécdota apócrifa dice que, cuando se pregunta al personal del museo de historia de Chicago si el hacha expuesta es de verdad el hacha del presidente Abraham Lincoln, los responsables contestan que sí, aunque tanto el mango como el filo han sido sustituidos en varias ocasiones. Cuenta la leyenda que Lincoln hizo la campaña electoral de 1860 acarreando un hacha que usaba en sus discursos. Hay decenas de hachas en museos, colecciones privadas y en el mercado anticuario cuyos dueños aseguran que fueron ese hacha. Algunas se cotizan a 15.000 dólares en las almonedas. Hay una cita atribuida a Lincoln que dice: "Dadme seis horas para cortar un árbol y pasaré cuatro afilando el hacha". Aunque se repite en muchos sitios, no hay constancia de que el presidente dijera o escribiese tal cosa, como tampoco hay ninguna garantía de que ninguna de esas hachas sea la que llevó en la campaña, y hasta el hecho en sí de que llevara un hacha es cuestionado por algunos historiadores, que creen que se trata de una referencia iconográfica posterior, añadida por escultores y artistas.

Así funciona la fe en el pasado. La tradición no es más que una mentira compartida como si fuera verdad y transmitida con modales religiosos, como tan bien sabía hacer el carlismo. La Puebla de Sanabria y todos los pueblos viejos que venden tradición venden, en el fondo, el hacha de Lincoln.

# TERCERA PARTE

EL ORGULLO

VIII
LOS HIJOS DE LA TIERRA

> A colocarse, y el que no esté colocado,
> que se coloque y al loro.
> ENRIQUE TIERNO GALVÁN (1984)

"*B*uenas noches, Madrid. Larga vida al rock y a don Enrique, aunque no esté con nosotros". Puño en alto, con la tarde ya avanzada, Juan Pablo Ordúñez, más conocido como el Pirata, saludó a los miles de jóvenes melenudos que se habían reunido en la Ciudad Universitaria de Madrid aquel día de mayo de 1986. Aunque quizá lo llevara ensayado, el deseo de una larga vida para don Enrique no sonó muy fino, y el propio Pirata quiso matizarlo con la apostilla "aunque no esté con nosotros" Efectivamente, Enrique Tierno Galván, don Enrique, llevaba cuatro meses muerto, pero a nadie pareció incomodarle que el homenaje que los mejores grupos de rock duro de España iban a prodigarle aquella tarde arrancase con un deseo de larga vida inaceptable incluso desde la retórica. Contaba la intención. Contaban el sentimiento, la gratitud y la sensación de estar viviendo algo luminoso y grande en un país que aún caminaba cegado por los brillos de una democracia a estrenar. El cielo amenazaba tormenta, por lo que el Pirata cambió su puño alzado por un dedo que apuntaba arriba y terminó su discurso: "Que tengamos todos claro que en una de esas nubes que nos amenazan está don Enrique con Phil Lynnot, Bon Scott y Jimi Hendrix tomándose unas copas y fumándose unos petas a vuestra salud".[198] La ovación sacudió toda la arboleda, el público se entregó al éxtasis de imaginar a Enrique Tierno Galván en tal compañía y con tales aficiones. A todos les parecía verosímil que un anciano catedrático de filosofía, traductor al español del *Tractatus* de Ludwig Wittgenstein y redactor del preámbulo de la Constitución española, bebiese copas y fumase petas con jóvenes estrellas del rock heroinómanos y alcohólicos muertos al final de muchas orgías. El viejo profesor se había esforzado mucho por alentar estos equívocos durante el tiempo en que fue alcalde de Madrid. Dos años antes, el 16 de marzo de 1984, durante un festival de música pop celebrado en el Palacio de los Deportes de Madrid, pronunció su célebre apología de las drogas blandas: "A colocarse, y el que no esté colocado, que se coloque".[199] Si los *heavies* le rendían homenaje con un festival al aire libre era en buena medida por esa frase, epítome de muchos otros guiños y caricias dedicados a los jóvenes, todos muy bien recibidos aunque algunos fueran exhortaciones a consumir sustancias ilegales cuya compraventa y disfrute estaban castigados por la misma policía municipal de la que Tierno Galván era jefe supremo.

Otra contradicción de aquella tarde fue que el festival con el que los *heavies* madrileños querían honrar a su alcalde muerto, en lo que iba a ser una elegía guitarrera de periferia carabanchelera y vallecana, fue abierto por un grupo de Pamplona, Barricada. Su cantante, Enrique Villarreal (conocido como el Drogas), consciente de ser un verso suelto navarro en un chotis *heavy*, saludó a la concurrencia con una frase autoexculpatoria: "Venimos del pueblo y nunca habíamos visto esto". Y en esas palabras tímidas que precedían a la descarga del ruido rockero se concentró el sentido de todo lo que estaba sucediendo aquella tarde. La mayoría del público también venía del pueblo. El presentador del festival, el Pirata, un locutor de radio por entonces muy popular que ejercía de apóstol del *heavy metal* en Radio Popular, propiedad de la Conferencia Episcopal,[200] había llegado unos años antes de Talavera de la Reina y presumía con frecuencia de haber crecido en la "Castilla profunda", a cuyos yermos él había llevado el sonido del rock anglosajón.

Tierno Galván sabía que los madrileños, salvo unos pocos gatos perdidos en unos barrios castizos en ruinas, habían venido del pueblo y, como el Drogas, nunca habían visto eso. Por eso inventó una infancia soriana. Pasó sus años de figura pública contándole a los ciudadanos de Madrid que él también había venido del pueblo, de una Soria mítica, que él también había llegado de aquella Castilla tan lejana y hostil y magnífica.[201] Era mentira. El periodista César Alonso de los Ríos desmontó muchas mentiras de su autobiografía.[202] Entre ellas, que jamás vivió en Valdeavellano de Tera, el pueblo que su padre abandonó en 1894, veinticuatro años antes de que naciera don Enrique, que vino al mundo en Madrid, la ciudad donde también murió. ¿Por qué sintió el viejo profesor que tenía que inventarse una cuna de aldea y campo? Porque sabía que así armonizaría su biografía con el relato de sus votantes, que vinieron del pueblo en algún momento. Si quería una mayoría absoluta, como la que obtuvo en las elecciones de 1983, tenía que contar con los votos de los que vinieron del pueblo, siempre tan hostiles hacia la gente como él, los que no conocieron más campo que la Dehesa de la Villa o la pradera de la Moncloa.

Ya he hablado de Joaquín Luqui, aquel señor de Caparroso que pinchaba los éxitos del pop en Los Cuarenta Principales, pero lo de Tierno Galván no sólo delataba los orígenes de la población madrileña. Habían pasado treinta años desde que se rodara la película *Surcos*, y veinte desde la novela *Tiempo de silencio*, de Luis Martín-Santos. Hacía mucho tiempo que Madrid sabía que era una ciudad de aluvión. Más de la mitad de sus vecinos no habían nacido en la ciudad. Al subrayarse como mesetario, no sólo conectaba con todos los mesetarios que podían votarle, sino que agitaba ante los ojos de todos dos tabúes, el de la movilidad social democrática y el del orgullo emigrante y rural. Miradme, venía a decir, soy alcalde, vengo de la universidad, tengo trazas de prócer, es cierto. Pocos alcaldes ha habido en Madrid tan predispuestos al homenaje en forma de busto de bronce. Pero soy como vosotros. Me vine del pueblo y en esta ciudad me hice, como os hicisteis vosotros.

Era la década de 1980 y la mayoría de aquellos jóvenes a los que interpelaba Tierno y que se reunieron en una alameda para rendirle homenaje póstumo con música *heavy* eran hijos del éxodo rural. Habían crecido en la periferia y en la ultraperiferia. Quizá no conocieran la miseria chabolista, pero estuvieron cerca. Venían de Carabanchel, de Vallecas, de Villaverde y de más al sur, de los municipios de Móstoles, de Getafe, de Leganés. Los barrios en los que crecieron no existían veinte años atrás. Se levantaron con materiales baratos en muy poco tiempo, formando calles estrechas entre lo que fueron cerros y lomas. Muchos habían nacido en Madrid. Otros llegaron allí siendo bebés o niños pequeños. Antes de la intervención gubernamental en sus barrios, aquellos eran lugares duros que sentían el desprecio y el miedo que irradiaba el centro de la ciudad. No se sentían parte de ella. Muchos decían que iban a Madrid cuando se dirigían al centro, como si su barrio no perteneciera a la ciudad. Los *heavies* más broncos, los que más se emocionaban aquella tarde de 1986 recordando al viejo profesor, se defendían con un discurso macarra. Una de las canciones de Obús, el grupo de más éxito entre los jóvenes melenudos de la periferia, decía: "Por esta noche, / terminaste tu función. / Dile a tu chupa: / queda lejos la estación. / El extrarradio está / a una hora desde aquí. / Tendrás que atravesar / a pie medio Madrid. / Sentirá miedo / quien cruce junto a ti. / Eso te halaga, / te sientes tan feliz".

La ventaja ilustrativa de Obús, en términos psicoanalíticos, es que no conocían la sutileza, por lo que expresaban en bruto emociones compartidas por cientos de miles de jóvenes. El macarra que ha ido al centro a ver un concierto o a tomar unas cervezas percibe la ciudad como algo extraño. Sabe que no pertenece a ella, y se protege fingiéndose una amenaza. En realidad, asimila el papel que la ciudad le ha asignado, el del indeseable que no debería merodear por allí. Obús transforma ese complejo y ese desprecio clasista en orgullo identitario, y Tierno Galván, seguramente de una forma intuitiva pero también estratégica, lo propicia. El alcalde ha dejado claro con su biografía y sus palabras que esa ciudad también les pertenece. Que no son extraños adheridos a ella, que Madrid no es cosa de gatos ni organillos ni verbenas. Que Madrid son ellos, los hijos de la dehesa, los que vinieron de los pueblos. Aunque el éxodo llevaba treinta años transformando la capital, eran sus hijos quienes empezaban a levantar la cabeza con orgullo y a romper la inercia casticista y elitista de la ciudad. No sentían vergüenza por ser hijos de paletos. Puede que sus padres y sus madres caminasen encogidos, disimulando su acento, sumisos cuando iban a servir a la casa de unos señores o cuando arreglaban sus coches o les abrían las puertas desde su garita de porteros o les limpiaban las calles o les servían el desayuno en la cafetería o los llevaban en sus taxis. Pero sus hijos se negaban a sentirse así. Si los pijos de la calle Serrano les tenían miedo, estaban dispuestos a armarse con tachuelas y cueros para dar razones a su miedo. Por primera vez desde el comienzo del éxodo había una voluntad de apropiarse de la ciudad desde la insolencia y el orgullo de los orígenes.

Sucedía lo mismo en Barcelona, la otra gran receptora del éxodo de la España vacía. Si en los años 60 Juan Marsé narró la rabia del lumpen llegado del campo ibérico, fue Francisco Casavella quien recogió el cambio de etapa, la de la apropiación de la ciudad, en los años de la transición. El Pijoaparte, héroe suburbial de *Últimas tardes con Teresa*, de Marsé,[203] cree que ha seducido a una señorita fina en una casa de la parte alta de Barcelona. Pero, al despuntar el alba, los rayos del sol dan forma a un bulto de ropa que resulta ser el uniforme de una chacha, con su cofia y su delantal. La revelación le avergüenza. No se ha ligado a una niña bien, sino a la criada de la casa. Sigue en la casilla de partida. La ciudad aún le mantiene a raya, en sus márgenes.

Esta escena, una de las más celebradas e influyentes de la narrativa española contemporánea, es epítome de un subgénero que tiene que ver con el rencor social y el arribismo. Herederos por igual de *El rojo y el negro*, de Stendhal, y de *La madre*, de Gorki, sus personajes son arquetipos universales muy evidentes que entroncan con la novela picaresca. Nada nuevo. Casi nunca hay cosas nuevas en la literatura porque su historia consiste en una actualización y una refutación cíclica de los mismos mitos. Lo interesante es cómo se adhieren esos arquetipos al aquí y al ahora, superando lo que en rigor sería una falacia, que un universal puede explicar una situación concreta. Por eso, el arquetipo del arribista pícaro que asciende desde los márgenes hasta la cima de la ciudad funciona menos como explicación que como constatación. Es decir, que si la escena de *Últimas tardes con Teresa* pudo conectar con la sensibilidad de tantos lectores no fue tanto porque vieran en el Pijoaparte del Carmelo a una persona real o creíble, sino porque había un contexto de sobreentendidos. Porque el lector sabe que la historia del Pijoaparte ya se la han contado muchas veces. Lo nuevo y lo pertinente es lo que no se cuenta o se cuenta a medias, el pasado del Pijoaparte, sus orígenes, la historia brutal de éxodos y miseria que hay detrás y que no necesita hacerse explícita porque el lector la entiende. No se siente interpelado por el mito, sino por la posibilidad de que ese mito pueda concretarse en un contexto familiar. Ahí es donde cambia la percepción lectora. *Últimas tardes con Teresa* es un libro distinto leído por un sueco, por un japonés o por un español. Hasta tal punto es distinto que el lector español se desentiende a menudo del mito universal, eclipsado por el aquí y el ahora de la narración, mientras que el extranjero sólo ve la constante, que le permite situar el texto en unos códigos comprensibles.

Aparece una literatura de lo charnego, que es la forma despectiva que los catalanes de pedigrí han usado para referirse a los emigrantes del resto de España. Hay muchos ejemplos, pero a mí me gusta el de Francisco Casavella, seudónimo de Francisco Javier García Hortelano. La sola elección de su apellido artístico, de sonoridad tan catalana (significa Casavieja, como si procediera de generaciones de purasangres catalanísimos), es ya un chiste en un escritor hijo de emigrantes gallegos en Barcelona. Con su nombre, se burla del arribismo y anticipa uno de los temas principales de su obra, el eje de su libro más ambicioso, *El día del Watusi*.[204]

La primera parte de esta trilogía, titulada *Los juegos feroces*, narra en primera persona los sucesos ficticios del 15 de agosto de 1971 (declarado el día del Watusi), protagonizados por Fernando Atienza y su amigo Pepito el Yeyé, entonces dos niños, apenas entrados en la adolescencia. No se llega a saber nunca qué pasó exactamente el día del Watusi, y ese misterio ronda toda la trilogía y mueve la vida adulta de Atienza. Es un día cero, el origen de un mundo. Una serie de peripecias propias de una novela negra sacarán a Fernando y a Pepito el Yeyé de las chabolas de Montjuïc donde viven y recorrerán una Barcelona delirante, corrupta y peligrosa hasta llegar a los barrios altos. El código, como en *Últimas tardes,* es el picaresco o el de la novela arribista. Fernando Atienza empezará siendo Lazarillo y se convertirá poco a poco en Julien Sorel. De nuevo, el arquetipo. Pero de nuevo importa su concreción. Atienza y Pepito el Yeyé son dos parias, hijos del éxodo rural. La madre de Atienza trabaja donde puede en los empleos más subalternos. Baja cada mañana a Barcelona a través del Poble Sec y regresa por la noche. Lo que hacen su hijo y su amigo es adentrarse en el mundo prohibido, romper las cesuras del gueto de chabolas donde el éxodo los ha confinado y adueñarse de la ciudad. *El día del Watusi* es, entre otras muchas cosas, la historia de una conquista. Barcelona tiene dueños. Barcelona no quiere que los charnegos caminen libres por las calles.

Javier Pérez Andújar, otro escritor charnego, ha sublimado esto en forma de evocación proustiana. En *Paseos con mi madre*[205] cuenta cómo la policía le paraba y le identificaba en su camino a la universidad. ¿Qué haces en Barcelona?, le preguntaban, y no se creían que fuera un estudiante que llegaba tarde a clase. Porque todo le delataba: la ropa, el peinado, la forma de moverse, los gestos. Pérez Andújar venía de Sant Adrià del Besós, de los bloques de infravivienda charnega. Venía de una casa de acento andaluz. Su presencia en el centro de Barcelona era sospechosa. Él mismo sabía que no encajaba allí.

Quizá porque hay un sentido clasista más fuerte (expresado en la barrera de la lengua: es mucho más fácil identificar al emigrante en Barcelona, porque es el que no habla catalán) o porque las dimensiones del Gran Trauma fueron más duraderas allí, pero Barcelona ha dado una literatura inspirada en los efectos del éxodo mucho más rica e interesante que la de Madrid. Sin embargo, fue Madrid la que tuvo el alcalde que presumía de ser de pueblo.

Todo esto se ha leído siempre en clave de ricos y pobres. Incluso de lucha de clases. No renuncio a ese enfoque, sólo intento dar otra mirada que tiene que ver con el imaginario de la España vacía. Algo sucedió en las décadas de 1980 y 1990. Una especie de orgullo inédito hasta entonces. El barrio periférico sustituye al pueblo como fuente de identidad, pero el verdadero desplazamiento es conceptual. Es el que va de la vergüenza a la vindicación. Se supera el pecado original. Hay algo que tienen en común los *heavies* que homenajean a Tierno Galván, las letras de Obús y los protagonistas de *El día del Watusi* y que comparten con el Pijoaparte de Marsé: la altivez. No se esconden ni reniegan. Pero a ellos no les frustra acostarse con la criada en lugar de con la hija de la casa rica.

Con ese cambio de actitud dejaron libre el camino para la recreación del mito. Se habían llevado la España vacía a la ciudad, habían crecido en ella, en las dos ciudades de Adam Zagajewski,[206] con un sentido del clan y de la tradición que no servía en las calles de los nuevos barrios, pero que seguía vivo en las relaciones familiares y en todos los sobreentendidos. En esos años, los hijos del éxodo rompieron con la inercia de la vergüenza y, de una forma aún muy intuitiva y torpe (incluso agresiva), se apropiaron de las ciudades que sus padres jamás quisieron conquistar. Lo bonito de verdad viene después. La recreación consciente y sofisticada de la mitología de la España vacía. La construcción de identidades originales desde la ciudad con una mirada a los mitos heredados, que se reconstruyen y se reinventan con una libertad enorme. Es el estadio último de la descomposición de un país, una forma sutil y casi invisible de levantar una patria imaginaria. Todas las patrias lo son, pero se imaginan sobre batallas, reyes y revoluciones. Esta nueva patria se levanta, en cambio, sobre silencios, carraspeos y álbumes de familia. Más que una patria es un aire. Y creo que es lo más parecido a un patriotismo eficaz (y no militarista de estandarte y berrido) que ha vivido España en siglos.

IX
UNA PATRIA IMAGINARIA

> Las agencias inmobiliarias venden silencio como valor añadido.
>
> JOSÉ VIDAL VALICOURT, *Meseta* (2015)

*P*ocos países como Argentina han hecho de la cuestión campo-ciudad un tópico tan recurrente y, a la vez, un estímulo tan vigoroso para el pensamiento y la polémica. A los argentinos se les deben algunas de las reflexiones más morosas y sin embargo sólidas sobre el dilema. Entre el seminal *Civilización y barbarie*,[207] de Domingo Faustino Sarmiento, y *El interior*, de Martín Caparrós,[208] se contienen casi dos siglos de mantra sin resolver entre la pampa salvaje y la metrópoli de Buenos Aires. Pero nada como la expresión *conquista del desierto* para resumir una actitud, una hipocresía y una mirada. Todos los escolares argentinos se encuentran con ella en varios cursos. El escritor Patricio Pron bromea a veces diciendo que el ejército argentino sólo ha ganado una guerra, contra el pequeño y pobre país del Paraguay en la década de 1870.[209] Cabría añadir otra victoria, que quizá no cuente como triunfo glorioso y por eso se esconde bajo eufemismos. En 1878, el ejército argentino emprendió la conquista de un desierto. Así se conoce la campaña que el gobierno de Buenos Aires lanzó contra las poblaciones araucanas de la Pampa y la Patagonia para afianzar el poder del estado en sus territorios. En definitiva, para montar la Argentina que conocemos hoy y que hasta esa fecha se circunscribía a las regiones del río de la Plata y las andinas del norte.

¿Puede ser conquistado un desierto? ¿No basta con colonizarlo? Si es un desierto, no hay en él nadie con quien guerrear, basta con hacer la mudanza en unos carromatos, levantar unas casas y ponerse a criar vacas y a esperar la prosperidad y el destino manifiesto. Si movilizaron tropas fue porque, quizá, aquel desierto no lo era y estaba poblado por tribus que no habían querido integrarse en el virreinato español y seguían reacias a hacerlo en el nuevo estado argentino. Casi al mismo tiempo, los estadounidenses tuvieron su propia conquista del desierto, las matanzas del general George Armstrong Custer contra los indios que vivían en lo que hoy son los estados de Wyoming, Montana y las dos Dakotas. En 1876, dos años antes de que el gobierno de Buenos Aires lanzara su conquista de la Pampa y la Patagonia, el de Washington decretó que todos los indios que no estuvieran confinados en reservas serían aniquilados, y encargó a Custer las tareas de aniquilación. Especialmente, contra el indio más famoso de todos, Toro Sentado, que se había negado a trasladar a su tribu a una reserva en pleno invierno. Es inquietante que coincidan dos campañas contra poblaciones indígenas en ambos extremos del continente, sobre territorios que también en Estados Unidos se consideraban desiertos, tal y como había explicado Alexis de Tocqueville, que entendió que la palabra desierto se refería siempre a un lugar que los blancos aún no habían poblado y que pretendían poblar, desalojando para ello a la gente que lo habitaba.[210]

En Argentina hay una ciudad hidrocefálica, y el resto del país es un solar que vive sometido a ella. El interior. Las relaciones entre ambas partes son complejísimas, pero, desde la mirada porteña, que es la prevalente, hay siempre un fondo de exotismo y extrañeza que tiene que ver con esos desiertos conquistados, porque nunca ha dejado de percibirse el país como un desierto por conquistar. Incluso en un texto fundamental y fundacional como el *Martín Fierro*,[211] pero también en *Don Segundo Sombra*,[212] asoman la admiración y la fascinación casi propias de un Kipling. El gaucho es al mismo tiempo propio y extraño. Es la esencia de una patria que se inventa a trompicones en el siglo XIX, pero también es un salvaje, un cimarrón que asusta a los porteños y que tiene más características de indio que de europeo. Su nomadismo, su dialecto incomprensible y, sobre todo, su poncho y sus boleadoras, copiadas de la indiada, lo transforman en un híbrido, una especie de Kaspar Hauser, un hombre lobo de la Pampa.

La literatura patriótica convirtió muy pronto al gaucho en símbolo de la nación, como el tradicionalismo convirtió a ciertos campesinos en símbolo de España. El dictador Juan Manuel de Rosas, primer caudillo que tuvo el país, vestía como un gaucho y tenía modales de payador, y por eso era tan popular en la Pampa y tan odiado entre los criollos de Buenos Aires. Sin embargo, para las masas babélicas que empezaron a llegar al puerto de la capital desde mediados del siglo XIX, el gaucho era la barbarie, la bestia que iba a violar a sus hijas y a abrirlos en canal para robarles las cuatro cosas que se habían traído de Europa. Para un porteño, el interior era un lugar sin leyes lleno de salvajes a caballo que bebían pulque y se mataban a todas horas. Para el argentino del interior, el gran Buenos Aires, en cambio, pronto fue una Babilonia apretujada, insalubre y llena de italianos y polacos que acuchillaban a la buena gente en los callejones de la Boca. El miedo mutuo ha marcado la relación entre la capital y el resto del país y, hasta la dictadura de Videla y la guerra de las Malvinas de 1982, fue un leitmotiv del que ningún gran escritor nacional se ha librado. Es esta exacerbación de emociones, que los argentinos han manejado con hipérbole y melodrama, pero también con humor, sutileza y hondura, la que hace de su historia algo interesante y pertinente cuando se quiere comprender cómo funciona la contradicción campo-ciudad en cualquier otro lugar del mundo.

¿Qué hicieron los argentinos con todos esos ingredientes étnicos, sociales y culturales? Lo que se ha hecho siempre en la cocina de tradición hispánica: un cocido. El tango es ese cocido donde una buena ama de casa argentina (¿una *mamma* de Nápoles, quizá?) metió todo lo español, lo europeo, lo indio y lo transamericano (esos bailes negros que llegaban de Brasil y de mucho más al norte, de la lejana Cuba) y lo convirtió en un guiso homogéneo donde el sabor de los ingredientes ya no se puede disociar. Surge así el tango de la vieja guardia, el anterior a Carlos Gardel y a la popularización del gramófono. O así dicen que surgió. El malevo se reinterpreta como versión urbana del gaucho, dos expresiones de una misma identidad. El tango es urbano, profundamente urbano y arrabalero, pero también viene y va al gaucho, le canta a la nación entera, aunque la nación se resiste y se enroca en sus propios folclores pampeanos, rústicos, de olor a cuero y asado, tan ajenos al traje y la gomina de Gardel. Se resiste a él muy pronto, tan pronto como se populariza y reina en todo el mundo, como dicen los versos de la *Canción de Buenos Aires*, del maestro Manuel Romero. Porque *Canción de Buenos Aires* (no de Argentina, ni siquiera del río de la Plata) se titula uno de los tangos de la nueva guardia, la época dorada de los años 20 en la que se fijan el canon y el estándar del género. Casualmente, es la época también de exaltación porteña en las letras que componía Enrique Santos Discépolo. El tango, que empezó como fusión y cocido de todas las culturas argentinas, acabó expresando el orgullo de la urbe y el ninguneo del campo.

La primera vez que viajé a Argentina acababa de empezar la presidencia de Néstor Kirchner y el país se recuperaba de su enésima y siempre penúltima crisis, la del corralito. Los barrios ricos de Buenos Aires vivían con miedo y paranoia, los bancos estaban custodiados por policías muy armados y los piqueteros seguían activos, si bien la ciudad parecía estar pacificándose y disfrutando de la resaca de unos años de ira y euforia en los que se habían roto muchos cristales, pero también se habían abierto muchas ventanas. La escena cultural porteña estaba histérica e hiperactiva, por lo que se mezclaba, por un lado, el apocamiento de algunos vecindarios ricos, que temían la invasión de los *negros*,[213] y por el otro, la alegría y la locura de un montón de jóvenes que corrían a ocupar los espacios que la ruina de la cultura oficial habían dejado baldíos. No he vuelto a ver Buenos Aires con una agitación tan interesante y desinhibida como la que sentí en aquel viaje. Bullía el teatro, siempre en ebullición en la ciudad; bullían nuevos escritores y nuevas formas de acción política desde la literatura, como las editoriales cartoneras, y bullía también la música. Había un compositor, Gustavo Santaolalla, que se había hecho rico y famoso componiendo bandas sonoras en Hollywood y que entendió que era el momento de volver a sacudir el viejo tango. Con músicos de ambas orillas del río de la Plata formó un supergrupo llamado Bajofondo Tangoclub. Más que una banda, era una idea, un proyecto de intervención cultural al que estaban invitados todos los músicos que tuvieran algo que decir sobre la tradición, la modernidad y la forma en la que esa maraña urbana y portuaria de Buenos Aires y alrededores se afianzaba en un mundo que parecía diluirse a sus pies. Las aguas del río de la Plata, siempre marrones, sofocadas por unos sedimentos que bajan desde el altiplano minero, se convirtieron en metáfora de una identidad de aluvión y arrabal que, en aquella Argentina arruinada y neoperonista, quería volver a plantarse en el mundo con la soberbia a la que la gomina de Gardel y los goles de Maradona la habían acostumbrado. De nuevo, el *melting pot* tanguero, el summum de la América del Sur bárbara domada por la Europa civilizada.

Vi a Bajofondo en una sala del barrio de San Telmo. Aunque no los conocía y se anunciaban con el poco atractivo reclamo de tango electrónico, los disfruté mucho desde el primer acorde. Pero no tuve mi pequeño síndrome de Stendhal hasta que no se puso en pie un joven flaco de pelo ensortijado que, acompañado por un bandoneón, cantó un tango viejo que hizo llorar a media sala. Su voz parecía venir de un gramófono, sonaba arañada y psicofónica. Algo del pasado se había hecho sonido en aquella sala de San Telmo. Soy muy sensible a las voces en directo. Tocan algo en mí que no sé nombrar, sobre todo cuando proceden de algún sitio remoto y profundo, como la garganta de aquel chico flaco con modales de un Bécquer paseante.

A la mañana siguiente, nos citamos con unos amigos en el Tortoni, el café de la avenida de Mayo, y en una mesa del fondo estaba sentado el tanguero flaco. Parecía aún más joven y flaco que la noche anterior. Tomaba café y charlaba con un señor muy anciano y muy bien vestido. Un poeta, supimos luego. Un poeta al que el chico veneraba. Nos habíamos pasado la noche hablando de su voz, de cómo había hecho temblar nuestras venas, y encontrárnoslo allí por la mañana, sin recordar siquiera su nombre, nos pareció una casualidad mágica. Se llamaba Cristóbal Repetto. Era muy tímido y se sentía muy halagado por que nos hubiéramos fijado en él la noche anterior.

Tras regresar a España, escribí una columna contando más o menos lo que acabo de contar aquí. No sé cómo, acabó llegándole unos meses después y, aunque no se manejaba muy bien con los ordenadores, pues resultó ser analógico hasta la militancia, se las arregló para buscar mi dirección de correo electrónico y mandarme una carta que nos puso en un contacto cariñoso. Su figura fue creciendo, giró un par de veces por Europa y fue saludado como un portento de voz, un intérprete capaz de quitarle todo el óxido y la mugre a la tradición y hacerla sonar viva y emocionante, como si aquellos tangos se hubieran escrito ayer mismo. Cuando los críticos de los grandes periódicos europeos empezaron a celebrarlo, él siempre me agradecía haber sido el primero en hablar de él de una forma tan personal. Mientras tanto, publiqué mi primer libro y quise mandarle un ejemplar, acompañado de unos reproches. No había vuelto a sacar un disco. Tenía que sacar más discos. ¿Por qué tardaba tanto en sacar más discos? Me respondió que era complicado, que estaba trabajando en algo muy difícil, que necesitaba sentir lo que hacía, y me dio una dirección para recibir mi libro. Me extrañó que no fuera una dirección de Buenos Aires. Era de Maipú, un pueblo de la provincia, en medio de la Pampa. Vivo allá, me dijo, apenas viajo a Buenos Aires. De hecho, apenas le interesaba ya el tango porteño. Buscaba otra verdad, exploraba otros cielos más bajos y llanos.

Se hizo esperar mucho tiempo. Hasta que una mañana me encontré con un largo mail. Ya estaba. El todopoderoso Gustavo Santaolalla le había producido un nuevo disco. No uno cualquiera, sino el disco que él buscaba, y quería pasármelo. Eran unas canciones grabadas en Maipú, en un estudio móvil, tocando y cantando con los pies desnudos el suelo de la Pampa. Eso me contó, que las canciones venían de aquella tierra y debían tocarse en contacto con ella. No se habían grabado en la asepsia de un estudio insonorizado, sino bajo el cielo de Maipú, y entre las notas sonaba el viento y cantos de pájaros y crujidos vegetales. Algo de tango quedaba en el repertorio, representado por una *Milonga arrabalera*, pero todo lo demás era gaucho y herbáceo. Hasta su voz, capaz de vibratos sobrenaturales, se hacía casi muda. Cristóbal susurraba las canciones, que hablaban de noches bajo parrales y del gusto de andar con perros en la madrugada. En una letra se confesaba *puestero*, que es el nombre criollo para el mozo del campo, lo que en España se llamaba antes gañán. Me admiraba la paz y la sencillez del disco, titulado *Tiempo y silencio*. Cristóbal Repetto había grabado con Deutsche Gramophon, era un artista de culto en

Alemania y en Francia. Cuando venía a Europa, actuaba en el Olympia de París y le entrevistaba la BBC en Londres. Y, sin embargo, él vivía en su Maipú natal, ajeno a todo, con los pies desnudos sobre la Pampa, lejos de Buenos Aires, lejos de cualquier ciudad, cada vez más puestero.

¿Qué busca Cristóbal Repetto en el desierto? Un anclaje, quizá. Tiempo y silencio. Puentes entre el pasado y el futuro. No estaba ni está solo. Repetto, nacido en 1978, forma parte de una internacional de músicos que rebuscan en la tradición y se alejan de la ciudad para encontrar algo que no saben bien pero que intuyen que no está en la moda, en la velocidad o en el barullo. Son jóvenes antijuveniles. O viejóvenes, como alguien ha dicho. Todos nacidos en las décadas de los 1970 o 1980, todos obsesionados con un vacío esencial y una quietud. Como los *hípsters* estadounidenses de los años 40 y 50, persiguen la esencia de su cultura natal, pero, a diferencia de Kerouac o Ginsberg, lo hacen desde el sedentarismo y el hogar. No se lanzan a las carreteras con un ideal nómada, jamás escribirán *On the Road*. Van al campo o al desierto y se paran en él, puesteros, estáticos, armoniosos con el paisaje. Pueden vivir en él de verdad o hacerlo como metáfora y referencia, pero pertenecen a un territorio premoderno y antiurbano. La industria discográfica los etiqueta como *world music*, es decir, música con raíces, pero obvia algo fundamental, y es que la *world music* nació como un resabio colonial para explotar el gusto por el exotismo. En la estantería rotulada así, el comprador europeo y estadounidense encontraba discos de músicos africanos, asiáticos, inuits o latinoamericanos de colorido indigenista. Pero esta nueva *world music* está formada por occidentales con formación convencional, salidos a veces de las mejores escuelas y conservatorios, que han dado la espalda a los sonidos urbanos y al presente para reconstruir o directamente inventar un pasado que perciben mucho más significativo y hondo. Sienten que los puentes con ese pasado están rotos o muy maltrechos y que sólo ellos son capaces de volver a levantarlos. En ese sentido, no está mal la etiqueta de *world music*, porque su viaje es también un viaje a lo exótico. El pasado, el campo, el desierto, la música de los abuelos, son países tan inexplorados y peligrosos como Oceanía lo era para el capitán Cook. Se mueven por ellos sin cartografía, a tientas, tirando de memorias familiares y trasteando en desvanes cuyos objetos no tienen sentido ni nombre.

Esta internacional de músicos viejóvenes quiere restablecer una comunicación con su propia cultura, en lo que toscamente podría interpretarse como una reacción contra el mundo globalizado y homogéneo del siglo XXI. Es decir, una rebelión contra ese modelo de ciudad occidental donde todas las calles comerciales se parecen, donde todo es idéntico en todas partes y donde el café de Starbucks y la ropa de H&M se encuentran por igual en Seattle que en Nápoles o en Singapur. Si en la eclosión de la cultura juvenil de la posguerra europea, los jóvenes buscaban la ciudad y huían de un campo asfixiante, en este desmontaje silencioso de esa cultura los jóvenes hipersensibles salen al campo o a las calles viejas y rotas de las capitales que aún se mantienen libres de la apisonadora comercial y conservan algo de sabor fuerte.

Dayna Kurtz, intérprete exquisita de la escena *soul* de Nueva York, se mudó a una casa aislada en Arizona para componer y estudiar el repertorio más viejo y escondido del folk americano del siglo XX, del que saca inspiración y de donde le salen unas canciones que canta con voz cada vez más rota y personal. No muy lejos de allí trabaja Calexico, un ambicioso proyecto musical que explora las músicas de la frontera y juega con tradiciones del desierto que comparten México y Estados Unidos desde una especie de laboratorio sonoro llamado Casa de Calexico, en la ciudad de Tucson. Ana Moura lidera en Portugal un grupo de fadistas jóvenes que le han devuelto todo el vigor, presencia y actualidad a una música que languidecía mohosa entre ancianos. Y Miguel Poveda, en España, es el ejemplo perfecto: cantaor barcelonés (el primero en grabar un disco flamenco en catalán), aceptado y respetado por los purasangre de una música en la que es muy difícil que alguien como él, hijo de emigrantes murcianos sin conexión con la tradición flamenca, se abra un hueco. Poveda se empeña en ir hacia ella sin dejar de ser un chico de Barcelona, pero dejando de serlo a la vez, caminando contra todos los itinerarios previsibles para un barcelonés de extrarradio nacido en la década de 1970.

Todos caminan contra las ciudades y sus inercias, inventan biografías y pasiones que no encajan en su generación y acaban más pronto que tarde viajando al vacío de sus países, porque la parte habitada suena a hueca y sabida para ellos. En el fondo, buscan lo mismo que Gauguin en la Polinesia, que los *hippies* en Goa o que Bruce Chatwin entre los aborígenes de Australia, pero dentro de sus recuerdos familiares, sus nostalgias y su mitología íntima.

No es algo original, ni siquiera nuevo. La exploración de los orígenes familiares y geográficos es patrimonio de todo tipo de artistas en todas las épocas y lugares. Lo novedoso de esta internacional de músicos viejóvenes es que lo hacen desde el prestigio y la aclamación. Cuando Eliseo Parra, uno de los músicos folk más importantes de España, empezó a dar conciertos en el Madrid de la movida, el público le abucheaba al grito de *volved al pueblo*. En plena exaltación de la cultura juvenil, el único folclore correcto era el que estaba a varias horas de avión y se escribía en alfabetos que no eran el latino. El mismo mundo que se postraba ante Ravi Shankar y su (perdón por la cacofonía) sitar se burlaba de quien recuperaba estrofas de la jota castellana o exploraba ritmos de las montañas de León. La actitud de mirar hacia atrás y de reconstruir o sublimar una tradición siempre ha existido, en todos los ámbitos, países y épocas. Pero casi nunca se ha celebrado y aplaudido como hoy, hasta el punto de convertirlo en un rasgo generacional entre cierta juventud artística treintañera y culta.

Al restituir una barbarie controlada, estos viejóvenes abren respiraderos en un mundo homogéneo y plano. Pero son también esa homogeneidad y esa planitud las que les permiten comunicarse y proyectar sus ideas y sus músicas. Son a la vez reacciones y consecuencias de la globalización. Sus circuitos, su difusión, los festivales donde cantan y los periódicos que los celebran pertenecen al mundo globalizado y sólo tienen sentido en él. Sin embargo, sus ojos miran a otro sitio. Ante la pregunta que todo creador se hace acerca de quién es, las ciudades de hoy sólo ofrecen espejos que replican la misma imagen en todas las esquinas. Los viejóvenes rompen algunos de esos espejos y los convierten en ventanas abiertas al país vacío, donde esperan encontrar una pequeña revelación, algo íntimo y significativo, tal vez minúsculo, pero único y personal. Los jóvenes de ayer querían parecerse entre sí, seguir la misma moda, vestir la misma ropa, escuchar la misma música y llevar el mismo peinado. Estos viejóvenes, hijos renegados de aquella cultura, quieren identificarse con los muertos. Hacen espiritismo, se aíslan, huyen de lo atiborrado y del *prêt-à-porter*. Son pocos y tienen algo de exquisito, un dandismo ruralizante, si es que eso existe, pero no son raros. Se armonizan con una forma sutil del *Zeitgeist*, son lo contrario a un ermitaño. Pueden vivir en Maipú o en el desierto de Arizona, pero están tan enclavados en el centro de la cultura contemporánea como cualquier residente de un barrio de moda de Nueva York. Al mismo tiempo, aunque habiten en el corazón de Barcelona, tienen su mente en un ayer agrario y primordial. Son viejóvenes.

Somos viejóvenes. No tenemos edad ni vivimos en ningún sitio. Salto a la primera persona del plural porque no puedo seguir escribiendo sin incluirme en esa sensibilidad. El asombro por el vacío del país, que sigue vaciándose, con miles de pueblos que desaparecerán en pocas décadas, es sólo la mitad del misterio. La otra parte es la conciencia de que procedemos de allí, de un lugar que no existe o que está a punto de dejar de existir. No es ni la mirada de Quevedo al contemplar los muros de su patria suya, si un tiempo fuertes, ya desmoronados, ni la del ángel de la historia de Benjamin que avanza de espaldas y sólo aprecia la destrucción que los hombres producen y llora sobre las ruinas que no se acaban nunca. Tampoco tiene que ver con el noventayochismo nacionalista de Unamuno o Azorín. Sí, tal vez, con el de Machado, porque su conciencia nacional era tan queda e íntima que le pasa inadvertida a un lector de hoy. Con Machado podemos llevarnos bien, cruzar miradas y paseos, pero los otros paisajistas nos parecen dogmáticos e impertinentes. Casi cualquier escritor suena dogmático e impertinente al lado del verso limpio de don Antonio. Su obra ha sobrevivido a todas las lecturas y a todas las politizaciones. Ha sobrevivido incluso al cancionero de Joan Manuel Serrat, que es mucho sobrevivir. Hoy nos relacionamos con él como si fuera un amigo, casi nuestro contemporáneo. Su culto no tiene liturgias solemnes, es una religión muy individualista y parca en instituciones y sacerdotes. Me fijo en dos libros recientes de escritores de mi edad que me sirven de ejemplo: *Camposanto en Coilloure*, de Miguel Barrero,[214] y *El mundo mago. Cómo vivir con Antonio Machado*, de Elena Medel.[215] Son dos aproximaciones contemporáneas al universo de Machado, desde la novela y desde el ensayo, que coinciden en subrayar el intimismo. El paisaje es significativo y central en su obra porque es biográfico. Machado no busca nada en él, a diferencia de Unamuno o Azorín. Machado lo vive. Lo pasea y lo vuelca en versos porque está en sus suelas, en su sombrero y en las solapas de su abrigo, pero no quiere redimirlo ni hacer de él la base de un potaje metafísico sobre la identidad nacional. Y, si lo hizo, no nos importa, porque la fuerza de la autobiografía es tan incontestable que ahoga el resto de lecturas y contextos y nos permite tutearlo.

Antonio Machado, el paseante solitario, no es un guía, sino un compañero de caminata. Nos reconocemos en su actitud porque nosotros también creemos que la conexión con el paisaje es íntima y autobiográfica. Mirar en los rincones de la España vacía de los que procedemos es mirar dentro de nosotros mismos. Nuestros paseos, como los de Machado, son ensimismados. Es mediante el solipsismo como recreamos el mundo perdido de nuestros abuelos y bisabuelos. Tras un proceso que está a medio camino entre la meditación y el espiritismo, creemos recuperar un pasado que nos pertenece y que está contenido en las palabras viejas.

En 2013, un escritor debutante, Jesús Carrasco, obtuvo un enorme reconocimiento de crítica y de público con una novela titulada *Intemperie*. La portada, de diseño muy limpio, era un primer plano de una oveja. En realidad, se trataba de una novela de tipo postapocalíptico, con un niño que huye de casa y se enfrenta a la soledad de un paisaje yermo y devastado. El mundo perdido de la España vacía. Pero lo que cautivó a lectores y críticos no fue el argumento, sino, contra toda previsión, el lenguaje. Carrasco despliega un léxico vernáculo que nombra objetos muy exóticos: "Reparó en una construcción en la que no se había fijado antes: un chamizo piramidal levantado con ramas cortadas a los árboles del fondo. De sus paredes colgaban cinchas, cuerdas, cadenas, una lechera de hierro y una sartén ennegrecida. Más que un refugio, parecía una especie de tabernáculo. Entre la casucha y la chopera había un cercado de albardín trenzado, sostenido por cuatro palos clavados en el suelo".[216] La adjetivación y la afijación *(casucha)* son castellanas viejas. En un panorama dominado por un estilo antipreciosista, con una prosa que busca ser eficaz antes que gustosa y prefiere el neologismo al endemismo, el libro de Carrasco es una rareza destinada a llamar la atención.

Puede no ser casual que tanto Julio Llamazares como Jesús Carrasco irrumpiesen en la literatura desde el periodismo y la publicidad, respectivamente. Ambos estaban acostumbrados a pulsar el estado de ánimo de sus receptores. Todos los escritores lo hacemos. En realidad, todos los que nos dedicamos a producir obras que van a ser apreciadas por otros. Los tenemos en cuenta. Pero el periodismo y la publicidad hacen de la seducción su única estrategia y finalidad. El arte y la literatura tienen otras motivaciones que no implican (o que, incluso, contradicen) la seducción del receptor, pero el periodismo y la publicidad necesitan la anuencia del público. Existen por y para ello. No estoy diciendo que *La lluvia amarilla* e *Intemperie* sean obras oportunistas o de laboratorio, experimentos de psicología social o mercadotecnia literaria, pero sí creo que la intuición que los autores habían refinado con su oficio les decía que esos libros podían tocar algo muy hondo de una parte significativa de los españoles. Que muchos de sus compatriotas iban a sentir que aquellas novelas estaban escritas para ellos, que les contaban su propia historia. Esta intuición habría pasado inadvertida para un escritor menos acostumbrado a seducir a la audiencia mediante los eslóganes.

Es el lenguaje lo único que queda para reconstruir esos orígenes. Pilar Argudo me contó un ejemplo muy hermoso. Locutora de Radio Barcelona, es hija de emigrantes aragoneses. Su madre, que es ya anciana, emigró a Cataluña desde Pomer, un pueblo de las faldas del Moncayo. En la familia de Pilar Argudo se habla catalán. Ella y su marido hablan en catalán con sus hijos, que también hablan en catalán entre sí. Y la abuela, después de toda una vida en Cataluña, en ocasiones se esfuerza y habla catalán también. Pero Argudo se niega. Quiere que hable en su castellano, con sus palabras aragonesas, endémicas, casi perdidas, tan exóticas en medio de la Barcelona del siglo XXI. Y quiere que sea así no tanto por la comodidad de su madre como por los nietos. Quiere que sus hijos oigan las palabras con las que ella se crio, las mismas expresiones, los mismos giros, la misma sintaxis. En el habla de la abuela, los nietos encontrarán una mitología, un origen, la conexión con un pasado que sólo puede reconstruirse en fragmentos. Porque Pomer, el pueblo en el que nació su madre, es hoy una aldea de treinta habitantes perdida en una de las comarcas más despobladas de España, casi en la linde entre Zaragoza y Soria, en las sierras ibéricas. Pilar Argudo produjo y dirigió un documental titulado *Estación de paso*, que empieza y termina en la estación de ferrocarril abandonada de Pomer y, a través de la historia de su madre, narra el éxodo rural de Aragón a Cataluña. El Gran Trauma, a escala familiar e íntima.

Las palabras del lar son las que importan ahora. Jenn Díaz es una escritora catalana nacida en 1988. En sus primeros libros jugó con ideas macondianas. Se inventó un pueblo, Belfondo, con aromas de realismo mágico y recuerdos de Juan Rulfo, pero enseguida viró a un registro más intimista. En su novela *Es un decir*, de 2014,[217] explora la memoria de las mujeres de su familia y, aunque lo hace desde la ficción, levanta su mundo a partir del lenguaje de su familia extremeña, que también duerme en la España vacía, en un pueblo lejano, extraño y casi deshabitado, donde transcurren los cuentos que la acunaron de niña. El propio título, *Es un decir* (una muletilla de los personajes), alude también a la propiedad conservante de las palabras viejas del idioma. Lo que queda, lo que se transmite, es, ciertamente, un decir.

Lara Moreno, escritora sevillana nacida en 1978, siguió lo que algunos críticos calificaron despectivamente de moda neorrural con *Por si se va la luz*,[218] una novela de tintes postapocalípticos, emparentada con *Intemperie* (aunque también con otras distopías literarias y cinematográficas creadas en Estados Unidos), pero más preciosista y más cercana al ejercicio de estilo. Moreno situaba la acción de su libro en un mundo sin electricidad que retrocedía a una sociedad agrícola.

241

Volvían al pueblo de la peor forma. Como a lord Byron y los románticos, nos fascinan las ruinas. Paseamos entre ellas, las adoramos. Se ve en el cine también. Cuando la cineasta Paula Ortiz (nacida en 1978) adaptó al cine en 2015 una de las obras mayores de Federico García Lorca, *Bodas de sangre*, la trasladó a un escenario de apocalipsis. Desiertos y casas aisladas localizadas en la Capadocia turca y en los Monegros para evocar la desolación almeriense de la obra lorquiana. La boda en sí se celebra en una iglesia en ruinas, lo que subraya la irrealidad arquetípica del texto original pero a la vez la reenfoca según los criterios viejóvenes de mi generación. Paula Ortiz evoca tanto un *no man's land* como un *no man's time*. Los invitados a la boda, al bailar *La tarara* con luces que parecen de antorchas bajo los techos derruidos, se vuelven fantasmas de Bécquer. No retrata tanto la boda y los crímenes como su reflejo sobrenatural, su eco en los lugares abandonados.

Una aproximación más física y sensorial se encuentra en dos libros de Ángel Gracia (aragonés de 1970), *Pastoral*[219] y *Destino y trazo*,[220] de 2004 y 2009. El primero es una *nouvelle* en clave de *Bildungsroman* (con la poesía de Hölderlin y los ecos de Thoreau de fondo) en la que el protagonista recorre en bicicleta la llanura roja de Cariñena, escenario también de una de las películas más atípicas del cine español, *Tierra*, de Julio Medem. La arcilla, el horizonte y los viñedos cubiertos de polvo que aparecen tanto en el filme como en el libro de Gracia son parte de un territorio mágico que, quizá por su corporeidad agresiva, parece imaginario. La portada de *Pastoral* es una estación de ferrocarril abandonada, con las vías cubiertas por hierbas altas. El edificio parece aislado, muy lejos de cualquier pueblo, como en el documental *Estación de paso*, de Pilar Argudo. *Destino y trazo* es un diario de un viaje en bicicleta por Aragón, al estilo de los *travelogues* clásicos de la literatura española, como los de Cela o Azorín.

La poesía no escapa tampoco a esta mirada de asombro al paisaje devastado del propio país. José Vidal Valicourt es un poeta mallorquín nacido en 1969 que publicó en 2015 un poemario titulado *Meseta*, fruto de un viaje por la España vacía. Es una actualización posmoderna de la actitud de Machado, pero, donde el poeta sevillano veía trazos de historias y pasados, Vidal Valicourt sólo ve presente. La devastación que contempla es contemporánea, no inmemorial. Por eso escribe: "Las agencias inmobiliarias venden silencio como valor añadido".[221] Su viaje es, como todos los viajes literarios de hoy, intimista.

No he encontrado entre los escritores de mi edad nada más revelador y emocionante que el opúsculo *Niebla fronteriza*, del poeta navarro Hasier Larretxea,[222] nacido en 1982 en el remoto valle del Baztán. Hijo de un aizkolari, los cortadores de troncos vascos, Larretxea creció en un entorno rural muy aislado que lo asfixió desde niño. A los problemas de una comunidad pequeña y montañosa, el valle del Baztán añadía la cuestión del terrorismo de ETA, cuyos años más crueles coincidieron con la infancia de Hasier. Era un lugar de hombres duros, donde se sublimaba la masculinidad, un sitio insoportable para un niño sensible y tímido que, en la pubertad, se descubriría homosexual. Hasier huyó a Madrid para sentirse libre. Abandonó su casa e hizo su vida en la gran ciudad, desarraigado, acumulando una mezcla de rechazo y amor hacia sus orígenes. Su familia no aceptó su condición. Hubo una ruptura tajante y dramática propia de las mejores novelas del siglo XIX, pero el tiempo lo enfría todo y, finalmente, el aizkolari de las montañas y el hijo que ya vivía sin trabas ni vergüenzas en la gran ciudad se reconciliaron. El hijo escribió unos poemas en euskera, y le pidió al padre algo asombroso: que lo acompañara en los recitales y presentaciones por las librerías. Pero que lo acompañara como parte de una *performance* artística. Mientras el hijo recitaba, el aizkolari cortaba un tronco. Los hachazos sobre la madera marcaban un ritmo de galeote, una percusión sobre la melodía de los versos. El efecto era muy emocionante. Al final de los actos, el padre de Larretxea, orgulloso y al borde de las lágrimas, les dedicaba a los asistentes las astillas desprendidas del tronco, firmándolas con un rotulador.

Niebla fronteriza cuenta la reconciliación con una familia, una tradición y un paisaje. Detecto muchos rasgos generacionales que espantarían a escritores más viejos. Los viajes, hasta ahora, eran de ida y representaban una fuga, un rechazo inapelable de los orígenes y una voluntad de cosmopolitismo. Nosotros hacemos los viajes con billete de vuelta. Hasier Larretxea huyó a Madrid, donde pudo ser feliz y llevar una vida sin miedo, pero le faltaba suelo. No se resignó a que su hogar fuera tierra quemada. Su caso es a la vez paradigmático y extraño. Es lo contrario a Bob Dylan, el chico judío de un pueblo del interior que llega a Manhattan huyendo de todo lo que ha sido y le han enseñado a ser, y lo rechaza de tal modo que reniega de su apellido y adopta el nombre de un poeta galés borracho. Nosotros, aunque no hayamos huido de un pueblo, hemos crecido en las calles imaginarias de muchos de ellos. En calles abandonadas y empapadas de lluvias amarillas. Hemos crecido entre palabras que las abuelas trajeron del campo e incrustaron en las paredes del salón. Casi todas las obras que he citado en los párrafos anteriores han aparecido en España en un periodo muy corto, apenas dos años, entre 2013 y 2015. Son muchas coincidencias. Hay algo en mi generación que llama a los orígenes, que invoca las viejas mitologías y que aspira a recrearlas o a jugar con ellas desde la contemporaneidad. Podrá despreciarse como una moda, pero es difícil prefabricar unas emociones tan íntimas y unos discursos tan volcados hacia el interior. Yo también hice mi propio viaje de vuelta en 2014, en una novela titulada *Lo que a nadie le importa*, que termina en la aldea menguante donde nació mi abuelo y que es el núcleo de mi propia mitología familiar.

Hay otros escritores que han recurrido a la crónica y a la literatura de viajes más convencional para adoptar el punto de vista de los habitantes de la España vacía. Por ejemplo, Francesc Serés, nacido en 1972 en Zaidín, un pueblo de la franja catalanoparlante de Aragón, quien volvió a los territorios de su infancia para contar cómo la inmigración los había transformado, en un libro titulado *La pell de la frontera*.[223] Cómo los vacíos habían sido llenados por marroquíes, rumanos y ecuatorianos. Cómo las viejas palabras dejaban paso a otras palabras igual de viejas, pero en otros idiomas. Jorge Carrión (catalán de 1975) narró su reencuentro con sus abuelos alpujarreños y sus raíces rurales andaluzas en un experimento narrativo titulado *Crónica de viaje*,[224] y Manuel Astur (asturiano de 1980) compuso su particular menosprecio de corte y alabanza de aldea (asturiana) en *Seré un anciano hermoso en un gran país*,[225] reivindicando una vuelta a la sencillez y lo primordial, una fuga de la ciudad hacia el interior de uno mismo. Son muchas las formas de volver. Muchas las aproximaciones. Pero todas tienen algo de proustiano, todas escarban en tiempos perdidos. Fuera de la literatura y de la cultura de ceja alta también hay ejemplos, pero dos obras televisivas destacan por encima de las demás. En 2001 Televisión Española estrenó *Cuéntame*, quizá la serie más longeva de la historia del país, que narra la vida de la familia Alcántara, residente en un barrio periférico ficticio de Madrid, desde 1969 hasta los primeros años de la democracia. Dice la leyenda que fue un intento de los ideólogos del Partido Popular para cohesionar el país desde la nostalgia. Lo cierto es que recordaba a algunas producciones cinematográficas del franquismo, como la saga de *La gran familia*, y tanto la puesta en escena como la muy edulcorada *saudade* de los guiones despedían un aire muy conservador. Aunque algo de eso hubiese, en realidad se trataba de la adaptación de *Aquellos maravillosos años*, una serie estadounidense en la que un adulto, desde una voz en *off*, recordaba su infancia y pubertad en los años 60. *Cuéntame*, como producto de éxito, ha aspirado siempre a retratar la media aritmética del país para hacer creer a sus espectadores que la nostalgia recreada en la pantalla tiene algo que ver con sus propios recuerdos de los años 60 y 70. Por eso inventaron un pasado rural para los protagonistas. El matrimonio emigró a Madrid en la década de 1950, durante el Gran Trauma, desde Sagrillas, un pueblo ficticio de la provincia de Albacete. Desde el principio, Sagrillas ha sido un escenario fundamental. Cada temporada, unos capítulos transcurren allí, en un pueblo típico del sur de la meseta, con un campanario con cigüeñas y casas pobres. En Sagrillas, los personajes se completan. Allí se escenifican epifanías, cambian su punto de vista y viven aventuras imposibles para la ciudad. Sagrillas es el lugar de la España vacía que todos los españoles abandonaron durante el Gran Trauma. Cada cierto tiempo, el protagonista, Antonio Alcántara, se plantea volver a él. Cuando la vida se le pone cuesta arriba, después de cada fracaso, avienta el fantasma del regreso al pueblo que, en el fondo, no quiso abandonar. En las últimas temporadas, Antonio compra una bodega y se convierte en productor de vino, y habla de la importancia de la tierra. Uno de los conflictos más serios planteados por los guionistas es el de unos hijos que no quieren trabajar en la bodega frente a un padre que quiere reconstruir una noción de legado con la que creció en el campo, pero que su prole ha perdido en la ciudad. Como bien saben los guionistas, cualquier invocación de la España vacía funciona con los espectadores de más edad, siempre dispuestos a identificarse con una víctima del éxodo rural.

El otro ejemplo, aunque también es televisivo, no es tan mayoritario. Más o menos desde las mismas fechas en que empezaron las emisiones de *Cuéntame* se estrenó en la televisión de pago un grupo de humoristas liderado por Joaquín Reyes. Su humor, con un gusto desmedido por lo absurdo y lo escatológico, se distingue por el uso del acento y el léxico propios de la provincia de Albacete. Reyes boicotea los números de imitación al interpretar a todos los personajes con la misma voz y las mismas expresiones. La risa estalla no tanto por lo que dice sino por cómo lo dice. Con programas como *La hora chanante* o *Muchachada Nui*, que ya llevan en sus títulos jerga vernácula, se convirtieron en fenómeno de culto entre la juventud urbana, sobre todo entre los más modernos. Podría parecer que había en eso algo del esnobismo de toda la vida: los jóvenes (la muchachada) sofisticados burlándose de los rústicos, pero la conexión era mucho más complicada. No se reían tanto de la figura del paleto como de la desconexión intergeneracional: era un humor posmoderno que no se podía comprender con los códigos clásicos. Era casi dadá. Al imitar a todos los personajes con su mismo tono, torpedeaba las nociones mismas de interpretación y de registro. El habla de Albacete no era una impostación de voz, sino el vehículo natural del humor. Reyes no recreaba una forma de hablar, sino que hacía creer que no existía para él otra forma de expresión. Cuando todos los actores hablan igual y construyen sus chistes con las mismas expresiones vernáculas, convierten un dialecto local en la norma del idioma. Es decir, que no se burlan de la gente de Albacete, sino de todos los que homogeneizan los discursos y los modales. Antes, todos los locutores hablaban con la misma prosodia engolada. ¿Y si lo correcto hubiese sido hablar como un gañán de Albacete? Desde unos supuestos aparentemente hermanados con el humorismo grueso de ridiculización de los campesinos, *La hora chanante* les dio la vuelta y reveló la impostura de los usos y convenciones del lenguaje y de la comunicación. Tal y como habían hecho los Monty Python en Inglaterra treinta años atrás. Dentro de la cultura de masas, el humor de Joaquín Reyes es la expresión más sofisticada de la pervivencia fantasmal de la España vacía en la España urbana.

Se puede recurrir a dos gurús de la posmodernidad para explicar esto de una forma un poco lacaniana. Por un lado, la sociedad líquida definida por Bauman[226] nos diría que un mundo sin referencias sólidas, disgregado de la tradición, crea huérfanos. Es lógico que busquemos úteros en un universo de probetas globalizadas, algo que no parezca una franquicia, que no sea la copia de otra cosa que existe en otra ciudad. Sería una reacción contra la homogeneización y las constantes de fugacidad y caducidad que rigen nuestras vidas. Destruidas la religión, la conciencia de clase y sus identidades políticas, así como la familia, es normal que busquemos pasados mitológicos que nos expliquen o que nos consuelen de la liquidez feroz que se derrama alrededor. Por otro lado, Lipovetsky,[227] con su crítica al hedonismo banal, indicaría que todos estos viejóvenes persiguen una trascendencia que el capitalismo de consumo niega radicalmente. Sería una resistencia al sistema de valores hegemónico y, a la vez, un rescoldo del espíritu religioso propio de otros tiempos.

El problema de las explicaciones totales es que lo explican todo demasiado bien. Es obvio que algo de eso hay, pero que la respuesta sea minoritaria, casi un rumor de fondo, invalida el diagnóstico. Por mucho que algunos lectores se hayan sentido abrumados por el recuento de obras y autores contemporáneos que acabo de hacer, se trata de una corriente cultural secundaria, que interpela a una parte del país y que procede de un grupo pequeño de creadores. Esta sensibilidad es sólo una más de las muchas que se cruzan y descruzan en el panorama artístico más polifónico y heterogéneo que se ha visto en décadas. Para que la omniexplicación psicoanalítica acertase, tendría que ser un rasgo dominante, no uno más dentro de un montón de rasgos. En otras palabras, si la liquidez y la banalidad ahogan al individuo en el capitalismo avanzado, ¿por qué son tan pocas y tan débiles las voces que susurran a la contra? ¿No debería ser más contagiosa la incomodidad? Formar grupos amplios, al menos, hacerse fuerte, marcar indudablemente el espíritu de sus tiempos.

Si fuera algo tan evidente y tosco, no me interesaría. Es precisamente esa forma susurrante, íntima y delicada lo que me indica que es algo significativo y no una moda o una reacción de química social. Algo que de verdad apela al aquí y al ahora, una fascinación que va más allá de la necesidad de dar respuestas simples a desamparos de trazo grueso. Porque, además, si esa fuera la razón, las obras enumeradas estarían llenas de titubeos, al haber sido escritas por personas desasistidas en busca de un útero. Pero, al margen de su calidad y de sus logros estéticos, son obras seguras y rotundas, enunciadas desde una autoconciencia poderosa. No son exploraciones de tímidos ni de neuróticos.

Si jugamos con esas ruinas es porque son un material firme. Como los muros de Ruesta, el primer pueblo abandonado que conocí. Son un buen hormigón para levantar ficciones porque son mitos vividos, parte nuclear de nuestra identidad, lugares que conocemos muy bien. Es nuestra lengua materna. Como las palabras que los hijos de Pilar Argudo escuchan de su abuela. No es tanto un útero que nos proporciona calor y certezas en tiempos líquidos y banales como nuestro propio cuerpo y su conciencia. Tocar esas ruinas, pasear entre ellas, es pasearnos. No es que reconozcamos ese paisaje, es que somos él. Somos esa España vacía, estamos hechos de sus trozos. Es la única forma plausible de patriotismo que queda para un español.

Durante más de medio siglo, el patriotismo ha sido una expresión marginal en España. A diferencia de lo que ocurre en todos los países del entorno, y en casi todos los del mundo, la exaltación de los símbolos patrióticos ha sido en España un asunto de radicales y de personas fuera del centro social, político y cultural. Hasta hace pocos años, apenas se veían banderas por las calles, y se siguen viendo muy pocas en comparación con Francia, Reino Unido, Portugal o Italia. Antes de que la selección nacional de fútbol ganara el mundial de

2010, casi todo el mundo asumía que quien colocaba una bandera nacional en su balcón o en su jardín estaba un poco tocado del ala o era un fascista. Aún hoy es raro e incómodo verlas fuera de sus lugares oficiales. Incluso el empleo de la palabra *nacional* suena raro cuando se refiere a España, aunque se usa profusamente y sin complejos si las naciones referidas son la catalana o la vasca. Cuando viajamos por Estados Unidos, nos tienen que explicar que la gente que coloca banderas en sus casas no es necesariamente rara. Al contrario, son personas integradas en su comunidad que demuestran con ese gesto su compromiso patriótico, que es, en algunos casos, un compromiso cívico. A los españoles nos cuesta entender esto, acostumbrados al patriotismo bronco, agresivo, legionario y fascistoide. Mi generación ha crecido sin banderas españolas. Percibíamos las exaltaciones de la patria, en el mejor de los casos, como liturgias de cartón podrido, y en el peor, como agresiones a la sensibilidad democrática. En consecuencia, también han desaparecido del discurso literario. Intelectualmente, las cuestiones patrióticas han sido relegadas a la historiografía. La apropiación de todo el patriotismo por parte de una dictadura larga y sanguinaria de la que cualquier persona sensata querría alejarse explicaban esa omisión sana y, seguramente, imprescindible para el fortalecimiento de una cultura democrática y pacífica. Cualquier precio a pagar era barato a cambio de una convivencia duradera y civilizada, y uno de los costes ha sido la desaparición de la literatura nacional.

La narrativa interpela a la nación. Existe con ella. No sólo en términos de mercado. La narrativa preocupa y ocupa asuntos que tienen que ver con la nación. Los escritores franceses escriben sobre Francia. Los norteamericanos escriben grandes novelas americanas. Los alemanes suspiran culpas por el gran daño de Hitler. Los judíos, convertidos en nación por los sionistas austriacos de principios del siglo XX, se lamen las heridas de ese gran daño. Los británicos se burlan de las rarezas británicas al tiempo que las defienden con vehemencia, como siempre han hecho.

Desde 1975, los españoles, con la única excepción de la Guerra Civil (que ocupa menos espacio del que parece y, sobre todo, desde un mismo arquetipo y punto de vista, sin formar caleidoscopios), se han desentendido de España. Han preferido escribir de cualquier otra cosa antes que de España y de los españoles. España es un asunto tangencial en los grandes novelistas desde la transición hasta hoy. Siempre bromeo diciendo que lo último que quiere ser un escritor español es ser un escritor español. Desde Juan Benet se ha institucionalizado incluso un rechazo estilístico por la tradición. Reclamarse heredero de la prosa de los grandes autores del siglo XX era y sigue siendo un riesgo para un escritor joven. Nombres como Delibes, Torrente Ballester o Cela no sólo estaban manchados por su relación de privilegio con la dictadura de Franco, sino que tenían el sambenito de carpetovetónicos, antiguos, rurales y pueblerinos. Formaban parte de un país extinto al que nadie quería regresar. Desde finales del siglo XX, la literatura no sólo ha ido perdiendo relevancia social, sino capacidad de implicación sentimental con sus lectores. Y creo que eso tiene que ver con la expurgación del estilo de rasgos endémicos y con el cultivo de un idioma neutro que a veces suena a inglés traducido.

Ante la ausencia de patria y de tradición, la familia y sus mitos se convierten en uno de los pocos caminos posibles para los escritores que miran hacia adentro. No sólo es un entorno seguro, algo así como un patio de recreo donde se puede experimentar sin miedo a hacerse daño ni perderse, sino que da la posibilidad de interpelar a los lectores desde un código íntimo con la certeza de que algo profundo va a reverberar en ellos. Es un reencuentro sigiloso con una tradición que hizo mucho ruido y, alineada en una biblioteca, puede intimidar. Como Pierre Bejuzov al final de *Guerra y paz* por las calles del Moscú arrasado, caminamos por la España vacía como si estuviera en llamas o hubiera ardido hace poco. Esas cenizas y esos cascotes contienen siglos de desprecio y odio. Han sido tratados con asco, altivez o sorna, y quienes no lo han hecho así, como los institucionistas, han alentado la idea de redención. Todos, ya hablasen desde el desprecio, ya desde la admiración, la contemplaban como un lugar extraño en el sentido extranjero. Algo que no les pertenecía. El imaginario de la España vacía ha sido construido desde fuera, con metáforas condescendientes y crueles como las de Las Hurdes o con anales vergonzosos como los de la crónica negra y criminal. Su paisaje se ha caricaturizado siglo tras siglo por el mal de Maritornes. Ha sido lugar de destierro y ha sufrido dictadores que la han destruido con grandes violencias mientras vindicaban y celebraban su dignidad en los discursos. Nunca ha sido dueña de sus propias palabras. Siempre ha estado contada por otros. Y es ahora, cuando ya apenas existe, cuando sólo es un mito en la conciencia dispersa de millones de familias, cuando toma la palabra. Se reinventa y se expresa a través de los nietos y bisnietos de quienes la habitaron y fueron arrancados de sus solares. Toma forma de enumeración de adjetivos que nadie usa en la calle pero que, puestos en un libro o recitados por un actor, adquieren el poder de una invocación mágica. Se levanta como una niebla leve o como un aroma que sólo perciben unos pocos hiperestésicos olfativos. Pero está. Persiste. Permanece. La España vacía, vacía sin remedio, imposible ya de llenar, se ha vuelto presencia en la España urbana. Tantas cosas remiten a sus huecos. Como aquellos judíos de Sefarad que, varios siglos después de la expulsión de sus ancestros, conservan la llave de su casa de Toledo o de Gerona o de Córdoba, la casa que ya no existe en la patria que sólo se conserva en el léxico del ladino, en ese español arcaico lleno de palabras turcas, hebreas, árabes y griegas. Hay llaves imaginarias en muchos salones de España. Llaves que siguen pasándose de generación en generación, como la conciencia de una fuga. Y los nietos y los bisnietos y los tataranietos miran mapas de regiones devastadas. Los miramos. Los volvemos a cartografiar. Alteramos las distancias y las toponimias. Distorsionamos los recuerdos para mantenerlos vivos y legarlos a nuestros hijos. Hay un país en España que ya no es, pero a veces parece más fuerte y sólido que el país que es, tan negado a sí mismo, tan arrugado en sus propias vergüenzas, tan asediado por las otras patrias que se levantan orgullosas para desquicie invertebrado de los nietos de Ortega y Gasset.

CODA: EXPLICACIONES NO PEDIDAS

> No hay banda. *This is all a tape-recording.*
> DAVID LYNCH, *Mulholland Drive* (2001)

Cada mañana ofrezco el primer sorbo de mi café a la gran crisis financiera que hundió mi país en 2007. Le agradezco el café que me bebo y la vista de tejados y antenas que decora mis horas de trabajo. Pero, sobre todo, le agradezco los ruidos que entran por la ventana. Pájaros que no sé identificar, coches al fondo, gritos y alguna obra. Siempre se oye alguna obra, como si la ciudad se negara a declararse acabada. Aunque la calle es estrecha y tranquila, una de esas calles que hay que explicar a los taxistas, absorbe como un estropajo todo el ruido del centro. Los decibelios sobrantes del mundo se depositan en su asfalto, pero antes flotan un rato en mi ventana. Una sección rítmica imperturbable. A veces me sueño un Charlie Parker en pijama y fuerzo mis palabras para que galopen como semifusas sobre los motores, taladros, ladridos y voces.

Cuando en esta casa sólo éramos dos, escribía en un despachito que daba al otro lado, a la avenida. Allí, los ruidos del centro entraban sin amortiguador. En verano, esa parte del piso apenas se distingue de la ciudad misma. Yo escribía por la noche, porque era imbécil y me gustaba pensar que los gritos de los borrachos se colaban en los libros, que sus alientos beodos llegaban de alguna forma hasta las teclas e impregnaban mi literatura. Por suerte, mis hijos me desalojaron de allí. Llegaron con sus pañales, sus cunas y sus juguetes, y yo instalé mi ordenador y mi desorden en la otra punta de la casa, con vistas a los tejados de la calle en sordina. Por aquella misma época, dejé de ir a trabajar al periódico y tomé la costumbre de sentarme a escribir muy temprano, para dedicar las horas más frescas a mi gran novela americana. También adopté el ritual silencioso de gratitud a la crisis,

253

porque su intervención piadosa me permitió seguir aquí, junto a esta ventana. Si ella no hubiera venido en mi auxilio, ahora escribiría en el silencio insoportable de una casa más grande, lejos de esta calle, en una periferia que imitaría la paz de un pueblo.

Antes de la crisis, mi mujer, Cris, me convenció para mudarnos. Todo el mundo se mudaba. Había que ser idiota para no mudarse. Los amigos se compraban pisos más grandes, chalets con jardines y áticos con terrazas soñadas. Nosotros ni siquiera podemos tener unas macetas con hierbas aromáticas. He intentado plantar albahaca y no consigo más que unas hojas raquíticas. Yo pensaba que me había mudado demasiadas veces, que había vivido en demasiados sitios. No quería salir de mi nido urbano, pero Cris me convenció de que los niños necesitaban espacio, de que yo necesitaba espacio, de que los libros necesitaban espacio. Y un buen ascensor. Y una plaza de garaje en propiedad. La sola idea de poseer un trozo de cemento delimitado por dos rayas que sólo servía para dejar el coche me desconcertaba mucho.

Nunca había pensado que el espacio fuera una necesidad. Yo leía *On the Road* y creía que el espacio estaba en las planicies, en las cunetas de las carreteras, en los vestíbulos de las estaciones de Greyhound. Leía *Lolita* y soñaba con cazadores encantados y bragas puestas a secar en la ducha. Leía a Bruce Chatwin y me enamoraba la idea de que los humanos somos nómadas, que el sedentarismo es una perversión grosera de nuestro carácter natural. Hay una teoría antropológica que explica por qué el movimiento calma a los bebés. La quietud les angustia. El balanceo indica que la tribu se mueve. Si se para, queda a merced de los depredadores. Así que sugería viajes. Vámonos a California, vámonos a México, vámonos a la Patagonia, como Chatwin. Quememos el dinero en moteles y en billetes de avión. La convencía porque no necesitábamos ahorros para mudarnos. El banco había tasado el piso muy alto. Con ese dinero podíamos comprarnos la casa que quisiéramos. Así que volábamos a América y alquilábamos coches y dormíamos en moteles de camas gigantescas donde nos parecía que nos acostábamos con otro. Seamos siempre turistas, sin raíces, sin amigos, sin tradiciones.

Por suerte para mí, llegó el año 2008 y Lehman Brothers se derrumbó, sacrificándose por nosotros, como un segundo Jesucristo. Las casas dejaron de venderse. La gente ya no venía a ver nuestro piso. Luego, dejaron de llamar y, al final, dejaron de escribir mensajes en los anuncios de internet. No nos mudamos.

Esta mañana, después de mi plegaria a la crisis, he leído en la prensa un reportaje sobre un club de París. Está en la rue Montmartre y su dueño es David Lynch. El cronista lo describe como un tugurio subterráneo y casi clandestino, pero lo que merece que se escriba un artículo sobre él es que es una réplica del Club Silencio de la película *Mulholland Drive*.

Me gusta que las metáforas se conviertan en sitios y puedan visitarse. No sé cuál de los dos Club Silencio es más real, si el de la película o el que funciona con su licencia de apertura del ayuntamiento de París. Que el segundo tenga dueño y pague impuestos no lo hace menos ficticio. Es muy posible que los funcionarios del ayuntamiento de París no sepan que el Club Silencio es en realidad una fantasía emanada del real, que sale en una película. De eso habla *Mulholland Drive*, si es que alguien ha visto *Mulholland Drive*. De eso habla (o calla) el espectáculo del Club Silencio, la más obvia de todas las metáforas del filme. En la secuencia del club, un mago grita en español: "No hay banda. *This is all a tape-recording*". Todo está grabado. No hay banda. La música suena en *playback* y los músicos exageran la farsa. No hay banda. Por tanto, todo es silencio. Si se omite lo planificado, lo ensayado y la retórica, sólo queda silencio. La vida como voces dobladas y canciones en *playback*. La vida como una ilusión que nos impide escuchar el silencio. El Club Silencio de París como una cinta superpuesta al Club Silencio de *Mulholland Drive*.

Mi literatura quiere escuchar el silencio. Este ensayo trata sobre el silencio, como casi todos mis libros. Para sentirlo necesito mucho ruido. Permanecer aquí, en el centro ruidoso, es importante. Porque esta ventana y esta calle son mi lugar en el mundo. No creo que haya nada que sienta más propio ni donde yo esté más presente, y eso es porque es un lugar que sólo remite a aquella parte de mi biografía que no está conectada con mi historia familiar. Es una elección por la que me siento privilegiado porque creo que casi nadie puede elegir nada en su vida. Estando en el centro, me siento en el margen, y esa bilocación sí que me conecta con mis compatriotas.

No sé qué España vacía es más real, como tampoco sé qué Club Silencio es el verdadero. La historia es un entreverado de ficciones imposible de desenredar que casi siempre parece un desastre o unas ruinas como las que hacen llorar al ángel de Walter Benjamin. Sin embargo, a veces pienso que la tragedia que es mi país puede llegar a celebrarse. Lo propio es lamentarla, como yo mismo la he lamentado en este libro. Lloramos por los pueblos abandonados y por ese desierto demográfico que parece irrecuperable. Pero ese desierto tan raro, tan antieuropeo, y esa conciencia del abandono que gobierna tantos salones y tantos álbumes de fotos, han hecho de España un país más tranquilo. Aunque el tópico pinte a los peninsulares como gritones, chulos, prestos a la violencia y amigos de las soluciones directas y tajantes, la historia de los últimos cuarenta años demuestra que también sabemos ser un pueblo pacífico y paciente. Incluso valiente. Un pueblo que deja las cosas reposar, que no se precipita, que ha aprendido a no matarse. Y eso quizá tenga que ver con el escarmiento del franquismo, que nos ha librado de la fiebre chovinista y patriotera, pero también con el tiempo que hemos tenido para asimilar en el sistema nervioso la pertenencia a un espacio de ficción del que venimos pero al que no podemos regresar. La España de la que proceden millones de españoles ya no existe. Puede decirse que el país se ha refundado. En muchos aspectos, el país del que nos hablan los mitos es otro país tan inverosímil y fantasioso como el de las maravillas de Alicia. Como yo en mi ventana y en mi calle, vivimos en lugares propios que sólo nos recuerdan a nosotros mismos.

Ahora que algunas formas de patriotismo renacen y que el país parece que va a cambiar de nuevo con brusquedad, tomar conciencia de la forma casi augusta en la que hemos tomado café en nuestra calle ruidosa puede ayudarnos a decidir si queremos de verdad vender nuestro piso y mudarnos.

Es muy difícil que la despoblación se corrija, como difícil es que aparezca en el orden del día de la discusión pública, pero si algunos toman conciencia de lo peculiar que es España y escuchan los ruidos que llegan desde el yermo, tal vez seamos capaces de imaginar una convivencia que tenga en cuenta las rarezas demográficas y sentimentales de este trozo de tierra al sur de Europa. Hemos sabido romper la inercia de la crueldad y el desprecio de los siglos. Nos falta darnos cuenta y hacer algo con esa conciencia.

Zaragoza, diciembre de 2015

AGRADECIMIENTOS

A José Molina, que me enseñó a fundirme en el paisaje.

Al Centro de Estudios sobre la Despoblación y el Desarrollo de las Áreas Rurales, por su imprescindible trabajo de investigación y compilación bibliográfica.

A Juan Domínguez Lasierra, que me descubrió el universo de los viajeros románticos.

A todos los periodistas de provincias y de pueblo, que llenan miles de páginas con historias de la España vacía para que no parezca tan desierta, contra el desprecio de sus colegas de las capitales.

A los locutores de Radio Clásica, que me acompañaron mientras recorría la España vacía en un Citröen C4, y a los de la BBC Radio 3, que me acompañaron mientras la ponía en leyenda. Parte del ritmo y el compás de estas páginas son culpa suya.

A Luis Alegre, Severiano Delgado y Alejandro Duce, que con su lectura atentísima han contribuido a subsanar algunos errores de las anteriores ediciones de este libro, que ya están corregidos en esta.

A Pilar Álvarez, por su entusiasmo y compromiso con este proyecto desde la primera vez que hablamos de él en un restaurante de Madrid, y por sus cientos de inteligentes sugerencias, que han contribuido a hacer mi prosa algo más legible y, sin duda, mucho mejor.

A Angela Porras, que perdió la salud y las ganas de vivir en la confección del espléndido y utilísimo índice que completa el libro.

A todo el equipo de la editorial Turner.

A Ella Sher, que me acompaña en cada despropósito literario que se me ocurre, incluido este, y me alienta y los vende como si tuvieran sentido.

A Cristina Delgado, por quitar el anuncio de piso en venta de idealista.com

NOTAS

1 "Thirty years since the first Welsh holiday arson", <http://news.bbc.co.uk/2/hi/uk_news/wales/north_west/8408447.stm> y "Arson campaign, 30 years on", <http://news.bbc.co.uk/2/hi/uk_news/wales/8408034.stm>.
2 Carter, Helen, "Police take fresh look at Sons of Glyndwr", en *The Guardian*, Londres, 11 de marzo de 2004.
3 Williams, Gordon, *The Siege of Trenchers's Farm. The Novel that Inspired Straw Dogs*, Londres, TitanBooks, 2011.
4 Tseng Juo Ching y Ángel Fernández de Castro, *El Tao Te Ching de Lao-Tze: el libro del tao y la virtud,comentado*, Madrid, Ediciones Tao, 2013.
5 Trujillo, Juana, "Historia del tenedor", en *Directo al paladar*, 7 de diciembre de 2011 <http://www.directoalpaladar.com/cultura-gastronomica/historia-del-tenedor>.
6 Wilson, Bee, *La importancia del tenedor. Historias, inventos y artilugios de la cocina*, Madrid, Turner, 2013, p. 246.
7 Guevara, Fr. A., *Menosprecio de corte y alabanza de aldea*, Madrid, Calpe, 1922.
8 El mapa administrativo francés ha cambiado desde finales del siglo XIX por el impulso del viejo legitimismo monárquico, que llevaba en sus propuestas el reconocimiento nominal y político de las viejas regiones. Los partidos republicanos, desde un jacobinismo irreductible, siempre se han opuesto a cualquier planteamiento descentralizador y se han aferrado al departamento (entidad subordinada a París y con competencias puramente administrativas) como núcleo de la organización territorial francesa, pero una conciencia periférica cada vez más acusada se ha ido imponiendo desde 1945. En 1982 se crearon las regiones, formadas por varios departamentos y gobernadas por un consejo elegido por sufragio universal. Aunque sus competencias eran y son muy limitadas en comparación con cualquier región de cualquier país descentralizado, como la España actual, su constitución se interpretó como una gran victoria de la Francia de *provinces* frente a París. A diferencia de los departamentos, muchas regiones han recuperado nombres históricos: Provenza, Normandía, Bretaña, Languedoc, Auvernia... Nombres que nunca habían dejado de usarse en el habla común pero que habían sido proscritos de

los mapas y de la administración. El 1 de enero de 2016 entró en vigor una reforma de las regiones, que las redujo a trece y les atribuyó más competencias políticas.

9   Es muy famoso el ejemplo con el que Marx ilustró su teoría de la acumulación originaria del capital, es decir, el proceso de transformación de la economía rural británica que permitió que los propietarios rurales tuviesen recursos para invertir en industrias y que tuvo como efecto el éxodo a las ciudades de unos campesinos privados de sus tierras. En el epígrafe titulado "Expropiación de la población rural" se lee: "Como ejemplo de los métodos imperantes en el siglo XIX baste con señalar aquí los 'despejamientos' de la duquesa de Sutherland. Esta dama, versada en economía, apenas tomó el poder resolvió aplicar una cura económica y radical y transformar en pastizales de ovejas todo el condado, cuya población ya había sido reducida por procesos anteriores similares a 15.000 personas. De 1814 a 1820, esos 15.000 habitantes, cerca de 3.000 familias, fueron sistemáticamente expulsadas y desarraigadas. Todas sus aldeas fueron destruidas y quemadas; todas sus tierras fueron transformadas en praderas. Soldados británicos, a los que se dio orden de apoyar esta empresa, se enfrentaron con los naturales. Una anciana murió quemada en una choza que se negó a abandonar. [...] En 1825, los 15.000 gaeles habían sido ya reemplazados por 131.000 ovejas". Marx, Karl, *El capital*, Moscú, Progreso, 1980, tomo I, p. 666.

10 "Cada familia campesina se basta, sobre poco más o menos, a sí misma, produce directamente ella misma la mayor parte de lo que consume y obtiene así sus materiales de existencia más bien en intercambio con la naturaleza que en contacto con la sociedad. La parcela, el campesino y su familia; y al lado, otra parcela, otro campesino y otra familia. Unas cuantas unidades de estas forman una aldea, y unas cuantas aldeas, un departamento. Así se forma la gran masa de la nación francesa, por la simple suma de unidades del mismo nombre, al modo como, por ejemplo, las patatas de un saco forman un saco de patatas". Marx, Karl, *El dieciocho Brumario de Luis Bonaparte*, Madrid, Alianza, 2015, p. 115.

11 Gilg, Andrew W., *An Introduction to Rural Geography*. Londres y Baltimore, Edward Arnold, 1985.

12 Para una aproximación geográfica y estadística del éxodo rural español, véase Luis Alfonso Camarero, *Del éxodo rural y del éxodo urbano: ocaso y renacimiento de los asentamientos rurales en España*, Madrid, Ministerio de Agricultura y Pesca, 1993. Para una aproximación multidisciplinar, Carlos Serrano Lacarra, coord., *Despoblación y territorio*, Zaragoza, Centro de Estudios sobre la Despoblación y Desarrollo de Áreas Rurales, 2007.

NOTAS

Uno de los primeros estudios sistemáticos del éxodo rural en España, contemporáneo al fenómeno que estudia: Víctor Pérez Díaz, *Emigración y cambio social: procesos migratorios y vida rural en Castilla*, Barcelona, Ariel, 1971. Para una aproximación desde el periodismo literario: Luis del Val, *Con la maleta al hombro. Cuando la España rural emigró a las ciudades*, Madrid, Temas de Hoy, 2001.

13 Tomé Bona, José María, *Historia de la Puerta del Sol*, Madrid, La Librería, 1993.
14 Gea Ortigas, María Isabel, *Historia del oso y el madroño (los escudos de Madrid)*. *Antiguos cementerios de Madrid*, Madrid, La Librería, 1999.
15 Las descripciones del escudo se recogieron en la crónica de Josef Antonio Álvarez y Baena, *Compendio histórico de las grandezas de la coronada villa de Madrid, corte de la monarquía de España*, publicada en 1786.
16 Jorge Cañaveras, Borja de, "¿Por qué no hay casi madroños en Madrid?", en *ABC*, Madrid, 18 de septiembre de 2014.
17 Cela, Camilo José, *Viaje a la Alcarria*, Madrid, Destino, 1999.
18 Ferrer Lerín, Francisco, *Familias como la mía*, Barcelona, Tusquets, 2011. La primera parte de la novela es un ajuste de cuentas con la Barcelona de la juventud del autor. Un desapego narrado con mucho humor, pero sin disimular los sentimientos rencorosos. La biografía de Ferrer Lerín es fascinante: de poeta novísimo se convirtió en un reputado naturista que se mudó a Jaca y participó en los primeros programas de recuperación del buitre ibérico, especie en peligro de extinción.
19 Uno de los proyectos frustrados más inquietantes e ilustrativos de Hitler fue la demolición de Berlín y su sustitución, sobre sus ruinas, de una gran capital del Reich llamada Germania. Albert Speer, arquitecto oficial de la Alemania nazi, llegó a diseñar una maqueta que no se construyó por falta de presupuesto. Para la cita de Hitler en el texto: Sánchez, Rosalía, "Germania, año cero", en *El Mundo*, Madrid, 8 de octubre de 2014.
20 Gaviria, Mario y Grilló, Enrique, *Zaragoza contra Aragón*, Barcelona, Los Libros de la Frontera, 1974.
21 Salvo que se indique lo contrario, todos los datos proceden del Instituto Nacional de Estadística y de Eurostat y se refieren al 31 de diciembre de 2014.
22 Lazaridis, Iosif et al., "Ancient human genomes suggest three ancestral populations for present-day Europeans", en *Nature*, 513, pp. 409–413 (18 de septiembre de 2014) doi:10.1038/nature13673.
23 AA. VV., *The New Rural Paradigm: Policies and Governance*, Paris, OECD, 2006.

24 Burillo-Cuadrado, María Pilar; Burillo-Mozota, Francisco; y Ruiz-Budría, Enrique, *Serranía Celtibérica (España). Un proyecto de desarrollo rural para la Laponia del Mediterráneo*, Zaragoza, Centro de Estudios Celtibéricos de Segeda, 2013.

25 Houellebecq, Michel, *El mapa y el territorio*, Encarni Castejón, tr., Barcelona, Anagrama, 2011. El novelista francés, por cierto, tiene una fijación con los paisajes despoblados y áridos. Dedicó un libro a la isla de Lanzarote (Houellebecq, Michel, *Lanzarote*, Miguel Calzada, tr., Barcelona, Anagrama, 2003), donde también rodó en 2008 la adaptación al cine de su novela *La posibilidad de una isla*. (Houellebecq, Michel, *La posibilidad de una isla*, Encarna Castejón, tr., Madrid, Alfaguara, 2005) Asimismo, se sabe que una de sus casas de veraneo está en una zona apartada de Almería.

26 El 19 de abril de 1937, Franco firmó un decreto que fundía en una única organización la Comunión Tradicionalista y Falange Española de las Juntas de Ofensiva Nacional Sindicalista. El partido resultante, único legal en la España de Franco, se llamó Falange Española Tradicionalista y de las Juntas de Ofensiva Nacional Sindicalista. Para muchos historiadores, con esa fusión, Franco desactivó ambas fuerzas políticas y las sometió a sus designios. Algunos carlistas y algunos falangistas renegaron del nuevo partido e interpretaron el decreto como una traición de los militares. Entre los falangistas, el mayor crítico de la unificación fue Manuel Hedilla, en torno a cuya figura se agruparon los descontentos, formando una especie de oposición interna.

27 Franco, Francisco, "Discurso en el acto de serle impuesta la primera medalla de Valladolid", 29 de octubre de 1959.

28 "Según unos análisis de orina del año 1964, los empleados [de la fábrica de uranio de Andújar] tenían en torno a 116 microgramos de uranio por litro, cuando el límite de seguridad estaba en 0,8 microgramos". Donaire, Ginés, "Lo enterraron todo, hasta los árboles", *El País*, ed. Andalucía, Sevilla, 7 de junio de 2008. En 2009 varios juzgados admitieron demandas de antiguos trabajadores y familiares de trabajadores de la fábrica.

29 Grau, Josep, "¿Por qué Hitler bombardeó cuatro pacíficos pueblos de Castellón?", en *El País*, Madrid, 26 de diciembre de 2015.

30 Un doloroso e intrigante ensayo sobre la destrucción de una de esas ciudades se puede leer en Sebald, W. G., *Sobre la historia natural de la destrucción*, Barcelona, Anagrama, 1999, donde el autor reflexiona sobre los bombardeos que redujeron a escombros Hamburgo entre 1943 y 1944.

31 El Consejo Superior de Investigaciones Científicas tiene un portal cartográfico en internet donde pueden compararse muchos planos de la

ciudad de Madrid (http://idehistoricamadrid.org/hisdimad/index.htm). Los planos a los que me refiero son el histórico de Madrid y pueblos colindantes de Facundo Cañada López (1900), el segundo vuelo fotográfico de Madrid hecho en 1956 por el Instituto Geográfico Nacional y el cuarto vuelo fotográfico hecho en 1984.

32 Collantes, Fernando y Pinilla, Vicente, "La dinámica territorial de la población española. Una exploración preliminar", en *Documentos de trabajo*, número 3, Zaragoza, Centro de Estudios sobre la Despoblación y Desarrollo de Áreas Rurales, 2002, p. 15.

33 Equipo Piedras de Papel, *Aragón es nuestro Ohio. Así votan los españoles*, Barcelona, Malpaso, 2015.

34 En las elecciones generales de 2015, por ejemplo, la provincia de Soria mandó al congreso dos diputados (de un total de 350), uno del PP y otro del PSOE. El censo de la circunscripción tenía 70.718 votantes, de los que sólo 52.210 ejercieron el derecho al sufragio (es decir, el 73,83%). El PP y el PSOE obtuvieron 32.214 votos (el 62,48%), pero se llevaron el 100% de los escaños. El resto de partidos, con el 37,52% de las papeletas, se quedó sin representación. Esto implica que al PP y al PSOE les bastaron 16.107 votos para conseguir un escaño en el congreso. En cambio, en Madrid, con un total de 3.621.374 votos, sólo 116.242 se quedaron sin escaño (es decir, el 3,21%, frente al 37,52% de Soria). A los partidos que sí obtuvieron diputados, cada uno de ellos les costó entre 92.000 y 94.000 votos.

35 Ha pasado en los comicios de 2015. Aunque el PP y el PSOE han obtenido más escaños de los que proporcionalmente les corresponderían, y aunque las nuevas fuerzas con base social eminentemente urbana (Podemos y Ciudadanos) hayan obtenido menos diputados de los que les otorgaría un sistema proporcional, el voto de las provincias poco pobladas no ha sido suficiente para compensar la caída de los partidos tradicionales.

36 Delibes, Miguel, *El disputado voto del señor Cayo*, Barcelona, Destino, 1978, p. 70.

37 *Ibíd.*, p. 179.

38 *Ibíd.*, p. 109.

39 *Ibíd.*, p. 82.

40 *Ibíd.*, p. 88.

41 Zagajewski, Adam, *Dos ciudades*, traducción de J. Slawomirski y A. Rubió, Barcelona, Acantilado, 2006, p. 26.

42 Llamazares, Julio, "El molino", en *El País,* Madrid, 7 de diciembre de 2015.

43 *Ibíd.*

44 Fernández Flórez, Wenceslao, *El bosque animado*, Madrid, Austral, 1997.

45   Moncada, Jesús, *Camí de sirga*, Barcelona, Edicions 62, 2010.
46   Cuerda, José Luis, *Amanece, que no es poco*, Logroño, Pepitas de Calabaza, 2013.
47   *El País* publicó una crítica muy negativa de la película de Cuerda, en la que se decía: "Después del éxito de *El bosque animado*, uno de los más notables del cine español reciente, José Luis Cuerda debiera habérselo pensado dos veces antes de filmar su siguiente guión". Ángel Fernández-Santos, "Ideas sin imágenes", en *El País*, Madrid, 20 de enero de 1989.
48   Muñoz Molina, Antonio, *El jinete polaco*, Barcelona, Planeta, 1991.
49   Cuerda, José Luis, *op. cit.*, p. 165.
50   *Fargo*, dirigida por Joel y Ethan Coen en 1996, es una comedia negra (o una película negra cómica) ambientada en una región casi desierta entre Dakota del Norte y Minnesota, cerca de la ciudad de Fargo. En 2014 se estrenó una serie basada en la película. El universo de Fargo se centra en el aislamiento y la soledad de pequeñas comunidades rurales de clima muy frío.
51   Thoreau, Henry David, *Walden*, Madrid, Errata Naturae, 2013. Publicada en 1854, es la crónica de los dos años que el autor vivió en soledad en una cabaña construida por él mismo en la orilla del lago Walden, en Massachusetts. En la cultura estadounidense, es la sublimación del *beatus ille*.
52   Ibargüen, J.M., Ibargüen, S., Kerkhoff, R., López, J.A., *Neorrurales: Dificultades durante el proceso de asentamiento en el medio rural aragonés. Una visión a través de sus experiencias*, Zaragoza, Informes del CEDDAR, 2004 y Laliena Sanz, Ana Carmen, *El movimiento neo-rural en el Pirineo aragonés. Un estudio de caso: La Asociación Artiborain*, Zaragoza, Informes de CEDDAR, 2004.
53   Raz, Mical, "Alone again: John Zubek and the troubled history of sensory deprivation research", en *Journal of the History of the Behavioral Sciences*, Vol. 49(4), pp. 379-395 otoño de 2013.
54   Gosline, Anna, "Bored to Death: Chronically Bored People Exhibit Higher Risk-Taking Behavior", en *Scientific American*, 26 de febrero de 2007, <http://www.scientificamerican.com/article/the-science-ofboredom/>.
55   Goldberg, Yael K.; Eastwood, John D.; LaGuardia, Jennifer and Danckert, James, "Boredom: An emotional experience distinct from apathy, anhedonia, or depression", en *Journal of Social and Clinical Psychology*, vol. 30, 2011/6, pp. 647-666.
56   Porta, Carles, *Tor. La montaña maldita*, Barcelona, Anagrama, 2006.
57   Porta, Carles, *Fago*, Barcelona, La Campana, 2012.
58   Duva, Jesús, *Emboscada en Fago. ¿Quién asesinó al alcalde Miguel Grima?*, Barcelona, Debate, 2008.

59 Bayona, Eduardo, *El crimen de Fago*, Madrid, La Esfera de los Libros, 2008.
60 R., Silvia, "Ya estás gordo para matarte, voy a por ti", en *El País*, Madrid, 3 de diciembre de 2014.
61 Sender, Ramón J., *Casas Viejas*, Zaragoza, Larumbe, 2005.
62 Sender, Ramón J., *Réquiem por un campesino español*, Barcelona, Austral, 2010.
63 Buñuel, Luis, *Mi último suspiro*, Barcelona, Plaza y Janés, 1982, pp. 161-162. Aunque Buñuel afirma que Filiberto Villalobos es un ministro lerrouxista, el doctor Villalobos militó en el Partido Liberal Demócrata, una formación republicana contraria al populismo de Alejandro Lerroux. Formó parte de un gabinete presidido por Lerroux, pero jamás militó en ninguna formación dirigida por el emperador del Paralelo.
64 Aub, Max, *Luis Buñuel, novela*, Granada, Cuadernos de Vigía, 2013, p. 149.
65 Herrera, Javier, *Estudio sobre Las Hurdes*, Sevilla, Renacimiento, 2006.
66 Acín, Ramón, *Ramón Acín toma la palabra. Edición anotada de los escritos (1913-1936)*, Barcelona, Debate, 2015.
67 Herrera, Javier, *op. cit.*, p. 136.
68 *Ibíd.*, p. 137.
69 Aub, Max, *op. cit.*, p. 23.
70 Buñuel, Luis, *op. cit.*, p. 264.
71 Gurría Gascón, José L. y Mora Aliseda, Julián, coord., "Prólogo", en *Alcántara*, revista del Seminario de Estudios Cacereños, número 31-32, 1994, p. 10.
72 Unamuno, Miguel de, *Andanzas y visiones españolas*, Madrid, Alianza, 2006, p. 151.
73 *Ibíd.*, p. 163.
74 *Ibíd.*, p. 154.
75 *Ibíd.*, p. 156.
76 Entre 1922 y 1931, el Real Patronato de Las Hurdes, que fue básicamente una institución de caridad, canalizó numerosas inversiones en la zona. Véase Domínguez Domínguez, José Pedro, "Real Patronato de las Hurdes (1922-1931): Una institución de beneficencia al servicio de las Hurdes", en *Revista de Estudios Extremeños*, Badajoz, 2007, 63 (1), pp. 101-114.
77 Legendre, Maurice, *Las Hurdes. Estudio de geografía humana*, Mérida, Editora Regional de Extremadura, 2006, p. 222.
78 *Ibíd.*, p. 222.
79 *Ibíd.*, p. 135.

80 En 1833 entró en vigor la organización del territorio español mediante 49 provincias, según un diseño de Javier de Burgos. Con la salvedad de Canarias, que se concibió como uniprovincial, el resto del mapa es el mismo que hoy, inspirado en un proyecto de 1822 que sólo estuvo vigente un año y que incluía más provincias (Cartagena, Bierzo, Játiva y Calatayud). La división provincial de Javier de Burgos, inspirada en los departamentos franceses, creaba un estado centralizado con gobernadores nombrados por el gobierno de Madrid. El criterio para demarcar fue, sin embargo, más respetuoso con las fronteras tradicionales que el napoleónico: varias provincias limítrofes se corresponden con antiguas demarcaciones, y quizá por eso las provincias han sobrevivido en la España autonómica, pues han permitido configurar las comunidades por simple adhesión. Sin embargo, el espíritu de la administración provincial quería destruir la estructura del antiguo régimen mediante criterios de racionalidad y eficiencia. Por eso cada provincia, salvo muy pocas excepciones, adoptó el nombre de su capital, donde se centralizaron todos los servicios. Para determinar la extensión de cada división se aplicó un criterio práctico: el pueblo más alejado de la capital no podía estar a más de un día de viaje de la misma con los medios de principios del siglo XIX. Aunque el modelo ha sido ferozmente cuestionado por los nacionalistas y por quienes consideran que las provincias son una división administrativa obsoleta, es uno de los mayores y más perdurables aciertos en la organización territorial y ha ayudado a configurar España de forma decisiva.

81 Serry, Hervé, *Naissance de l'intellectuel catholique*, París, La Découverte, 2004.

82 Vega, Leandro de la, *Las Hurdes, leyenda y verdad*, Madrid, Servicio de Información Español, 1964.

83 El vídeo se puede ver en el archivo digitalizado del no-do: <http://www.rtve.es/filmoteca/no-do/not-1727/1468695/>.

84 Ferres, Antonio y López Salinas, Armando, *Caminando por las Hurdes*, Barcelona, Seix Barral, 1960.

85 Comas, José, "Los Reyes ponen fin a la 'leyenda negra' de Las Hurdes con su visita", en *El País*, Madrid, 15 de abril de 1998.

86 Carandell, Luis, "Crónica de las crónicas", en Marañón, Gregorio, *Viaje a Las Hurdes. El manuscrito inédito de Gregorio Marañón y las fotografías de la visita de Alfonso XIII*, Madrid, El País-Aguilar, 1993, p. 39.

87 Gurría Gascón, José L. y Mora Aliseda, Julián, coord., *Alcántara*, segunda época, números 31-32, enero-agosto de 1994, Cáceres, Diputación de Cáceres.

88   Miguel, A. "El congreso de hurdanófilos será del 14 al 16 de diciembre", en *El Periódico de Extremadura*, Mérida, 30 de octubre de 2006.
89   Molino, Sergio del, *Lo que a nadie le importa*, Barcelona, Literatura Random House, 2014.
90   Marañón, Gregorio, *op. cit.*, p. 83.
91   Pérez Galdós, Benito, *Fortunata y Jacinta*, Barcelona, Austral, 2014.
92   Sí hubo guerras frecuentes fuera de la Península. En 1883 España reconoció la independencia de Perú tras una larga guerra hispano-sudamericana. Entre 1868 y 1898 se mantuvo una guerra intermitente pero más o menos continua con el ejército independentista de Cuba, que terminó con otra guerra, con Estados Unidos, y la independencia de la isla en 1898. Ese mismo año, llamado del Desastre, terminó con la independencia de Puerto Rico y Filipinas, tras largos años de conflicto armado entre nacionalistas y militares españoles. Entre 1893 y 1894 sucedió la llamada guerra de Margallo, una campaña contra las cabilas bereberes asentadas alrededor de la ciudad de Melilla. Una segunda parte de este conflicto tuvo lugar en 1909, y las levas de soldados para combatir en Marruecos provocaron la Semana Trágica de Barcelona en agosto de ese año. Pero, sin duda, la guerra más larga, sangrienta e influyente en el devenir de la metrópoli (muy superior al sobredimensionado "desastre del 98") fue la de Marruecos (1911-1926). Es cierto que el territorio español vivió más o menos en paz durante la Restauración, pero el ejército siempre estuvo movilizado y en combate contra varios enemigos.
93   El pedagogo Francesc Ferrer i Guardia, fundador de la Escuela Nueva en Barcelona, de inspiración anarquista, fue acusado por el ejército de ser uno de los instigadores de la revuelta de la Semana Trágica de agosto de 1909 y fue condenado a muerte en consejo de guerra y fusilado en Montjuïc, pese al clamor internacional que exigía que el gobierno de Antonio Maura lo indultase. Muchos intelectuales españoles considerados entonces mauristas aplaudieron la ejecución de Ferrer i Guardia. Entre ellos, Miguel de Unamuno, aunque años después de arrepintieron y pidieron perdón por haber celebrado la barbarie. Por lo demás, entre 1876 y 1931, la agitación anarquista en Barcelona y otras grandes ciudades fue constante y moteada de atentados, estados de excepción y revueltas urbanas. Destacan la bomba del Liceo de Barcelona de 1893 y el atentado con ramo-bomba contra el cortejo nupcial de Alfonso XIII en la calle Mayor de Madrid en 1906.
94   Molero Pintado, Antonio, *La Institución Libre de Enseñanza. Un proyecto de reforma pedagógica*, Madrid, Biblioteca Nueva, 2000, p. 101.
95   *Ibíd.*, p. 101.

96   Ibíd., p. 103.
97   Unamuno, Miguel de, *Por tierras de Portugal y de España*, Madrid, Alianza, 2006, p. 194.
98   Ibíd., p. 281.
99   Ibíd., p. 195.
100 Ibíd., p. 190.
101 Ibíd., p. 187.
102 Otero Urtaza, Eugenio, ed., *Las misiones pedagógicas. 1931-1936*, Madrid, Sociedad Estatal de Conmemoraciones Culturales-Residencia de la Estudiantes, 2006, p. 26.
103 Ibíd., p. 135.
104 Ibíd., p. 188.
105 Ibíd., p. 188.
106 Ibíd., p. 138.
107 Ibíd., p. 140.
108 Ibíd., p. 25.
109 Ibíd., pp. 507-540.
110 Fuente, Inmaculada de la, *El exilio interior. La vida de María Moliner*, Madrid, Turner, 2011, p. 119.
111 Figols, Paula, "Aprender con Legos y cocina solar en vez de con libros de texto", en *Heraldo de Aragón*, Zaragoza, 2 de octubre de 2015.
112 *Northern Exposure*, titulada en España *Doctor en Alaska*, serie de televisión estadounidense emitida entre 1990 y 1995 que cuenta la vida cotidiana de Cicely, un remoto pueblo de Alaska al que llega un médico judío de Nueva York, Joel Fleischmann, para llevar el consultorio local. Fleischmann, esnob y urbanita, detesta el pueblo y vive su trabajo como una condena al destierro, pero poco a poco se va enamorando del lugar y de la gente. Pese al planteamiento, la narración es coral y retrata a una comunidad pequeña poblada por excéntricos, todos ellos desterrados a su modo, al margen de las convenciones sociales y libres.
113 Los monjes cistercienses fundaron Santa María de Veruela en 1146, en unos terrenos cedidos por los reyes de Aragón en la linde del reino con Navarra y Castilla. El monasterio administró los pueblos de los alrededores, que le debían tributos, hasta entrado el siglo XV. Tras la desamortización de Mendizábal de 1835, pasó a ser propiedad del estado y los monjes lo abandonaron. Sin embargo, el estado no le dio ningún uso y el conjunto se arruinó. Para evitarlo, los vecinos de Borja y Tarazona fundaron juntas de conservación e imaginaron usos turísticos. Por ese motivo llegaron allí los Bécquer en 1863. Posteriormente, en 1877 y hasta 1975, el estado cedió el uso del cenobio a los jesuitas, que lo usaron

como lugar de retiro. Desde 1976, pertenece a la Diputación Provincial de Zaragoza, que lo ha convertido en museo, atracción turística y lugar de congresos, conciertos de música clásica y festivales poéticos. En el momento de escribir este libro acaban de empezar las obras para transformar parte del conjunto en un parador nacional.

114 Huerta, Natalia, "El monasterio de Veruela ha recuperado la Cruz de Bécquer", en *El Periódico de Aragón*, Zaragoza, 24 de marzo de 2008.

115 Bécquer, Gustavo Adolfo, *Rimas y leyendas*. *Cartas desde mi celda*, Barcelona, Planeta, 1982, p. 141.

116 King, Edmund L., "El Moncayo de las leyendas", en VV. AA., *Actas del congreso "Los Bécquer y el Moncayo" celebrado en Tarazona y Veruela, septiembre 1990*, Zaragoza, Institución Fernando el Católico, 1992, p. 122.

117 *Ibíd.*, p. 130.

118 "Varón digno de no ser silenciado por los pueblos de la Celtiberia y gloria de nuestra Hispania, verás, Liciniano, la alta Bílbilis, famosa por sus caballos y sus armas, y el viejo Cayo con sus nieves y el sagrado Vadaverón con sus escarpadas cimas y el agradable bosque del delicioso Boterdo que la fecunda Pomona ama". Así empieza el epigrama 49 del primer libro de Marco Apuleyo Marcial, casi una guía de viaje por la comarca del Moncayo. Bílbilis es la actual Calatayud y el viejo Cayo es el Moncayo. Marcial, *Epigramas completos*, Madrid, Cátedra, 1991, p. 76.

119 Eco, Umberto, *La estructura ausente*. *Introducción a la semiótica*, Barcelona, Lumen, 1974.

120 En 1837 se estrenó en el teatro del Príncipe de Madrid *Los amantes de Teruel*, de Juan Eugenio Hartzenbusch, uno de los mayores éxitos de público de la cartelera madrileña de todo el siglo XIX. Es la recreación literaria moderna más conocida de la leyenda supuestamente medieval de los amores imposibles entre Diego de Marcilla e Isabel de Segura. En la iglesia de San Pedro de Teruel se conservan los presuntos restos mortales de los amantes, enterrados en un sepulcro esculpido por Juan de Ávalos en 1955. Una versión adaptada del drama de Hartzenbusch se representa al aire libre con actores aficionados cada año a mediados de febrero en el centro de Teruel, dentro de las fiestas populares de las Bodas de Isabel. Hartzenbusch, Juan Eugenio, *Los amantes de Teruel*, Madrid, Cátedra, 1998.

121 Aunque su obra más conocida es su versión del mito de don Juan, José Zorrilla, poeta de Valladolid e hijo de carlistas, fue uno de los buscadores de mitos castellanos más persistentes del romanticismo español. En sus poemas dramáticos actualizó figuras como el Cid y sublimó episodios históricos como la conquista árabe de 711 o la toma de Granada de 1492.

122 Azorín, *La ruta de don Quijote*, Madrid, Cátedra, 2005, p. 98.
123 Mandado, Lluís Maria, *El Quixote va esborrar el Quixot*, Alzira, Neopàtria, 2012.
124 Rico, Francisco, "Como mucho, broma entre amigos", *El País*, Madrid, 7 de diciembre de 2014.
125 Manrique Sabogal, Winston, "Don Quijote de La Mancha: ¿realidad o ficción?", *El País*, Madrid, 8 de diciembre de 2014.
126 En 1870, el arqueólogo alemán Heinrich Schliemann encontró las ruinas de Troya al excavar en el emplazamiento que la *Ilíada* de Homero atribuía a la ciudad.
127 Azorín, *op. cit.*, p. 109.
128 AA. VV., *El lugar de la Mancha es... El Quijote como un sistema de distancias/ tiempos*, Madrid, Editorial Complutense, 2005.
129 Cervantes, Miguel de, *Don Quijote de la Mancha*, Madrid, Real Academia Española, 2015, p. XVI.
130 *Ibíd.*, p. XVII.
131 Gautier, Teófilo, *Viaje por España*, Valladolid, Maxtor, 2008, p. 24.
132 Dumas, Alejandro, *De París a Cádiz. Un viaje por España*, Madrid, Sílex, 1992.
133 Andersen, Hans Christian, *Viaje por España*, Marisa Rey-Henningsen, tr., Madrid, Alianza, 2005.
134 Ford, Richard, *Manual para viajeros por España y lectores en casa*, Jesús Pardo, tr., Madrid, Turner, 1988, p. 13.
135 Martínez de Pisón, Eduardo, *Imagen del paisaje. La generación del 98 y Ortega y Gasset*, Madrid, Caja Madrid, 1998, p. 16.
136 Ford, Richard, *op. cit.*, p. 171.
137 Gautier, Teófilo, *op. cit.*, p. 24.
138 *Ibíd.*, p. 58.
139 *Ibíd.*, p. 60.
140 Gautier, Théophile, *Voyage en Espagne*, París, Charpentier, libraire-éditeur, 1845.
141 Gautier, Teófilo, *op. cit.*, p. 152.
142 Gallina, Annamaria, "Enrique de Mesa, noventayochista menor", en *Actas del IV Congreso Internacional de la Asociación Internacional de Hispanistas* (1971), pp. 551-559.
143 González, Cayo y Suárez, Manuel, eds., *Antología poética del paisaje de España*, Madrid, Ediciones de la Torre, 2001, p. 147.
144 Ponz, Antonio, *Viage de España. En que se da noticia de las cosas más apreciables y dignas de saberse que hay en ella*, tomo I, Charleston, Nabu Press, 2010.

145 Berazaluze, Iñaki, "Derribando mitos: 10. Esa ardilla que recorría España de rama en rama...", en <http://www.cookingideas.es/derribando-mitos-10-esa-ardilla-que-recorria-espana-de-rama-enrama-20100730.html>.
146 Plinio el Viejo, *Naturalis Historia*, Libro XXXIII, 67. La cita latina original es: "*Cetero montes Hispaniarum, aridi sterilesque et in quibus nihil aliud gignatur, huic bono fertiles esse coguntur*".
147 AA. VV., *Tercer inventario nacional forestal (1997-2007)*, Madrid, Ministerio de Medio Ambiente, 2007.
148 Cervantes, Miguel de, *op. cit.*, p. 105.
149 *Ibíd.*, p. 46.
150 A decir del Diccionario de la Real Academia.
151 Cervantes, Miguel de, *op. cit.*, p. 189.
152 En *Las preciosas ridículas*, drama en un acto de 1659, dos damas de provincias se enamoran de unos supuestos señores refinados que al final resultan ser los sirvientes de esos señores cuyos nombres han usurpado. Molière critica aquí el esnobismo de los advenedizos, como en otras obras suyas.
153 Pinker, Steven, *Los ángeles que llevamos dentro. El declive de la violencia y sus implicaciones*, Barcelona, Paidós, 2012.
154 Azorín, *op. cit.*, p. 136.
155 *Ibíd.*, p. 126.
156 *Ibíd.*, p. 127.
157 *Ibíd.*, p. 120.
158 *Ibíd.*, p. 112.
159 *Ibíd.*, p. 114.
160 *Ibíd.*, p. 106.
161 *Ibíd.*, pp. 32-33.
162 *Ibíd.*, p. 125.
163 *Ibíd.*, p. 144.
164 *Ibíd.*, p. 144.
165 *Ibíd.*, p. 144.
166 *Ibíd.*, p. 144.
167 *Ibíd.*, p. 148.
168 La filoxera es un parásito que destruye las viñas. Llegó a Europa en la década de 1860, procedente de Estados Unidos, tras la importación de una variedad de viñas de Georgia. Se detectó en el norte de Cataluña en el otoño de 1879 y fue expandiéndose por todas las zonas vinícolas a través del valle del Ebro hasta llegar a La Rioja. Millones de hectáreas quedaron devastadas y todas las regiones productoras de vino se arruinaron. Provocó una primera oleada migratoria del campo a Barcelona.

169 Llamazares, Julio, "Japoneses en Criptana", en *El País*, Madrid, 7 de agosto de 2015.
170 Martínez de Pisón, Eduardo, *op. cit.*, 83-84.
171 Nabokov, Vladimir, *Curso de literatura rusa*, Barcelona, RBA, 2012.
172 James Savile (1926-2011) presentaba *Top of the Tops* en la BBC, la referencia de los programas dedicados a los éxitos. Durante décadas fue un emperador de la enorme industria discográfica británica, capaz de hundir o ensalzar carreras con un simple comentario. En 2013, dos años después de su muerte, se destapó un escándalo: más de cuatrocientas personas denunciaron que sufrieron abusos sexuales frecuentes y sistemáticos por parte del presentador.
173 Los fueros navarros, con la Diputación Foral y el Consejo Foral, fueron las únicas instituciones y figuras jurídicas autónomas que el franquismo respetó tras su victoria en 1939. La Constitución de 1978 sancionó ese respeto, calificando los fueros de "derechos históricos".
174 Luqui, Joaquín, *3, 2 0 1... Tú y yo lo sabíamos. El legado musical de uno de los grandes hombres de la radio*, Madrid, Aguilar, 2014.
175 El llamado rock *radikal* vasco, una variante ibérica del punk que firmó en los años 80 algunas de las obras más interesantes y audaces de la historia del rock español, sufrió el boicot del Partido Popular y de la Asociación de Víctimas del Terrorismo, que presionaron para que algunos grupos no fueran contratados por los ayuntamientos, aduciendo que su música era una apología de la violencia de ETA. Aunque muchos de esos grupos condenaron explícitamente el terrorismo y marcaron una distancia tajante, los boicots afectaron seriamente a la carrera de artistas como Fermín Muguruza o Soziedad Alkohólika, que, a partir del año 2000, apenas consiguieron contratos fuera de Euskadi y Navarra, cuando antes actuaban en los circuitos musicales de toda España.
176 Al mismo tiempo que en España, Portugal sufrió una guerra dinástica, la llamada guerra miguelina, que enfrentó a liberales y reaccionarios por el trono del reino, pero, tras su derrota en 1834, el miguelismo no volvió a tener ningún papel relevante en la historia de Portugal. En Francia, el legitimismo borbónico, muy arraigado en la antigua nobleza y en las familias más poderosas del país, especialmente en provincias, fue arrinconándose a un espacio folclórico y, tras la proclamación de la Tercera República en 1871, no tenía fuerza ni representatividad ni, por supuesto, capacidad alguna de influencia. Ni el miguelismo ni el legitimismo francés tuvieron jamás las cotas de poder del carlismo, que, para cuando las dos primeras ideologías ya habían declinado, seguía siendo una poderosa amenaza para el estado español.

177 El irlandés Edmund Burke (1729-1797) está considerado el fundador del pensamiento liberal conservador moderno. Fue el más feroz opositor a las ideas de la Revolución Francesa en una de sus obras más famosas y leídas: *Reflexiones sobre la Revolución francesa*, Madrid, Alianza, 2010.
178 Entre los reformistas del siglo XVIII destacaron Campoamor y el conde de Aranda, y su propuesta más exitosa, las sociedades de amigos del país, fundadas en las principales ciudades, germen en algunos casos de las cajas de ahorros.
179 Pérez Galdós, Benito, *Episodios nacionales*, tomo II, Madrid, Aguilar, 1979.
180 Fernández Clemente, Eloy, *El turolense Calomarde y las reformas pedagógicas del reinado de Fernando VII*, Teruel, Instituto de Estudios Turolenses, 1970.
181 Canal, Jordi, *Banderas blancas, boinas rojas. Una historia política del carlismo, 1876-1939*, Madrid, Marcial Pons, 2006.
182 Canal, Jordi, *El carlismo. Dos siglos de contrarrevolución*, Madrid, Alianza, 2004.
183 Pérez Galdós, Benito, *Fortunata y Jacinta*, Madrid, Austral, 2014.
184 Umbral, Francisco, *Valle-Inclán, los botines blancos de piqué*, Barcelona, Planeta, 1998.
185 El carlismo de Valle podía ser, de hecho, familiar, pues su padre fue un famoso y declarado carlista y creció en un ambiente, en Pontevedra, que exaltaba esa cultura.
186 El que fuera palacio del marqués de Cerralbo es hoy el museo Cerralbo, uno de los lugares más curiosos y dignos de visitar de Madrid.
187 Baroja, Ricardo, *Gente del 98. Arte, cine y ametralladora*, Madrid, Cátedra, 1989.
188 Bayo, Ciro, *Con Dorregaray. Una correría por el Maestrazgo*, Madrid, Ediciones del Centro, 1974.
189 Baroja, Ricardo, *op. cit.*, p. 103.
190 Donoso Cortés, Juan, "Ensayo sobre el Catolicismo, el Liberalismo y el Socialismo" en *Obras Completas*, II, Lib. I, cap. IV (1851), Madrid, BAC, 1946, p. 374.
191 Caspistegui Gorasurreta, Francisco Javier, "'Esa maldita ciudad, cuna del centralismo, la burocracia y el liberalismo': la ciudad como enemigo en el tradicionalismo español", en *Arquitectura, ciudad e ideología antiurbana. Actas del congreso internacional de Pamplona*, 14 y 15 de marzo de 2002, Pamplona, T6 Ediciones, 2002, p. 83.
192 *Ibíd.*, p. 85.
193 Es una actitud que se ha contaminado incluso al valencianismo progresista. En la década de 1960, cuando Joan Fuster se plantea crear un corpus ideológico y literario nacionalista, lo hace usando un catalán

arcaizante y muy alejado del valenciano hablado en su Sueca natal. Una parte del valencianismo ha intentado que el valenciano se parezca más al catalán normativo, despreciando como pueblerinas o contaminadas por el castellano muchas expresiones, giros y construcciones sintácticas. Fuster, Joan, *Nosaltres, els valencians*, Barcelona, Edicions 62, 2001.

194 Bram Stoker era escritor teatral del West End y aspiraba a estrenar su obra ante el gran público.

195 Álvarez, Juan Luis, "Estremera (Madrid): Bienvenido, Mister Chen", en *Interviú*, Madrid, 18 de marzo de 2011.

196 Gómez, Luis, "Gran Scala o gran estafa", en *El País*, Madrid, 5 de julio de 2009.

197 Abad Vicente, Fernando, *De Eurodisney a Eurovegas. Un paseo por la geografía de la fantasía y la especulación*, Madrid, Libros de la Catarata, 2014.

198 El concierto puede verse en <https://www.youtube.com/watch?v=N-adzGGHx6o>.

199 Manrique, Diego A., "Los 25 momentos del rock español", en *Rolling Stone*, 19 de enero de 2011.

200 Alguien tendría que indagar el papel imprescindible que el clero católico español ha tenido en la difusión de la música satánica por excelencia.

201 Tierno Galván, Enrique, *Cabos sueltos*, Barcelona, Bruguera, 1981.

202 Alonso de los Ríos, César, *La verdad sobre Tierno Galván*, Madrid, Anaya & Mario Muchnik, 1997.

203 Marsé, Juan, *Últimas tardes con Teresa*, Barcelona, Lumen, 2009.

204 Casavella, Francisco, *El día del Watusi*, Barcelona, Destino, 2009.

205 Pérez Andújar, Javier, *Paseos con mi madre*, Barcelona, Tusquets, 2013.

206 En el capítulo "El Gran Trauma" se glosa por extenso la obra *Dos ciudades*, del autor polaco.

207 Sarmiento, Faustino Domingo, *Civilización y barbarie*, Barcelona, Argos Vergara, 1979. También conocido como *El Facundo*, es una indagación en la figura de Facundo Quiroga, un caudillo de la provincia de La Rioja que abanderó el bando federal (contra los unitarios) en las guerras inmediatamente posteriores a la independencia de Argentina. En el libro, Sarmiento (que luego fue también presidente) retrata el país como un equilibrio de fuerzas rurales y urbanas. Desde finales del siglo XIX, esa ha sido la mirada más aceptada y oficial que los argentinos tienen de su propio país.

208 Caparrós, Martín, *El interior*, Barcelona, Malpaso, 2014. El libro, monumental, narra un viaje en coche por las provincias argentinas, con el propósito de descubrir cómo se ve el país desde la periferia y cómo se articula el rencor y el odio que la gente del interior siente contra la capital.

209 Pron, Patricio, *Nosotros caminamos en sueños*, Barcelona, Literatura Random House, 2014. El autor ha referido esta anécdota en las presentaciones de la novela, que indaga en la historia reciente de su país.
210 Tocqueville, Alexis de, *Quince días en las soledades americanas*, Madrid, Barataria, 2005. Cuaderno de viaje del político francés mientras recorría Estados Unidos para escribir *La democracia en América*. En él juega con los conceptos de desierto y frontera.
211 Hernández, José, *Martín Fierro*, Madrid, Cátedra, 2005. Largo poema narrativo publicado en 1872, considerado fundacional de la literatura argentina, que canta las aventuras de un gaucho, Martín Fierro, en lenguaje autóctono, sin atenerse al registro normativo del castellano.
212 Güiraldes, Ricardo, *Don Segundo Sombra*, Madrid, Cátedra, 2004. Otro célebre libro nacionalgauchesco, bien conocido por los escolares argentinos, que fijó en 1926 el mito del gaucho como fundador de la patria.
213 En términos coloquiales y despectivos, un negro es en Argentina un ciudadano pobre, sobre todo si no es étnicamente europeo y tiene rasgos indígenas. Sin embargo, también puede ser un apelativo cariñoso: la cantante Mercedes Sosa era conocida por sus seguidores como la Negra Sosa, y el escritor Roberto Fontanarrosa, como el Negro Fontanarrosa.
214 Barrero, Miguel, *Camposanto en Coilloure*, Gijón, Trea, 2015.
215 Medel, Elena, *El mundo mago. Cómo vivir con Antonio Machado*, Barcelona, Ariel, 2015.
216 Carrasco, Jesús, *Intemperie*, Barcelona, Seix Barral, 2013.
217 Díaz, Jenn, *Es un decir*, Barcelona, Lumen, 2014.
218 Moreno, Lara, *Por si se va la luz*, Barcelona, Lumen, 2013.
219 Gracia, Ángel, *Pastoral*, Zaragoza, Prames, 2004.
220 Gracia, Ángel, *Destino y trazo. En bici por Aragón*, Zaragoza, Comuniter, 2009.
221 Vidal Valicourt, José, *Meseta*, Almería, El Gaviero, 2015.
222 Larretxea, Hasier, *Niebla fronteriza*, Almería, El Gaviero, 2015.
223 Serés, Francesc, *La pell de la frontera*, Barcelona, Quaderns Crema, 2014.
224 Carrión, Jorge, *Crónica de viaje*, Badajoz, Aristas Martínez, 2014.
225 Astur, Manuel, *Seré un anciano hermoso en un gran país*, Madrid, Sílex, 2015.
226 Bauman, Zygmunt, *Modernidad líquida*, México, Fondo de Cultura Económica, 2015.
227 Lipovetsky, Gilles, *La felicidad paradójica*, Antonio-Prometeo Moya, tr., Barcelona, Anagrama, 2013.

ÍNDICE ONOMÁSTICO

A Coruña 33
Abuelo Made in Spain 55
Academia Europea 124
Aceitunilla 120
Acín, Ramón 101, 102, 104
Afganistán 209
África 25, 30, 37, 46, 159, 170
Ainielle 74-77, 79
Al-Ándalus 171
Alaska 151
Albacete 78, 245, 246
Albania 27
Albarracín 217
Alberti, Rafael 101, 145, 148, 151
Albiñana, José María 112
Alcalá, calle de (Madrid) 166
Alcalá, Puerta de (Madrid) 155
Alcántara, revista 126, 127
Alcarria 60
Alcubillas 165
Alemania 13, 37, 41, 44-46, 135, 136, 235
Alfonso XIII, rey de España 36, 102, 116, 118, 122, 123
Alhambra, la 171
Alighieri, Dante 180
Almagro 217
Almanzor 73
Almazán 34
Almería 95
Almodóvar, Pedro 194
Alonso de los Ríos, César 223
Alpartir 151
Amanece, que no es poco 77, 78

América 23, 28, 29, 36, 57, 72, 78, 123, 124, 149, 159, 205, 206, 233, 254
Ana Belén 127, 128
Andalucía 33, 37, 40, 60, 128, 170, 174, 210
Andersen, Hans Christian 158, 168, 175
Andes, cordillera de los 23
Andújar 60
Anjou 26
Anna Karenina 189
Ansó 85-87, 91-93
Antártida 90
Aquellos maravillosos años 245
Aquitania 26
Aragón 33-35, 37, 44, 45, 73, 77, 78, 98, 151, 156, 202, 210, 216, 241, 242, 244
Arcos de Jalón 34
Argamasilla de Alba 160, 164
Arganda del Rey 48
Argentina 149, 206, 229-233
Argudo, Pilar 240-242, 248
Ariño 151
Arizona 236, 238
Asegur 120
Asociación para el Desarrollo de la Comarca de Las Hurdes 127
Astur, Manuel 244
Asturias 37, 210
Atenas 25
Atocha, estación de (Madrid) 55
Aub, Max 104, 106
Australia 37, 237
Ave del Paraíso 110
Ávila 63, 145

Ayllón 133
Azorín (véase Martínez Ruiz, José)

Babel 31, 32, 135, 208, 209, 212, 214
Babilonia 140, 231
Badajoz 33, 99, 124
Badalona 201
Bajofondo Tangoclub 232, 233
Bakunin, Mijaíl 28
Balarrasa 58
Balmes, Jaime 204, 209
Barcelona 40, 56, 61, 62, 70, 72, 76, 78, 96, 104, 134, 140, 149, 200, 208, 212, 225-227, 236, 238, 240, 241
Barea, Arturo 48
Baroja, Pío 181, 205, 206
Baroja, Ricardo 11, 205, 206
Barrero, Miguel 239
Barricada 222
Bartolomé Cossío, Manuel 138, 142-145
Bases de Manresa 211
Bauman, Zygmunt 247
Baviera 32
Bayo, Ciro 48, 205, 206, 208
Bayona, Eduardo 92
Baztán, valle del 243
BBC 14, 193, 235
Beatles 213, 214
Bécquer, Gustavo Adolfo 153-160, 167, 181, 182, 233, 242
Bécquer, Valeriano 154
Belchite 35, 61
Bélgica 45
Belmonte de Gracián 51
Benavente, Jacinto 203
Benet, Juan 76, 250
Benjamin, Walter 238, 256
Berlín 32, 62
Bernhard, Thomas 76

Beyle, Henri *(Stendhal)* 225, 233
Biblia 31, 39, 135, 207
Bienvenido, Míster Marshall 52, 216
Bierzo 178
Bilbao 33, 56, 61, 62, 140, 202, 207, 208, 212
Blasco Ibáñez, Vicente 211
Bodas de sangre 95, 242
Bogotá 78
Bolivia 206
Bolonia 36
Bonaparte, Napoleón 196
Borbón Dos Sicilias, Luisa Carlota 198
Borbón Dos Sicilias, María Cristina 196-198
Borbón, Carlos María Isidro (Carlos IV) 196-199, 201, 203, 205
Brasil 149, 231
Bretón, André 107
Bristol 36
Brunete 61
Buenos Aires 23, 78, 229-235
Buñuel, Luis 101-107, 109-111, 114, 117, 118, 120, 121, 125, 126
Burdeos 36
Burgos 50, 57, 60, 63
Burillo-Mozota, Francisco 51
Burke, Edmund 196
Byron, George Gordon, lord 167, 242

Cabezo 113
Cabrera, Ramón, "el Tigre del Maestrazgo" 204
Cáceres 33, 102, 115, 124, 126, 129
Cádiz 97, 175, 196
Cahiers du Cinéma 107
Caimo, Norberto 174
Calahorra 123
Calatayud 51

ÍNDICE ONOMÁSTICO

Calderón, Carlos 204
Calexico 236
California 38, 109, 254
Calomarde, Francisco Tadeo 191, 198-200, 213-215
Camboya 27
Camí de sirga 77
Caminando por Las Hurdes 120
Caminera 173
Caminomorisco 120, 127
Campo de Criptana 163, 183, 188
Campo de Montiel 161, 165
Camposanto en Coilloure 239
Canadá 47
Canal 9 212
Canción de Buenos Aires 232
Cánovas del Castillo, Antonio 134
Cantavieja 205
Capadocia 242
Caparrós, Martín 229
Caparroso 191, 192, 195, 213-215, 223
Carabanchel (Madrid) 223
Carandell, Luis 125
Caribe, el 46
Cariñena 242
Carlos I, rey de España 22-24, 124
Carlos III, rey de España 179
Carmelo, el (Barcelona) 225
Carmen 167
Caro Baroja, Julio 50
Caro Raggio, editorial 205
Carrasco, Jesús 239, 240
Carrión, Jorge 244
Cartas desde mi celda 154
Casa de Campo (Madrid) 30
Casa de Velázquez (Madrid) 112
Casar de Palomero 126
Casas Viejas 97
Casavella, Francisco (*véase* García Hortelano, Francisco)

Caspitegui, Francisco Javier 208
Castellón 50, 60
Castilla 23, 34, 44, 111, 129, 145, 156, 170, 171, 173, 174, 182, 183, 189, 210, 220, 222
Castilla la Nueva 37, 178, 210
Castilla La Vieja 37, 141, 145, 178, 202, 210
Castilla y León 66, 210
Castilla-La Mancha 39, 66
Cataluña 37, 60, 98, 124, 137, 210, 240, 241
CEDA 104
Cela, Camilo José 31, 32, 48, 60, 96, 120, 242, 250
Celtiberia 50-52
Cercle Excursionista de Catalunya 136
Cerdá Suñer, Ildefonso 135
Cerralbo, Marqués de (Enrique de Aguilera y Gamboa) 204, 210
Cervantes, Miguel de 143, 160-162, 164, 165, 173, 176, 177, 179, 180-183, 186
Chamberí, barrio de (Madrid) 135
Chatwin, Bruce 237, 254
Chen, Xiaopeng 216
Chiapas 23
Chicago 217
China 27
Chuquisaca o la plata perulera 206
Cid, el (*véase* Díaz de Vivar, Rodrigo)
Cien años de soledad 78
Ciudad Universitaria (Madrid) 221
Ciudadano Kane 110
Civilización y barbarie 229
Cochabamba 206
Coen, hermanos (Ethan y Joel) 85, 94
Collado Mediano 144
Combray 34, 182
Comedias bárbaras 204
Comunidad Económica Europea 75
Comunión Tradicionalista 195, 202

281

Comunión Tradicionalista Carlista 195
Con Dorregaray, una correría por el
    Maestrazgo 205
Conferencia Episcopal 222
Congo, río 111
Congreso Nacional de Hurdanófilos 126
Congreso Nacional de Hurdanos y
    Hurdanófilos 126
Constitución española 63, 221
Cook, capitán James 236
Ibérica, cordillera 50
Córdoba 171, 251
Cortés, Hernán 124, 184
Crónica de viaje 244
Cuarenta Principales, Los 191, 192, 223
Cuba 231
Cuenca 47, 48, 50, 53, 63, 145
Cuéntame 245, 246
Cuentos de la Alhambra 167
Cuerda, José Luis 77
Custer, George Amstrong 230

Dakota del Norte 230
Dakota del Sur 230
Danckert, James 90
Rosas, Juan Manuel de 231
Dehesa de la Villa (Madrid) 223
Delibes, Miguel 68-71, 101, 250
Destino y trazo 242
Deutsche Gramophon 234
Díaz, Jenn 241
Díaz de Vivar, Rodrigo *(El Cid)* 57, 173
Diccionario geográfico-estadístico-histórico de
    España y sus posesiones de Ultramar 111
Dieste, Rafael 143, 146
Dirección General de Regiones
    Devastadas y Reparaciones 61
Dirección General de Seguridad 98
Doctor en Alaska 151

Don Cándido 160-162, 164
Don Giovanni 167
Don Segundo Sombra 230
Donoso Cortés, Juan 204, 207
Doña Perfecta 134
Doré, Gustave 168
Dorregaray, Antonio 205
Drácula (adaptación cinematográfica) 110
Drácula 158, 214, 215
Dumas, Alexandre 168
Duva, Jesús 92
Dyke II, W. S. van 108, 109
Dylan, Bob 244

Ebro, río 37, 61, 156
Eco, Umberto 157
Editora Regional de Extremadura 117
Eixample (Barcelona) 32
El bosque animado 77
El capital 21, 27, 101
El cartero siempre llama dos veces 130
El Caso 96
El Contemporáneo 154, 157
El crimen de Cuenca 96
El día del Watusi 226, 227
El dieciocho de brumario de Luis Bonaparte 27
El disputado voto del señor Cayo 68, 70,
    71, 101
El Gasco 107, 125, 126
El Gatopardo 73
El hombre y la tierra 175, 176
El imparcial 160, 164, 182, 186
El interior 229
El jinete polaco 77
El juez de la horca 99
El lugar de La Mancha es… El Quijote como
    un sistema de distancias/tiempos 164
El malvado Zaroff 110
El mapa y el territorio 52

ÍNDICE ONOMÁSTICO

El mundo mago. Como vivir con Antonio Machado 239
El País 75, 92, 122, 182
El Pensamiento Navarro 193
El peregrino en Indias 206
El peregrino entretenido 205
El periódico de Aragón 92
El Quixote va esborrar el Quixot 161
El rojo y el negro 225
El Roncal 87
El séptimo día 96
El Sol 101, 144
El trovador 167
El turismo es un gran invento 55
El viaje de don Quijote 182
Embajadores, barrio de (Madrid) 127
Embajadores, calle de (Madrid) 127, 128
Ensanche (Barcelona) 135
Episodios Nacionales 134
Es un decir 241
Escocia 211
España, plaza de (Madrid) 62
Estación de paso 241, 242
Estados Unidos 42, 107, 193, 230, 236, 241, 249
Esteban, Casta 154
Estrabón 176
Estremera 216
ETA 14, 243
Europa 13, 22-25, 29, 30, 33, 36-38, 41-46, 48, 49, 51, 52, 59, 62, 71, 75, 106, 107, 122, 130, 137, 138, 149, 169, 170, 174, 193, 195-197, 202, 210, 211, 214, 231, 233-235, 257
Euskadi 60, 193, 202
Expediente X 163
Extremadura 37, 44, 45, 60, 66, 96, 121-124, 127, 129, 184, 210
Extremadura, Junta de 122, 123, 125, 126
Extremaydura 123

Extremoduro 123-125

F for Fake 110
Fago 85,-87, 91-95, 98, 99
Falange Española 58, 184
Familias como la mía 32
Fargo 85, 94
Faulkner, William 78
Faustino Sarmiento, Domingo 229
Fernández Flores, Wenceslao 77
Fernando VII 196-199, 201, 213
Ferrer i Guardia, Francisco 136
Ferrer Lerín, Francisco 32
Ferres, Antonio 120
Filmoteca Nacional 104, 105
Finlandia 37, 47, 48, 51
Flaherty, Robert 108, 109, 110
Ford, Richard 168, 169, 173, 183
Fortunata y Jacinta 135, 202
Fraga Iribarne, Manuel 119, 120, 125, 129
Francia 13, 26, 27, 41, 44-46, 52, 105, 113, 136, 167, 168, 170, 182, 210, 235, 248, 249
Franco, Francisco 11, 55-61, 68, 73, 75, 96, 118-120, 123, 149, 159, 192, 201, 250
Frankenstein (adaptación cinematográfica) 110, 111
Freaks (La parada de los monstruos) 110, 111
Fu Manchú 110
Fuenllana 165
Fuente de los Geólogos 138
Fuentidueña del Tajo 47, 48
Fundación Francisco Giner de los Ríos 148

Gales 13-16, 45
Galicia 33, 37, 63, 94, 210

283

García Hortelano, Francisco (Francisco Casavella) 225, 226
García Leoz, Jesús 55
García Lorca, Federico 95, 101, 145, 148, 181, 242
García Márquez, Gabriel 78
Gardel, Carlos 231-233
Gauguin, Paul 237
Gautier, Téophile 167-174, 183
Gaya, Ramón 139
George, Susan 15
Gerona 251
Getafe 128, 223
Giner de los Ríos, Francisco 133-144
Ginsberg, Allen 235
Gleiwitz 71
Gliwice 71, 72
Goa 237
Godoy, Manuel 198
Goethe, Johan Wolfgang 139
Gógol, Nikolái 140
Gomorra 208
Gorki, Maksim 180, 225
Goya, Francisco de 61
Gracia, Ángel 242
Gran Bretaña 136
Gran Scala 216
Gran Vía (Madrid) 34, 62, 101, 103, 107, 192, 195, 213, 215
Gredos 178
Greyhound 254
Griffith, D. W. 108
Grima, Miguel 86, 87, 92, 94
Grimm, hermanos (Jacob y Wilhelm) 158, 175
Groenlandia 37
Grupo de Burgos 58
Guadalajara 31, 50, 63, 145
Guadalquivir 182
Guadarrama 48, 137, 139, 141, 144, 145

Guadix 24
Guerra Civil 98, 118, 207, 196, 249
Guerra y paz 250
Guevara, fray Antonio de 24, 85

H&M 236
Hansa (Liga Hanseática) 26
Hartzenbusch, Juan Eugenio 159
Hegel, Friederich 199
Heine, Heinrich 167, 168, 170
Hendaya 168
Hendrix, Jimi 221
Heraldo de Aragón 35
Hernani 167
Herrera, Javier 104, 105
Hitler, Adolf 32, 249
Hoffman, Dustin 15
Hölderlin, Friedrich 242
Hollywood 109, 111, 232
Hombres de Arán 109
Houellebecq, Michel 52
Hudson, bahía de 108, 109
Huesca 63, 80, 101
Hugo, Victor 167, 168, 170
Humboldt, Alexander von 23, 136
Hurdes Reales, hospedería 122, 125

Ibarra, Joaquín 179
Inglaterra 15, 41, 45, 247
Íñiguez Ortiz, Mariano 50
Institución Libre de Enseñanza 80, 116, 133, 134, 136, 137, 139, 145, 147, 148
Instituto Celtiberia de Investigación y Desarrollo Rural 50
Instituto para la Conservación de la Naturaleza (Icona) 174
Intemperie 239, 240, 241
Intolerancia 108

IRA 90
Irán 209
Irlanda 13, 41, 211
Irún 175
Irving, Washington 167
Isabel II 169, 197
Italia 13, 41, 45, 65, 210, 248
Izquierda Unida 64
Izquierdo, hermanos (Antonio y Emilio) 96, 97, 99

Jaca 33, 86, 91
Jaén 77, 78
Japón 38
Jarnés, Benjamín 101
Jerusalén 137, 208
Jesús o Jesucristo 144, 163, 208, 255
Jijona 161
Jiménez, Juan Ramón 144, 150
Juan Carlos I, rey de España 122
juegos olímpicos 75, 96
Junta para la Ampliación de Estudios 134

Kansas 192
Kelm, Winifred 89, 90
Kerouac, Jack 235
King Kong 110, 111, 214
King, Edmund L. 155, 156
King, Stephen 114
Kipling, Rudyard 230
Kirchner, Néstor 232
Kongo 110
Krause, Karl 138, 141
Kurtz, Dayna 236

La Alberca 102, 103, 107, 111, 114, 115, 121
La Barraca 145, 148

La ciudad no es para mí 55
La comarca ens visita 32
La edad de oro 106
La Fragosa 120
La gran familia 245
La Granja 199
La hoja roja 71
La hora chanante 246, 247
La isla de las almas perdidas 110
La Junquera 168
La lámpara maravillosa 203
La lluvia amarilla 55, 74-76, 79, 80, 240
La madre 180, 225
La mala educación 194
La Mancha 160-162, 165, 166, 177, 178, 183, 187, 217
La pell de la frontera 244
La pipa de kif 203
La posada y el camino 173
La Puebla de Sanabria 215, 218
La Rioja 37, 45, 50, 141
La ruta de Don Quijote 153, 182
La tarara 242
Labordeta, José Antonio 79-81
Ladrillar, río 125, 130
Laín Entralgo, Pedro 58
Lampedusa, Giuseppe Tomasi de 73
Lancaster, Burt 73
Languedoc 26
Laponia 51
Larretxea, Hasier 243
Las Batuecas, 102, 111, 115, 121, 122
Las Hurdes, comarca de 100-103, 107, 111-122, 124-127, 129, 133, 140, 250
Las Hurdes, estudio sobre la geografía humana 116, 117
Las Hurdes, leyenda y verdad 118
Las Hurdes. Tierra sin pan 102, 104, 106, 108, 110, 111, 120
Las Mestas 113, 122, 125

Las ratas 71
Lavapiés, barrio de (Madrid) 56, 57, 127, 128
Lavigne, Germond de 169
Lazaga, Pedro 55
Lazarillo español 205
Lealtad, plaza de (Madrid) 30
Leganés 223
Legendre, Maurice 112-118, 125, 127
Legión Cóndor 60
Lego 151
Lehman Brothers 255
León 63, 77, 237
León, fray Luis 24, 140
Lérida 92
Lerroux, Alejandro 104
Lettere d'un vago italiano ad un suo amico 174
Limoges 211
Lincoln, Abraham 217, 218
Lipovetsky, Gilles 247
Llamazares, Julio 55, 74, 75, 77, 79, 176, 182, 183, 188, 240
Lo que a nadie le importa 127, 244
Local Strategic Partnership (LSP) 47
Lolita 254
Londres 14, 46, 109, 169, 214-216, 235
Lonely Planet 168
López Salinas, Armando 120
Los cien mil hijos de San Luis 191
Los crímenes de la calle Morgue 110
Los desastres de la guerra 61
Los gitanos 167
Los juegos feroces 226
Los santos inocentes 71
Lugo 63, 119
Luqui, Joaquín 191-195, 213-215, 223
Lute, el (*véase* Sánchez, Eleuterio)
Luz de agosto 78
Lvov 71, 72
Lynch, David 94, 253, 255

Lynnot, Phil 221

M-30 (Madrid) 62
Machado, Antonio 16, 75, 116, 145-148, 151, 153, 158, 173, 182, 185, 189, 238, 239, 242
Madoz, Pascual 111
Madrid 24, 25, 29-32, 34, 39, 40, 42, 47-49, 55-58, 61, 62, 64, 67, 70, 72, 76, 101, 105, 107, 110, 112, 119, 122, 127, 128, 134, 135, 137, 140, 145, 149, 154, 155, 157-160, 167, 169, 171, 172, 174, 179, 186, 188, 192, 194, 195, 198, 202, 204, 206-208, 213, 215, 216, 221-224, 227, 237, 243-245
Maestrazgo 60, 202, 204, 205
Mahoma 163
Meibion Glyndŵr (Hijos de Glyndŵr) 13, 14
Mainar, Santiago 86, 87, 92, 94, 99
Maipú 234, 235
Málaga 61, 134
Mallo, Maruja 101
Malvinas, islas 231
Mandado, Lluís Maria 161
Manhattan 244
Manual de lenguaje criollo de Centro y Sudamérica 206
Manuscrito encontrado en Zaragoza 167
Mara 51
Maradona, Diego Armando 233
Marañón, Gregorio 75, 101-104, 117, 121, 122, 130, 131, 182
Marcial, Marco Valerio 156, 176
Marquesas, islas 108
Marruecos 45
Marsé, Juan 225, 227
Martilandrán 120
Martín Fierro 230

Martín Santos, Luis 71, 195, 223
Martín, Gervasio 127
Martín, labriego de Argamasilla de Alba 164
Martínez Ruiz, José *(Azorín)* 48, 116, 153, 160, 162, 164, 173, 182-189, 238, 239, 242
Martínez Soria, Paco 55, 57
Marx, Karl 21, 27
Mayo, avenida de (Buenos Aires) 233
"Me gusta ser una zorra" 193
Meandro del Melero 130
Meca, La 137
Medel, Elena 239
Medem, Julio 242
Meditaciones del Severino el Sordo 80
Mein Kampf 32
Melbourne 16
Menéndez Pidal, Ramón 156
Menorca 205
Menosprecio de corte y alabanza de aldea 23, 24, 85
Mequinenza 77, 78
Mérida 33
Merimée, Prosper 167, 170
Mesa, Enrique de 171-174
Meseta 229, 242
Mesonero Romanos, Ramón de 179
Mesopotamia 25
Metro Goldwyn Mayer 108, 109
México 45, 124, 149, 184, 236, 254
México, ciudad de 78
Mi último suspiro 107
Michelín, guía 99
Milonga arrabalera 234
ministerio de Agricultura 47
ministerio de Estado 102
ministerio de Información y Turismo 118
ministerio de Turismo 118, 159
Miró, Pilar 96

Moana 108
Moisés 39
Molière, (Jean-Baptiste Poquelin) 180
Moliner, María 146, 147
Moncada, Jesús 77, 78
Moncayo, el 79, 153, 155-157, 159, 163, 167, 168, 181, 240
Moncloa (Madrid) 223
Mondoñedo 24
Monegros, desierto de los 216, 242
Montmartre, rue (París) 255
Montana 230
Montejurra 195
Montes de Oca 178
montes Universales 53
Montes, Eugenio 58
Montesquieu, Charles de 11
Montjuïc, barrio de (Barcelona) 226
Montparnasse, Kiki de 52
Monty Python 247
Moreno, Lara 241
Moscú 189, 250
Móstoles 223
Moura, Ana 236
Movimiento Nacional 11, 59
Mozart, Wolfgang Amadeus 167
Muchachada Nui 246
Mulholland Drive 253, 255
Múnich 32
Muñoz Arconada, César 101
Muñoz Molina, Antonio 77, 78
Murcia 40
Murnau, Friedrich 107, 109
Musset, Alfred de 170

Nabokov, Vladimir 189
Nabucodonosor 208
Nanuk el esquimal 108
Nápoles 197, 231, 236

Navacerrada 138
Navarra 37, 87, 156, 191, 192, 194, 195, 207, 213, 215
Navarro Santafé, Antonio 29
Neruda, Pablo 116
Newman, Paul 99
Niebla fronteriza 243
Nieves Conde, José Antonio 58
no-do 120, 129
Nueva York 85, 91, 93, 105, 136, 236, 238
Numancia 51

O'Brien, Frederic 108
Oberman 139
Obús 224, 227
Oceanía 235
Olympia, teatro 235
On the road 235, 254
Ontiñena 216
Opera Omnia 203
Ordúñez, Juan Pablo "el Pirata" 221, 222
Organización para la Cooperación y el Desarrollo Económicos (OCDE) 28, 35
Oriente Medio 25
Oriente, plaza de (Madrid) 203
Orovio, Manuel 134
Ortega Munilla, José 186
Ortega y Gasset, José 75, 101, 182, 186, 251
Ortiz, Paula 242
Otero, Eugenio 143
Ourense 63, 94

País Valenciano 202
País Vasco 26
Países Bajos 35, 47
Palacio de la Prensa (Madrid) 101-103
Palacio de los Deportes (Madrid) 222

Palencia 63
Palenque 23, 74
Pall Mall (Londres) 215
Pampa, la 229-231, 234, 235
Pamplona 91, 92, 192, 202, 222
Pancorbo, puerto de 170
Paraguay 229
Paralelo (Barcelona) 104
París 26, 27, 107, 110, 116, 159, 167, 235, 255
Parker, Charlie 253
Parra, Eliseo 237
Partido Carlista 195
Partido Carlista de Euskalherría 195
Partido Comunista 101, 118
Partido Nacionalista Vasco 212
Partido Popular (PP) 65, 245
Partido Socialista (PSOE) 65, 68, 112, 135
Paseos con mi madre 227
Pasolini, Pier Paolo 193
Pastoral 242
Patagonia 229, 230, 254
Patronato de Las Hurdes 102, 103, 121
Patronato de las Misiones Pedagógicas 133, 142, 144
Pavía, general Manuel 134
Peckinpah, Sam 15, 94, 95
Pecos, río 99
Pembrokeshire 14, 15
Peña Francia 115
Peñuelas, calle de (Madrid) 128
Pérez Andújar, Javier 227
Pérez Galdós, Benito 133, 135, 181, 191, 199, 202, 215
Perros de paja 15, 94
Perú 23, 124
Peter Pan 158
Petín 94
Petrarca, Francesco 182
Picardía 26
Pinker, Steven 181

ÍNDICE ONOMÁSTICO

Pirineos, los 42, 43, 73, 74, 86, 92, 117, 156, 169, 170, 211
Pizarro, Francisco 124
Plasencia 123, 126
Plata, río de la 206, 229, 232, 233
Plinio el Viejo 176
Poble Sec (Barcelona) 227
Polinesia 109, 237
Política Agraria Común (PAC) 49, 60
Polonia 71
Pomer 240, 241
Pompeya 74
Ponz, Antonio 174
Por la América desconocida 206
Por si se va la luz 241
Porta, Carles 92
Portillo de la Cruz 121
Portillo, barrio del (Madrid) 127, 128
Portugal 210, 215, 236, 248
Potoki, Jan 167
Poveda, Miguel 236
Prado, paseo del (Madrid) 30
Prado, museo del 141, 144
Praga 62
Primo de Rivera, José Antonio 58
programa Leader 47, 52
Pron, Patricio 229
Proust, Marcel 44, 182, 190
Provenza 26
Prusia 71
Puerta del Sol (Madrid) 29, 34, 48, 106
Puerto Hurraco 96
Puerto Lápice 172, 173, 177, 185
Pushkin, Alexandr 167

Quevedo, Francisco de 24, 238
Quijote, Don 22, 39, 76, 160-165, 167, 168, 172, 173, 176-183, 185, 186, 188, 190

Rabal, Paco 102
Rabelais 23
Radio Barcelona 32, 240
Radio Pamplona 193
Radio Popular 222
Radio Requeté 193
Rasputín, Grigori 198
Rastro, el (Madrid) 135
Real Academia Española 179
Regionen Aktiv 47
Reino Unido, 13, 41, 46, 47, 52, 211, 248
Repetto, Cristóbal 233-235
República, Primera 134
República, Segunda 98, 112, 118, 133, 145, 148, 149, 200
Requeterritmo 193
Réquiem por un campesino español 98
Residencia de Estudiantes 101, 134, 143, 145
Restauración 134, 136
Retablo de fantoches 143
Retiro, parque del (Madrid) 30
Revolución Francesa 196
Reyes, Joaquín 246, 247
Rico, Francisco 161, 162, 165
Ridruejo, Dionisio 58
Riquer, Martín, 162
Rodríguez de la Fuente, Félix 175, 176
Rodríguez Ibarra, Juan Carlos 122, 123, 124, 129
Roma 25, 26, 32, 193
Romero, Manuel 232
Rosales, Luis 58
Rousseau, Jean-Jacques 109
Ruesta 73, 74, 77, 248
Rulfo, Juan 241
Rumanía 27
Rural Lens 47
Rural Pathfinders 47
Rusia 24, 42

289

Sagunto 51
Salamanca 23, 57 63, 102, 104, 112, 115,
   116, 121, 129, 130
Salamanca, barrio de (Madrid) 119
Salamanca, marqués de 154
Salduie 63
Samoa 108
Sánchez, Eleuterio "el Lute" 96
San Cristóbal de las Casas 23
san Pablo 143
San Petersburgo 189
San Telmo, barrio de (Buenos Aires) 233
Sánchez Barbudo, Antonio 139
Sant Adrià del Besós 227
Santa María de Veruela, monasterio
   153-156, 159
santa Teresa 173
Santaolalla, Gustavo 232, 234
Santiago de Chile 78
Santiago de Compostela 33
Santos Discépolo, Enrique 232
Saura, Carlos 96
Savile, Jimmy 191
Sawa, Alejandro 205
Sazatornil, José 78
Schliemann, Heinrich 162
Scott, Bon 221
Seattle 236
Segeda 51
Segorbe 123
Segovia 30, 63, 133, 145, 189
Seisdedos 97
Sender, Ramón J. 97, 98, 101
Senancour, Étienne Pivert de 139
Seré un anciano hermoso en un gran país 244
Serés, Francesc 244
Serrablo, el 88
Serrano, calle de (Madrid) 225

Serrat, Joan Manuel 174, 238
Servet, Miguel 161
Servicio Informativo Español 118, 129
Sevilla 33, 61, 96, 97, 149, 171
Shakespeare, William 180
Shankar, Ravi 237
Siberia 24, 42, 112
Sieyés, Emmanuel-Joseph 26
Sigüenza 123, 217
Sinaí, desierto de 39
Singapur 236
Sobre los ángeles 145
Sociedad para el Estudio del Guadarrama 138
Sodoma 208
Sombras blancas en los mares del sur 107, 109-111
Sonatas 204
Soria 34, 49, 50, 63, 64, 66, 222, 241
Soria Ya 49
Starbucks 236
Stendhal (véase Beyle, Henri)
Stoker, Bram 214
Suárez, Alfonso 65
Suecia 51
Suiza 45
Surcos 56-58, 71, 216, 223

Tabú 107, 109
Tahití 108, 109
Tajo, río 47
Talavera de la Reina 222
Tao Te Ching 15
Tarazona 123, 156, 160
Tarragona 61
Tartufo 180
Tarzán 109-111, 202
Teatro Real (Madrid) 11, 205
Teatro y Coro del Pueblo 146

Televisión Española 79, 85, 94, 96, 193, 245
Terra Alta de Tarragona 61
Teruel 42, 49, 50, 53, 63, 64, 88, 151, 159, 198, 205
Teruel Existe 49
The siege of Trencher's Farm 15
Thoreau, Henry David 88, 139, 242
Tía Vivi 35
Tiempo de silencio 71, 223
Tiempo y silencio 234
Tierno Galván, Enrique 221-224, 227
Tierra 242
Tierra de pasión 110
Tío Ignacio, el 114, 115
Tío Picho, el 122, 125
Toboso 186, 187, 188
Tocqueville, Alexis 230
Todos contra el fuego 175
Toledo 145, 174, 188, 251
Toledo, calle de (Madrid) 48
Tor 92
Toro Sentado 230
Torre de San Juan Abad (Ciudad Real) 24
Torrente Ballester, Gonzalo 58, 250
Toulouse 36, 199
Tractatus logico-philosophicus 221
Transición 195
Transilvania 214
Trasmoz 160
Troya 162
Truman, Harry 58
Tsé, Lao 15
Tucson 236
Tulipán 175
Turia, río 198
Twin Peaks 94

Úbeda 78
Ucrania 27
Últimas tardes con Teresa 225, 226
Umbral, Francisco 203
Un país en la mochila 79, 80
Un perro andaluz 106, 107
Unamuno, Miguel de 75, 97, 112-117, 138, 139, 171, 182, 184, 189, 190, 238, 239
Unesco 51, 52
Unión de Centro Democrático (UCD) 65
Unión Europea 33, 47, 49, 66, 122
universidad Complutense 164, 166, 177
universidad de Columbia 105
universidad de Cornell 189
universidad de Princeton 155
universidad Libre de Berlín 134
Uruguay 149

Valdeavellano de Tera 223
Valencia 50, 61, 140, 149, 202, 208, 210-212
Valladolid 23, 39, 59, 149, 202
Vallecas, barrio de (Madrid) 127, 223
Valle-Inclán, Ramón María 181, 202-206, 208
Vampyr 110
Varsovia 62
Vázquez de Mella, Juan 204, 210
Vega, Leandro de la 118
Vegamián 77
Venezuela 23
Ventorrillo, El 138
Verdi, Giuseppe 167
Verfondern, Martin Albert 94
Versalles 27
Viage de España 174
Viaje a la Alcarria 31, 120
Víctor Manuel 127
Vidal Valicourt, José 229, 242
Videla, Jorge Rafael 231

Viena 62, 196
Villalobos, Filiberto 104
Villanueva de Sigena 161
Villanueva de los Infantes 165
Villarreal, Enrique "el Drogas" 222
Villaverde (Madrid) 223
Villel 198-200, 213
Visconti, Luchino 73
Vitoria 33
Vizcaya 61
Vocabulario criollo-español sudamericano 206
Volver 194
Voyage en Espagne 171
Vulpess, las 193

Walden 87
Washington, George 230
Welles, Orson 109, 110
Werther 139

Williams, Gordon 15
Wittgenstein, Ludwig 221
Wyoming 230

Yuste, monasterio de 124, 206

Zagajewski, Adam 71, 72, 79, 228
Zaidín 244
Zambrano, María 145, 146, 148
Zamora 49, 63, 64, 178, 215
Zamora, foro de 49
Zaragoza 33-36, 39, 50, 61, 63, 80, 88, 149, 198, 202, 207, 241
Zaragoza contra Aragón 33
Zaro, Natividad 58
Zorita de los Canes 60
Zorrilla, José 159
Zumalacárregui, Tomás de 204
Zurbarán, Francisco de 107